Peter Faecke   Als Elizabeth Arden neunzehn war

Peter Faecke

Als Elizabeth Arden neunzehn war

Roman

Elster Verlag
Baden-Baden und Zürich

Die Arbeit an diesem Buch wurde gefördert durch den Deutschen Literaturfonds e.V., Darmstadt.

Elster Verlag und Rio Verlag
Verwaltung: CH-8032 Zürich, Klosbachstrasse 144,
Telefon 01 261 56 02

Umschlaggestaltung: Fabienne Boldt, Winterthur
Herstellung: Tatiana Wagenbach-Stephan, Buchherstellung, Zürich
Satz: Minion 9.5/12
Druck und Bindung: Freiburger Graphische Betriebe
ISBN: 3-89151-223-6

Ein Mann, der alt geworden ist, hat viele Anfänge.

Sein Tod klärt das Ende, ein für allemal, aber er stellt einen möglichen Anfang wieder völlig in Frage.

Während des langen Lebens dieses Mannes haben sich Angehörige und Bekannte auf einen Anfang geeinigt. Damit sind sie so selbstverständlich umgegangen, wie sie sich bei seiner Beerdigung voneinander verabschieden mit spitzen, kleinen Küssen.

Wenn dieser Mann, der alt geworden ist und der mit seinem Tod den gewohnten Anfang verraten hat – wenn dieser Mann, den das eigene Unvermögen vergessen möchte, der eigene Vater ist, wird der Gang der Dinge unberechenbar. Der Vater kann im Kopf des Sohnes ein Monstrum werden. Der Sohn kann ein Monstrum werden, ein Schmetterling, ein Wurm, eine ranzige Nuß, weil er diesen toten Vater mit seinen unendlich vielen möglichen Anfängen im Kopf hat.

Der Sohn kann an dem toten Vater sterben. Oder er erfindet dem Vater einen neuen Anfang.

Das, dachte ich, wäre hier der Gang der Dinge.

In diesem Sommer saßen wir ganze Nachmittage lang in meiner Kölner Wohnung, wir, zwei Freunde der Wörter.

Aus dem dreizehnten Stockwerk einer Wohnanlage sahen wir auf den Rhein und beobachteten die Frachtschiffe. Das ist immer schön. Manchmal stritten wir uns über die eine oder andere Erfindung, richtig, aber dann waren wir uns wieder so einig, daß wir auch allein hätten sein können. Nur wären wir dann nicht zu zweit gewesen, und das hätte uns gefehlt.

Der eine war Fred Kowalski, und der andere war der eine.

— *Komm, Großvater, erzähl vom Krieg,* sagte der eine.

— *Nein, nicht schon wieder, nicht doch schon wieder,* sagte der andere.

— *Doch, erzähl vom Krieg.*

— *Stell dir vor, es war Krieg, und …* — und wirklich redeten wir den ganzen Nachmittag wieder von diesem letzten Krieg.

Das war genauso unausweichlich, wie es die unendlichen Anfänge der Geschichten unserer Väter sind.

Wir kamen von diesem Krieg nicht los, weil in ihm unsere Kindheit steckengeblieben war.

Seit Jahren schon hielten uns jetzt die Jüngeren für Großväter und wollten, daß wir ihnen Märchen von diesem Krieg erzählten, wo wir es doch in dem folgenden Frieden noch nicht einmal geschafft hatten, selbst Väter zu werden (eben weil unsere Kindheit in diesem Krieg … und so weiter). Und so erzählten wir wieder davon. Und verbrachten mit dem Krieg (und dem folgenden Frieden) und mit dem Vater Ludwig Kowalski unsere Nachmittage und schickten uns an, ein Buch zu erzählen, das wir nennen wollten

Als Elizabeth Arden neunzehn war

Und in dem der Vater einen Anfang hätte, und ein Ende sowieso. Und kurz vor seinem Ende begänne erst die eigentliche, die wahre Geschichte seiner Frau Margot Liliane Kowalski (in den seltenen Stunden der Zärtlichkeit von ihm LILOFE genannt) – eine Frau, die er als Neunzehnjährige geheiratet und zur Verliererin auf Lebenszeit bestimmt hatte. Und mit dieser neuen Geschichte, so dachten wir, könnten wir uns ein Stück weit wegerzählen von den alten Geschichten, damit wir auch für uns selbst noch etwas retteten von der Gegenwart, die uns über der Gewalt der Vergangenheit (und der in ihr steckengebliebenen Kindheit … und so weiter) immer wieder zu zerstäuben drohte wie ein Furz im Winde.

Und so setzten wir einen Anfang mit diesen Wörtern, mit denen wir befreundet waren, und erfanden dem Vater die ersten Geschichten.

Ein Lederbeutel voller geschliffener Diamanten Großmutter Äpfelchen

Mit diesem Viehwaggon hatte die Reichsbahn jahrelang Schlachtvieh in den Bauch von Berlin gefahren. Fleckvieh und Braunvieh. Schweine, Schafe und altersschwache Pferde. Gänse und Enten, die zuvor in den Dörfern bis hin zur polnischen Westgrenze und bis an die See in engen Käfigen gesammelt worden waren, und gelegentlich auch Bienenvölker, die auf Urlaub in die Lüneburger Heide geschickt wurden. Und später hatte sie damit Nachschub gefahren an die sich mehrenden Fronten. Und Deportierte und Kriegsgefangene in die sich mehrenden Lager. Und zuletzt Flüchtige aus den abbrechenden Rändern des Reiches. Und ganz am Schluß, als selbst diese Viehwaggons nicht mehr so recht konnten, nämlich neunzehnhundertsechsundvierzig, wurden auch wir nachts auf dem Bahnhof von Glatz/Schlesien verladen, um nach Westen geflüchtet zu werden, raus aus der neuen Volksrepublik Polen, die sich krachend und unter einem kilometerlangen, von Posten zu Posten aufgenommenen und wiederholten Fluch, hinter uns schloß.

Der Waggon war unbeheizt. Vereister Novemberschnee überzog ihn. Die dreißig oder vierzig in ihm Eingeschlossenen wärmten sich an der Angst und der Verzweiflung Vertriebener, die sie trotz der Kälte noch ausschwitzten.

Die einzige, vergitterte Luke unter dem Dach war meistens von mir besetzt. Auf den Gepäckstücken der letzten Habe schaukelnd, zählte ich hier andere Züge aus Viehwaggons, die standen, parallel fuhren, entgegenkamen. Noch immer waren ganze Provinzen unterwegs, die abbröckelten. Eisenbahnfahren hieß lange für mich, Waggons mit Flüchtigen zählen, den Bauch voller Angstdurchfall und den Mund trocken vor Durst, der erst nachts aus dem Wassertender der Lokomotive gestillt wurde. Das kleine Einmaleins habe ich an dieser vergitterten Luke gelernt. Wenn ich später Zahlen in die Kästchen des Rechenheftes malte, waren die Kästchen die vergitterte Luke. Ich bekam einen rissigen Mund vom Durst und weigerte mich zu rechnen. Ich habe mich immer geweigert, Mathematik zu lernen. Rechenvorgänge blieben für mich Flucht- und Angstvorgänge.

Vielleicht hatte wirklich einer dieser dreißig oder vierzig Eingeschlossenen sein gesamtes, über den Krieg gerettetes, geheimes Vermögen in Form bereits geschliffener Diamanten in einen Lederbeutel gesteckt und wärmte ihn Tag und Nacht mit seinem abnehmenden Körper. Oder hielt ihn versteckt in diesen Bergen von bald säuerlichen Rucksäcken, Koffern, Kisten, in einem dieser mit Bettwäsche, Eßbestecken, Fotoalben, Schlüsseln verlassener Wohnungen, mit entwerteten Sparbüchern und sinnlos gewordenen Brandversicherungen vollgestopften Kinderwagen – das waren die für seßhaft Gebliebene ganz und gar unsinnigen Reste der letzten Habe, an denen die Flüchtigen aber zunächst mehr noch als an ihren Lebensmitteln hingen. Ja, viele gingen einzig mit diesen unsinnigen Bruchstücken von Erinnerungen auf die Flucht aus dem Osten des Deutschen Reiches, das krachend und unter dem kilometerlangen Fluch hinter ihnen verschwand. Denn es waren Erinnerungsstücke, die sie nicht aufzehren konnten und die nicht ihren Durst löschten, die ihnen aber die Illusion ließen, bis gestern noch eine Person gewesen zu sein.

Überhaupt war es eine ganz und gar unsinnige Reise. Der Zug fuhr auf der Suche nach noch intakten Gleisen und Brücken oft nachts die Strecke zurück, die er sich tagsüber vorwärts getastet hatte. Dann wieder blieb er einen ganzen Tag auf freier Stecke oder vor einem Gleisdreieck stehen. So hätten wir bei diesen stockenden Irrfahrten auch gut die Strecke von Glatz bis in ein sowjetisches Auffanglager bei Dresden in der gleichen Zeit zu Fuß oder mit Pferde- und Ochsengespannen zurücklegen können wie auf einem anderen Kontinent in einer anderen Zeit.

Aus Bächen hätten wir den Durst löschen und auf den Äckern nach vergessenen Rüben und Kartoffeln graben können und hätten nicht in dem Waggon frieren und hungern und in den eigenen Exkrementen und in denen anderer liegen müssen. Und meine Großmutter Äpfelchen hätte nicht, wie andere Eingeschlossene auch, immer wieder verstohlen nach den unsinnigen Stücken ihrer letzten Habe tasten müssen: nach den silbernen Kuchengabeln mit Monogramm; einer Fleischgabel mit angesengtem Holzgriff; Damastservietten, die vor langer Zeit Teil ihrer Aussteuer gewesen waren, und nach den Haarlocken zweier Kinder, die sie noch bei einem der letzten Bombenangriffe verloren hatte. Und auch wenn ich ihn damit zum Dieb mache (und ihm den Raub erspare an einem anderen Ort, die Beteiligung, den Totschlag vielleicht oder gar den Mord): mein Vater Ludwig Kowalski hätte nachts nicht immer in verschiedene Rucksäcke und Koffer und Kinderwagen fingern können. Er hätte nicht in zugeknöpfte Westen und Hosenbünde und zwischen die zwei übereinandergezogenen Mäntel von Schläfern fahren können auf der Suche nach diesem Lederbeutel, den er eines Nachts schließlich doch auf dem eingefallenen Bauch eines, sagen wir, Juweliers aus Oppeln oder Posen oder Krakau fand, bevor wir endlich nahe der ausgelöschten Stadt Dresden anhielten, entladen wurden, gezählt, entlaust, entwanzt und geduscht eingewiesen wurden in eine Barackenstadt, aus der er mitsamt dem Lederbeutel bald allein in Richtung Westen verschwand.

Ludwig Kowalski verschwand bald, denn hier wurde er neuerlich beleidigt, wie er in Kindheit und Jugend schon immer beleidigt worden war. Und er wurde unerträglich gebremst von den Resten der Familie, die nicht ahnen konnte, welch explosiven Treibstoff er in einem Lederbeutel in seiner Unterhose barg und bei jedem Schritt an seinem Glied spürte.

Von Westen her meinte er die ersten gewaltigen Hammerschläge des Aufbaues zu hören und hier in der Barackenstadt in tagelangem Warten zu versäumen. Die Novembertage kündigten einen frühen und strengen Winter an, der dürftig mit gefrorenen Kartoffelresten, Steckrüben, Buchweizengrütze, gestohlenen Karnickeln und hastiger, klemmender Liebe auf den Etagenbetten gefüllt wäre; mit kläglichem und ohnmächtigem Warten darauf, daß sich Grenzverläufe neu zusammenfänden in der Mitte noch strittiger Flüsse und Flüchtige anders verschubt würden;

daß zerstörte Gemeinden neu die Rohre ihres Frischwassers und die ihrer Abwässer ordneten, die mageren Kohlevorräte auf Kipploren wögen und die Erdknollen in den Kellern der Rathäuser zählten, um endlich zu entscheiden, ob sie uns nun im Bayerischen Wald, im westfälischen Sauerland oder in der Oberpfalz als aufgezwungene Fremde haben wollten.

Hier wurde er durch meine Mutter gebremst, seine schon lange kränkelnde Frau. Es war eine Krankheit, die auf keinem Krankenblatt zu beschreiben ist, denn sie war krank daran, für ihn seit der Eheschließung ein Bremsklotz zu sein, den er sich versehentlich selbst angeschraubt hatte. Er war nicht bereit, ihr dieses Versehen zu verzeihen, und sie hatte längst nicht mehr die Kraft, sich von ihm zu lösen. So war sie bekümmert anwesend und wartete mit größer werdenden Augen auf den Tod.

Hier bremste ich ihn, sein einziger Sohn, der ihm mit verschrecktem, bald verholzendem Gesicht im Wege stand, eine wortlose Anklage. Dieser früh Schiffbrüchige wußte noch gar nicht, weswegen genau er anklagen sollte. So verholzte er einfach und blieb für lange Zeit still.

Und hier bremste und beleidigte ihn am stärksten seine eigene Mutter, meine Großmutter Äpfelchen, Lucie (Lucilie Valerie) Kowalski.

Die Mieter in ihren jetzt verlorenen Häusern in Liegnitz und die Arbeiter des untergegangenen Baugeschäftes hatten sie still, furchtsam und treffend KUGELBLITZ genannt.

Seit langem schon lebte sie in einem Körper, der so umfangreich war, daß sie immer nur einzelne Teile davon bewohnen konnte; aber regelmäßig war sie auf Kontrollgängen in den anderen unterwegs, genauso wie sie in ihren Mietshäusern und in den Neubauobjekten ihres Baugeschäftes kontrollierend herumstieg.

Gezielt hatte sie diesen Körper als junges Mädchen sich ausbreiten und hefeartig wuchern lassen, denn das schien ihr der beste Schutz gegen einen Vater, der die Töchter ungefragt in Ehen verkuppelte, und gegen Männer, die, den Trauschein in der Hand, gleich die Frauen besprangen wie Hammel. Und wirklich blieb sie mit diesem Hefekörper verschont vor den Hammelschwänzen der Männer und vor der Kuppelnot des mittellosen Vaters, ein Kantor und Dorfschullehrer bei Posen, und wurde Hauswirtschafterin auf verschiedenen Domänen des getreidereichen Ostens, auf diesen Junkerburgen, die der deutsche Adel vor siebenhundert Jahren dem Königreich Polen in die fruchtbaren Lenden geschnitten hatte.

Erst mit achtundzwanzig Jahren – zu dieser Zeit in diesem Land ein bereits hoffnungslos eingefrorenes Guthaben, eine herrische, nicht mehr zu rettende, mit der Sünde der Selbständigkeit befleckte Jungfer – hatte sie sich nicht etwa heiraten lassen, nein: sie hatte sich einen Mann genommen. Das war ein verwitweter Bauunternehmer aus Liegnitz, der zwar seinen Arbeitern auf dem Bau noch vorarbeiten konnte, der sich aber nicht mehr auf die Ökonomie eines aufsteigenden und sich wandelnden Unternehmens verstand, die da aus Rücklage und gezielter Verschuldung, aus Spekulation, vorzeitigem Abriß, übereiltem Wiederaufbau, allgemeiner Bestechlichkeit und so weiter besteht. Aber sie, Äpfelchen oder Kugelblitz, verstand sich darauf. Was ihr die Junker auf den Domänen vorgemacht hatten – also verwalten und mehren und das Mehren selbst, als bloßes und reines und süchtig machendes, also gleichzeitig die Sucht stillendes und sie mehrendes Mehren zu genießen (und obendrein noch den lüsternen Gewinn abzuschöpfen, den sie in ihren Verstecken auf Rügen, Usedom, in Berlin und Nizza mit kleinen, aber unaufhörlichen Bissen verzehrten) –, das ahmte sie mit diesem Mann in Liegnitz nach. Und mehrte die Mietshäuser, in denen sie schweratmend herumsteigen mußte, deren Treppengeländer und Balkonbrüstungen sie anfassen wollte als etwas unwiederbringlich ihr Gehöriges, und deren Türen sie hinter gekündigten Mietern laut und unwiderruflich zuschlug.

Aber Äpfelchen oder Kugelblitz war schon kurz nach Kriegsbeginn in ein zauderndes Denken geraten. Zweifel und Ängste plagten sie. Wie ein Maulwurf, fühlte sie in den Gängen ihres Körpers seismische Veränderungen. Es war noch nicht der Untergang des Kriegsendes, den sie spürte, vielmehr spürte sie den selbstverschuldeten Untergang alles dessen, was sie mit der Energie eines Kugelblitzes aufgebaut hatte. Und sie wußte nicht, wie diesem bevorstehenden Untergang entgehen.

Sie und ihr Mann hatten sich ein paar milde Sommer zu lange wie einfache, ehrbare Handwerker gegen Ende ihres Lebens verhalten. Sie hatten sich auf dem Erreichten ausgeruht; die Kinder recht und schlecht erzogen und, in die Sonne blinzelnd, ihnen zufrieden beim Aufwachsen zugesehen; die schwere schlesische Küche genossen: die genudelten Gänse und die fetten Schweine, die Klöße, und nach dem Essen hatten sie sich lange die Schattenmorellen aus den schadhaften Zähnen gezutscht. Das hatten sie genannt: Belohnung. Sie hatten sich glücklich gefühlt, ohne das je auszusprechen. Sie hatten nicht gelernt, daß Glück sich aussprechen läßt.

Aber sie waren eben keine ehrbaren Handwerker, sie waren spekulierende Unternehmer. Und als sie sich darauf wieder besannen, war es zu spät: Verbindungen der Bestechlichkeit waren gerissen; der Baumarkt neu geordnet; die Nazis, zu denen sie nicht gehörten, aber – früher aufgewacht – ohne weiteres hätten gehören können, hatten die fetten Bauten längst unter sich verteilt.

Als ihr Mann nicht mehr seinen Arbeitern das Handwerk vormachen konnte, fragte er, wohin mit seinen Händen. Er bekam Angst vor seiner Frau, die ihm mit den Kassenbüchern überlegen war. Wiederholt träumte er, nachts im Ehebett erwürge er sie mit seinen jetzt beschäftigungslosen Händen. Er, unfähig zur höheren, spekulativen Mathematik, begann zu spekulieren und verlor auch prompt die Hälfte des Hausbesitzes bei einer gewagten Getreidespekulation in Berlin, bei der er klassisch übers Ohr gehauen wurde. Er starb bald als ein vernichteter Mann, der seine Unbill bis zuletzt nicht begriff. Das Baugeschäft dümpelte noch eine Weile mit Reparaturaufträgen dahin, dann gab Lucie es auf. Das bloß dümpelnde Geschäft schmerzte sie mehr als die Aufgabe. Zwei ihrer drei Kinder starben im Krieg. Der restliche Hausbestand wurde durch Fliegerangriffe zerstört, und sie mußte zu uns ins Riesengebirge fliehen, zu dem letzten ihr verbliebenen Sohn, der genauso war, wie sie selbst einst gewesen war. Auch in ihm steckte diese Energie eines Kugelblitzes, diese eisige und gefährdete Energie, die soeben ihr Leben zerstört hatte. Sie wußte, daß es nicht gutgehen konnte, und bald stritten sie sich bis aufs Blut. Und im Grunde hatte sie schon am Tage ihres

Einzuges auch diesen letzten ihr verbliebenen Sohn verloren.

Jetzt, in der Barackenstadt bei Dresden, waren ihr nur noch die unsinnigen, einzig für sie Sinn machenden Kuchengabeln geblieben, die Damastservietten, die Haarlokken der verlorenen Kinder, ein paar Briefe und vergilbende Fotos. Haustiere waren es fast, diese wenigen Gegenstände; pelzige Kuscheltiere, die einzig für den Halter den Schmerz und die Zärtlichkeit von unwiederbringlich Verlorenem ausströmten, als seien ihre Geruchsdrüsen die des Schmerzes und der Zärtlichkeit.

Meistens sah ich sie wortlos im Gang der Etagenbetten auf einem Schemel sitzen, der unter ihr nicht zu erkennen war. Die ein Leben lang von zuviel und zu fetter Nahrung gefluteten Zellen, die geblähten Körperinseln und die Brücken aus schlaffer, altersfleckiger Haut dazwischen, die Binnenseen, Kanäle, Grachten und Pumpwerke, die Vorstau- und Rückhaltebecken, fanden auch jetzt, da wir doch alle auf dünne Suppe gesetzt waren, nicht mehr zu normaler Ausdehnung zurück.

Und da sie auch nicht mehr von jener Energie durchschossen wurden, die sie zuvor aktiviert und vor den Schlammablagerungen bewahrt hatte, hingen sie großfladig und jämmerlich um ein Zentrum herum, das sicher noch immer meine Großmutter Äpfelchen war, das ich aber kaum noch erkannte.

Ihre zärtliche Wärme von einst, ihre großmütterliche Liebe war zu Hilflosigkeit verkümmert, die mich nicht mehr umfing. Ich faßte ihr ins Gesicht und zog schnell die Hand wieder zurück, denn es war naß. Ein kleines Rinnsal kam unter ihren Röcken hervor und sickerte in die breite, schmutzverdreckte Ritze zwischen zwei Bohlen des Fußbodens.

Nur wenn ihr Sohn, mein Vater Ludwig, in ihre Nähe kam und zum siebenunddreißigsten Mal feststellte, daß ihn jetzt keine wie auch immer hilfsbedürftige Familie mehr aufhielte und er morgen früh endgültig das Lager verließe in Richtung Westen (dorthin, wo bis hierher hörbar mit lauten Hammerschlägen aufgeräumt würde, anstatt wie hier tatenlos und womöglich noch schuldbewußt zu verharren, auf die nächste Wassersuppe zu warten und die nächste Desinfektionsstäubung und den nächsten Anfall dieses verrückten Karnickelpaares in dem Bett über ihm, das die allgemeine Tatenlosigkeit in eine wütende, schamlose, hilflose Liebe steckte) – da sah ich jedesmal, daß der zerfallende Kontinent Großmutter, diese gewaltige, austrocknende und abbröckelnde Lehmfrau, die einst Äpfelchen gewesen war, doch noch ein Zentrum hatte: es steckte hinter ihrer mit Altersflecken gesprenkelten Stirn. Es war in ihren Augen, die plötzlich wieder hinter der Brille blitzten. Es war in ihrem Mund, der sich straffte und spitzte, bevor er eine lange Kette polnischer und schlesischer Verwünschungen ausstieß, die schließlich in eine klare Rede mündeten, mit der sie diesen letzten ihr verbliebenen Sohn davor bewahren wollte zu werden, wie sie einst gewesen war: NIMMERSATT.

Gut möglich, daß auch ich bei der nächtlichen Abfahrt des Zuges auf dem Bahnsteig von Glatz diesen Fluch des letzten polnischen Wachsoldaten hörte, den er uns allen hinterherschickte und mit dem sich die werdende Polnische Republik krachend hinter uns schloß. Begriffen und behalten habe ich ihn jedenfalls nicht.

Es soll ein kilometerlanger Fluch gewesen sein, pflegte Großmutter Äpfelchen später zu behaupten; ein Fluch, der immer wieder aufgenommen, verstärkt und weitergegeben wurde an einen immer wieder letzten und allerletzten Wachsoldaten, ein Fluch, der sich an dem katholischen Gott dieser Soldaten verging und an ihrem katholischen Papst und sogar an ihren eigenen katholischen Eltern und der uns meinte, alle die Eingeschlossenen in dem Zug, die wir Nachfahren jener Räuber und Wegelagerer waren, die, als Mitglieder des Deutschritterordens getarnt, das Königreich Polen vor siebenhundert Jahren überfallen, die ihm die saftigen Lendenstücke aus dem Leib geschnitten und daran noch bis gestern gekaut hatten: Uns alle verfluchten die Wachposten mit diesem gewaltigen, kilometerlangen Urteil, und sie taten es vorsorglich gleich bis tief hinein ins dreiundzwanzigste Glied unserer Nachkommenschaft, und sie verfluchten besonders (behauptete sie später immer wieder, denn sie sei die einzige gewesen, die dieses Urteil nicht abgeschmettert, sondern mit dieser Verdammnis von dieser Nacht an gelebt hätte wie mit einem Partner, dessen

Härte und Unflat es auszuhalten gelte) meine Großmutter Äpfelchen.

Wahr daran ist, daß sie sich auf diesem Schemel zwischen den Etagenbetten veränderte. Sie, die lange Jahre nur Kontobücher geführt, kalkuliert und umgeschuldet hatte, keuchend die Stiegen ihrer Mietshäuser erklommen hatte, um letztmalig an die Türen säumiger Mieter zu pochen; sie, die aufgekauft und ruiniert hatte – sie begann wieder zu stricken wie einst als dick werdendes Mädchen im Schulhaus des Kantors bei Posen, der sie verheiraten wollte und wegen ihres Körperumfanges nicht konnte.

Jemand hatte sich im Stacheldraht des Lagers den Pullover aufgerissen. Sie rubbelte ihn auf und strickte mir daraus Fäustlinge und einen Schal, in dem ich meine Schüchternheit und das Holz in meinem Gesicht verstecken konnte. Und wann immer ihr Sohn, mein Vater, in die Nähe ihres Schemels kam, redete sie über ihre Vergangenheit. Sie redete über ihre Lust zu herrschen und zu mehren wie über fettes Gänse- und Schweinefleisch, das sie nimmersatt in Unmassen in sich geschlungen hatte mit Speckklößen und großen Mengen Kraut voller Speckgrieben, und der Mund tropfte das Bratenfett in die Damastserviette, bevor es an die heißen Himbeeren mit süßer Sahne ging, bevor der Nachtisch der Schattenmorellen und des Vanilleeises sie, die Esserin, und ihren Mann, den Esser, wie Bäume auf die Betten eines Sonntagmittagschlafes fällte.

Aber inzwischen, sagte Großmutter Äpfelchen immer wieder, hatte sie diese Gewaltessen – die von Leibschmerzen und Herzbeschwerden begleitet gewesen waren, von verschiedenen Gallenkoliken, Magenkrämpfen und Atemnot – längst verdaut und ausgeschieden. Jetzt dachte sie nach über diesen kilometerlangen Fluch, damit auch er, ihr letzter Sohn, rechtzeitig einhielte und nachdenke; damit er nicht ein weiterer Gewalttätiger im Umgang mit sich selbst würde, wie einst sie es gewesen sei; damit er sich jene Großartigkeit, mit der wir alle geboren werden, erhielte und entwickelte; damit er bliebe bei ihr, bei Frau und Kind und den noch annehmbaren Resten seiner selbst; und damit er sich nicht als ein weiterer Herr Nimmersatt auf den nächsten Untergang zufräße, sondern bloß gelegentlich seinen Hunger stillte und seinen Durst, mehr nicht.

Aber bei dieser oft wiederholten Rede wußte sie nichts von dem Lederbeutel, der ihn unter anderem trieb. Und natürlich hatte auch er den langgestreckten Fluch des letzten polnischen Wachsoldaten gehört. Und er hatte sich geschworen, Rache zu nehmen an allen, die Verlust und Zerfall begrüßten und darauf drangen, daß Gehabtes nicht wiederkäme. Schneller wollte er leben und einflußreicher, als sich dieser letzte fluchende Wachsoldat je das Leben in seinem verwanzten, kartoffelschnapsgetränkten polnischen Puppenhurenhaus und Dorfhuren-Königreich je hätte vorstellen können, das die ganze Zeit über den Gestank der Faulheit und der Fäulnis sowie die bitteren Duftmarken zerquetschter Wanzen mit französischen Parfüms überdeckt hatte, die natürlich alle auf Schuldschein gekauft worden waren.

Schließlich stellte er ihre Rede ab wie ein altes Grammophon. Er demütigte sie so, daß sie ihn nur noch schweigend verachten konnte. Ohne Abschied war er eines Morgens verschwunden, gewiß in Richtung Westen, von wo aus er die ganzen Tage bereits die Hammerschläge und Kreissägen des Aufbaues gehört hatte.

Großmutter Äpfelchen saß an den folgenden Tagen nicht länger auf dem Schemel, auf dem sie schon still genäßt hatte. Sie durchstreifte wieder alle Teile ihrer großen Körperwohnung, die sie jetzt schon eine ganze Weile nicht mehr betreten hatte. Sie bewegte sich. Sie entschied. Sie brachte meine weiter und stärker kränkelnde Mutter und mich, den mit dem verholzenden Gesicht, bei Verwandten in der Nähe unter. Sie verabschiedete sich von uns mit viel Zärtlichkeit und dem ernsten Versprechen auf mehr, aber auch mit dem genauso ernsten Entschluß, vorerst allein der Rede zu folgen, die sie jetzt seit Tagen gehalten hatte. Und dem Fluch zu folgen, den sie immer noch in den Ohren trug. Und sie stieg in einen der wenigen Züge, die nach Westen fuhren, und ließ uns allein. Als sie zufällig in der niedersächsischen Kleinstadt Hann. Münden dicht an der Grenze zu Hessen einen Blick aus dem Fenster des überfüllten, mit Notkoffern, Rucksäcken und Hamsterware zugestellten Abteils erhaschte, sah sie baumbestandene

Hänge eines Mittelgebirges und Häuser aus Fachwerk, die der Krieg nicht ausgelöscht hatte. Das erinnerte sie an die Gegend, aus der sie gerade kam, und sie beschloß, auszusteigen und hier zu bleiben. Es hätte auch ein anderer Ort sein können wie Jever in Friesland oder Korbach in Hessen oder Bad Mergentheim in Franken: fremd war sie überall. Es sollte ja ohnehin nur ein Ort sein, das Weiterleben zu proben mit dieser neugewonnenen letzten Freiheit, die ihre Rede war; und sich einzurichten in einem letzten anspruchslosen Leben, in dem sie ganz für sich allein (und auch nicht abgelenkt von Forderungen, die sie an ihren letzten, nun auch verlorenen Sohn stellte) nachdenken könnte über alles das, was sie versäumt und verloren und was ihr schon vor dem zerstörerischen Krieg der Wehrmachten der Krieg in ihr selbst zerstört hatte.

Und dabei lebte sie wohl wirklich mit diesem gewaltigen, gotteslästerlichen, kilometerlangen Fluch des letzten polnischen Wachsoldaten wie mit einem Partner, dessen Unflätigkeit sie nie in Ruhe ließ, und das Leben mit ihm veränderte sie von Jahr zu Jahr.

Am Ende ihres Lebens war sie verwirrt. Aber erst später habe ich begriffen, daß diese Windverwehungen, in denen sie fröhlich war, und die ernsten und klaren Phasen dazwischen (in denen sie von einer nie gesehenen, alten, aber nicht abgelebten, ja in denen sie von der Schönheit und Großartigkeit einer Überlebenden war) – daß also beides zusammen, Verwehungen und Klarheiten, ihre allerletzte Freiheit darstellte, und endlich auch die Freiheit von diesem kilometerlangen, unflätigen Fluch.

Und als diese Freiheit durch die Schmerzen des Streukrebses, der ihre noch immer gewaltigen Körperinseln schmarotzend durchzog, der ihnen Licht und Luft und Wasser nahm, als ihre Schönheit und Freiheit in den Schmerzen unterzugehen drohte – da habe ich ihr, die längst meine Geliebte war, ein Mittel besorgt, das ihr die weiteren Qualen des Krebses ersparte.

Die rudelweise flüchtigen Männer

Jetzt waren die Männer einzeln und in Rudeln ihren Familien flüchtig, und mein Vater reihte sich ein unter diese flüchtigen MÄNNERFLÜCHTLINGE. Zeitweilig waren sie so zahlreich, daß sie nach dem Untergang der Deutschen Wehrmacht schon wieder eine kleine Armee hätten aufstellen können, um gegen ihre eben verlassenen, unbewaffneten Familien zu Felde zu ziehen und sie endgültig zu vernichten.

Manche begnügten sich mit einer kleinen, überschaubaren Flucht: sie fälschten einfach das Datum ihrer Entlassung aus der Kriegsgefangenschaft um ein paar Monate. So lebten sie eine versäumte Liebe oder Wildheit. Sie kosteten eine so nie gekannte Freiheit, zu kommen und zu gehen in verschiedenen Landschaften und Ländern, in denen das Wetter angenehm war und die Frauen willig, und kehrten dann wieder zurück zu den engen Regeln der heimischen Ehe.

Andere aber blieben ganz fort. Das waren die Streuner, die Wölfe. Viele von ihnen verlotterten. Sie wurden als Söldner im afrikanischen Busch oder in Flußdeltas Südostasiens jämmerlich erschlagen oder von wilden Tieren gefressen. Sie verkamen zu Berbern auf den Landstraßen, die damals noch von Obstbäumen gesäumt waren, oder in den Parkzonen der Städte, in denen noch Kartoffeln und Gemüse angebaut wurden. Manche lebten mit neuen Papieren, die in diesen Monaten leicht zu beschaffen waren, ein zweites Leben, das natürlich eine operettenhaft schäumende Steigerung ihres ersten Lebens sein sollte.

Das waren die Gefährlichen im Rudel der MÄNNERFLÜCHTLINGE, die Reißer. Einige von ihnen wurden tatsächlich zu Mörderhunden. Das waren jene Kowalskis, die mich als Heranwachsenden weiter verschreckten – und dieses harte Holz in meinem Gesicht, das unter versuchter

Nähe zumeist nur abweisend dröhnte, wuchs weiter Jahr um Jahr. Es wuchs hinein in den Aufbau des Landes, der sich mit Hammerschlägen und Kreissägen weithin hörbar vollzog. Langsam wuchs es weg von diesem Aufbau, schließlich blieb es für längere Zeit, hölzern gefestigt, kindlich stehen.

Die ausgelöschte Stadt Köln I: Die Kellnerin mit den behaarten Beinen

Ludwig Kowalski wollte nach Westen, möglichst weit nach Westen und weg von den Polen, die sich gern mit blauen Augen tarnten. Ganz im Westen lag Köln.

Hier saß er jetzt im Wartesaal II. Klasse, im Kellergeschoß des zerbombten Hauptbahnhofes einer zerbombten Stadt. Er trank Schwachbier, dann heimische Himbeerlimonade, deren Glas nasse Ringe in den Dreck des Tisches zeichnete. Es roch nach Pfälzer Rippentabak, nach dem Rauch verspäteter Züge, nach zerstörten Brücken und nie ankommenden Zügen, nach geplatzten Koffern voller säuerlicher Wäsche, zwischen die einzelne Raubstücke versteckt waren: eine Uhr, eine Halskette, eine Stange blonder amerikanischer Zigaretten, TEXAS oder COLLIE.

Ihn drückte beim Sitzen, ihn beruhigte und beunruhigte zugleich der Lederbeutel in der Unterhose, der schon die ganzen Tage seinem Glied anlag und gefleckt war vom Schweiß und von Tropfen ängstlichen Urins. Was jetzt tun mit diesem Westen, in den er planlos geraten war?

Die Kellnerin brachte ihm ein weiteres Glas lauer Himbeerlimonade. Sie hatte nackte, stark behaarte Beine. Ein kräftiger Schuß männlicher Hormone steckte in diesen Beinen. Ein Socken hatte sich über den Knöchel gekringelt.

Was also tun, Kowalski?

Sollte er mit einem dieser nirgendwo ankommenden Züge weiterfahren und seine neue Freiheit härten im Salz der Nordsee? Oder sie doch lieber hüten hier, in der gewiß etwas schmuddeligen, aber angenehm sündhaften rheinischen Tiefebene? Oder sollte er zu den knickerigen, aber verläßlichen Obst- und Tabakbauern in die Pfalz ziehen? Oder in die warmen Nebelschwaden des Bodensees tauchen mit der Aussicht, sein aus dem Lederbeutel wachsendes Vermögen nachts übers Wasser rudern und vor der Steuer in der Schweiz verstecken zu können?

Sollte er dorthin die Erinnerungen an das rückständige Schlesien schleppen und sie in neuem Aufwind tunlichst bald vergessen, wie er Mutter und Frau und Kind vergäße und auch seine alten Papiere, die er zu neuen fälschen ließe?

Viele fuhren jetzt übers Meer in die gewaltigen Wälder Kanadas. Wäre das etwas? Aber seine schlesische Zunge sprach kein Wort Englisch. Weder war er Holzfäller noch Förster. Er war Gärtnermeister, der sich auf die Anlage von Vorgärten und städtischen Parkanlagen verstand, von Baumschulen, von Gewächshäusern und Obstplantagen, auch wenn alles das über den Krieg verkümmert war in den letzten Jahren. Da hatte er doch eines nur getrieben, was ein Gärtner auch können muß: Karnickel schießen. Ja, Scharfschütze war er gewesen, ein dekorierter. Ausgestattet zuletzt mit einem russischen Beutegewehr, das über ein größeres Magazin und eine schnellere Schußfolge verfügte. Mit dem hatte er Russen geschossen wie Karnickel.

Oder doch übers Meer fahren, aber in einem weiten Bogen nach Süden, dorthin, wo einer seiner hochdekorierten Vorgesetzten schon an der argentinischen Atlantikküste gelandet sein sollte mit einem von sechs kleinen U-Booten? Und sich bereits anschickte, Land in Besitz zu nehmen, über das er stundenlang reiten könnte, ohne die Grenze des Nachbarn zu verletzen? Wäre das etwas? Nein, schießen wollte er nicht mehr, und auch reiten nicht. Immer hatte er sich einen Fuchs geritten.

Aber die ganzen Jahre hatte er in seinem Tornister eines Scharfschützen ein kleines Buch über die Zucht von Orchideen mitgeschleppt. Dieses Buch war seine Bibel gewesen und oft sein einziger Traum. Orchideen waren Nachttiere, sie schrien erst in der Dämmerung. Und wenn sie zärtlich wurden, dann gurrten sie bloß.

Wäre das etwas? Eine Zucht von Nachttieren an einem dieser mäandernden und dampfenden Flüsse, die er in seinen kalten russischen Träumen gesehen hatte? Und kleine arbeitsame Indios, und die im Wind sich bewegenden und miteinander redenden Blätter der Bananen? Und ein großes Holzhaus mit einer Veranda? Und diese Frau mit den nackten, stark behaarten Beinen, die überall für Ordnung sorgte, harsch und etwas herrisch, aber auch wieder nicht zu herrisch, die sich also zähmen ließe wie ein junges Pferd?

Er lebte. Das war die Freiheit. Er konnte träumen. Die Freiheit war der Traum.

Die ausgelöschte Stadt Köln II: Domstraße – Hinter dem Hauptbahnhof

Und mein Vater Ludwig, der nicht länger Vater sein wollte, stieß in der ausgelöschten Stadt Köln in einer Seitenstraße hinter dem Hauptbahnhof abends auf Alois Kelch, der von einer Petroleumlampe beleuchtet wurde.

Der einstige Kohlenhändler und jetzt Schwarzhändler, der jetzt Gemüsehändler und Händler mit Textilien und Gebrauchtmöbeln, Kinderwagen, Betten, Kochgeschirr war, Alois Kelch (der natürlich auch mit gefälschten Aufenthaltsgenehmigungen und Bezugsscheinen aller Art handelte, denn er besaß Schreibmaschine, Stempelkissen, Schnitzmesser und eine ruhige Hand) stand gut sichtbar auf der Ladepritsche eines ausgeschlachteten Lastwagens der Wehrmacht, den er an seinen Traktor gekoppelt hatte. Von dort oben tauschte er im Petroleumlicht Rüben, Möhren, Kohl, Äpfel, Kartoffeln und rheinische Fische gegen kleinere Mengen amerikanischer Zigaretten und blonden Tabak. Und Sätze neuwertiger Töpfe, Tiegel, Pfannen, und Mäntel, Hosen, Stiefel, Konserven, Kaffee unterschiedlicher Armeen tauschte er gegen etwas größere Mengen an Zigaretten und dickere Päckchen Tabak: Hehlerware gewiß aus den Laderäumen von Versorgungslastern der siegreichen Truppen, die bei ihrer langsamen Fahrt durch rheinische Gebirge geentert und geleichtert worden waren.

Zwischen und in den Ruinen zu beiden Seiten der Straße waren Hütten aus angekohltem Bauholz entstanden, aus Ziegelsteinen und festgefrorener Dachpappe, in denen wiederum getauscht, auf offenen Feuern gekocht wurde und wo sich in groben Mänteln Frauen gegen eine blonde Zigarette anboten, die in besseren Zeiten wieder ehrbar wären.

Alois Kelch betrieb sein Tauschgeschäft schnell und exakt wie eine Nähmaschine. Eine Weile sah Ludwig ihm im

Licht der Petroleumlampe zu. Dieser Mann mit der Schildmütze und dem steifen Bein brauchte nicht lange, um die Ladefläche leerzuräumen – das steife Bein drehte sich wie ein metallener Klöppel zwischen den einzelnen Posten der Hehlerware und den Händen, die Zigaretten und Tabak hielten und einige auch kleine Schmuckstücke minderer Güte, für die er in Kartons mit Nylonstrümpfen und in andere mit Kaffee und Whisky griff. Schnell, regelmäßig, fehlerfrei drehte er sich auf dem Klöppelbein. Mit dem einen seiner Vogelaugen hatte er die Hehlerware und den Tauschwert im Blick, mit dem anderen mögliche Häscher und konkurrierende Greifer in der Straße. Er teilte mit der rechten Hand aus und empfing mit der linken und reichte es weiter an ein Mädchen oder eine sehr junge Frau, die es sofort in einer Holzkiste barg, auf der sie zur Sicherung vor bislang nicht entdeckten Straßenräubern saß, hustend in der schwarzen Kälte des Dezember.

Und klein war sie und erbärmlich dünn. Die großen, dunklen Augen machten ihr Gesicht noch kleiner, handtellerklein. Ludwig schätzte sie auf fünfzehn, dann auf sechzehn oder siebzehn. Sie war eine verlorene Puppe, die zwischen den schnellen und harten Bewegungen des Mannes mit dem Klöppelbein bald entzwei ginge – zwischen seinen Raubzügen über Land, auf denen er Hehlerware lud und sie mit Rüben und Möhren tarnte und was die geschundenen Äcker noch hergaben, und seinem Eintausch gegen wiederum woanders geraubte Tabakwaren und Schmuckstücke, die Brandleichen in den Trümmern abgenommen worden waren oder mit denen sich jemand selbst bestahl um die letzte Erinnerung an ein Glück, das vergangen war.

Das Mädchen oder die siebzehnjährige Frau oder die lungenkranke Kindfrau saß auf dem wachsenden Tabak- und Schmuckschatz und bewachte ihn gegen die Stromer und Greifer und die nur selten auftauchenden und dann ebenfalls raubenden und tauschenden Fußstreifen. Die trugen einen schnell und unförmig gepreßten Blechhelm gegen die nächtlichen Schläge, die sie erwarteten – einen Blechhelm in der Form eines Napfkuchens, der nicht gewagt hatte, sich allzuweit von der Kaiserzeit zu entfernen in diese neue, frostige, regierungslose Leere des Dezember hinein.

Und diese Kindfrau, das fiel dem Beobachter Ludwig Kowalski sofort auf und erregte ihn, bewachte diesen sich mehrenden Schatz unter sich nicht etwa mit gespannter Aufmerksamkeit und sichtbarer Abwehrbereitschaft – nein, sie bewachte ihn einzig durch ihre Gebrechlichkeit. Ein kränkliches Frostfiligran war sie, das keiner der vom Hunger und der jahrelangen Gewalt Zermürbten auch nur anzurühren wagte.

Ludwig Kowalski spürte in diesem Augenblick einen einzelnen, kleinen Stich im Kopf. Und wenn ein Bild mit einem Stich in seinen Kopf drang, fand er es bald im Magen wieder als zunächst ihm Übelkeit verursachendes, dann aber bald wärmendes Gefühl. Ein einmaliges und ganz und gar eindeutiges Gefühl, mit dem er übrigens auch alle seine großen Geschäfte gemacht habe, sagte er später; ein Gefühl, das den Puls beschleunigte und den Blutdruck hochschnellen und endlich, wenn es durch den ganzen Körper gefahren sei, eine der Fußzehen zucken liesse. Im vorhinein wüßte er nie, welche Zehe dran sei, immer sei es eine andere, sie wechselten sich ab wie die Tasten eines elektrischen Klavieres.

Dieses Bild in seinem Kopf — *es ist dann, als stäche eine Nadel ins Nadelkissen. Dieses Kissen ist eine quabblige Ansammlung von Zellen in meinem Kopf: etwas wie Fischeier oder Froschlaich. Und es muß an der Stelle sein, wo in meinem Kopf die Liebe sitzt – und gleichzeitig mein Sinn für die Geschäfte, denn das ist eines. Ich weiß: das ist ein Geschäft,* — dieses Bild also hieß Margot Liliane, genannt Lilofe, und sie war achtzehn und tatsächlich lungenkrank gewesen. Es gab noch ein zweites, kleineres Bild in seinem Kopf, das Unterfutter gewissermaßen für das größere, stechende Bild: Das war Alois Kelch, der mit seinem exakt drehenden und winkelnden Metallklöppelbein den Raub und Tausch in dürftiger Zeit verwaltete. Und wieder spürte Ludwig erregt den Beutel mit den schon geschliffenen Diamanten, der beim Gehen sein Glied und seine Eier streichelte. Natürlich hatte er diesen Beutel gleich bei der Ankunft in Köln zum Schutz vor nächtlichen Stromern und Greifern irgendwo sicher deponiert, aber dennoch spürte er jetzt seinen Abdruck genau dort, wo er bis vor kurzem noch gehangen und zärtlich gescheuert hatte. In diesem brotlosen, dezemberkalten, ausgelöschten Köln spürte er ihn als Zukunft, die ihm gehörte.

Schon wenige Tage später hatte er sich auf dem Anwesen des Kohlenhändlers und jetzt Schiebers und Hehlers Alois Kelch im Stadtteil Köln-Nippes einquartiert. Hier gab es einen Lagerschuppen mit einer kleinen, aber zureichenden Fälscherwerkstatt. Hier veränderte Kelch Bezugsscheine und Ausweise aller Art. Es gab eine Lorenkippwaage für Braunkohle, Eierkohle, Briketts, Sorten, die er schon lange nicht mehr ausgeliefert hatte; einen Kellerraum mit gut verpackten Raubstücken aus bombengeschädigten romanischen Kirchen Kölns: hier ein Beichtstuhl, dort Teile eines Altars, eine Bank, Kruzifixe im Dutzend, Giebelbögen, Fensterrosetten und wasserspeiende Vögel. Es gab einen Innenhof für den Hehlertraktor mit Hänger, und im Wohnhaus eine mit dem unsäglichsten Porzellanklimbim vollgestellte Kammer, den Ludwig je gesehen hatte: Im Spinnennetz dieses Kitsches saß die Schwägerin und Tante, die Kelch den Haushalt führte. Ihre Schwester Elli, Kelchs Frau und Mutter dieses bis vor kurzem noch lungenkranken Mädchens Lilofe, war vor Jahren schon von ihren Verzweiflungen in den Rhein gezogen worden, der gerade Hochwasser führte.

Diese Tante und Ludwig: das war Haß auf den ersten Blick. Er hatte in ihr die eifersüchtige Hüterin erkannt, die Familien-Märtyrerin, die, unverheiratet, männerhassend und giftig, bis an die Zähne bewaffnet mit ihrer Aufopferung, ihr Leben an eine Restfamilie hingibt, die nicht die ihre ist.

Und sie hatte in ihm den Wolf erkannt. Sie wußte vom ersten Augenblick an, daß er auf Beutezug war: dieser einsame Streuner wollte junges Fleisch. Und sie wob ihr Spinnennetz des Porzellankitsches dichter und krallte sich darin fest.

Und Ludwig mit seiner großen Nase roch in ihrem Zimmer die säuerlichen Ausscheidungen von Abwehr und Haß, von Geiz auch, von einer Knoblauchkur zudem, die schon Monate zurückliegen mußte, er roch ungelüftete dunkle Kleider mit Mottenkugeln und saure Waschlappen. Er sah und roch Erinnerungsstücke an andere Familien, in denen sie ebenfalls schon herrschsüchtig Lücken gefüllt hatte, ja er roch sie wie Ikonen, und er roch ihren Haß auf ihn, der soeben seine Familie verlassen hatte.

Aber Ludwig lachte, als er während einer ihrer Abwesenheiten ihr Geheimnis entdeckte: Ein Teil der Porzellanfiguren – das waren Zwerge mit und ohne Schubkarren, Rehe, Schwäne, nackte, geschlechtslose Jungfrauen auf güldenen Kugeln – wiesen im Fußteil eine kleine Metallklappe auf. Die Figuren waren mit zusammengerollten Scheinen der Reichsbank gefüllt, mit Aktien und Obligationen und mit einzelnen, längst veralteten, dunkel angelaufenen Schmuckstücken. Er lachte, weil er jetzt wußte, daß er mit dem kleinsten Diamanten aus seinem Lederbeutel ihren Haß würde aufkaufen können, und er tat es bald.

Neben der haßerfüllten Kammer der Tante gab es eine weitere Kammer, die kaum eingerichtet war, als sei ihre Bewohnerin höchstens noch für eine weitere Nacht hier – oder als seien alle vorangegangenen Nächte so flüchtig und provisorisch, so vom Leben nur geborgt gewesen, daß sie sich zu einer einzigen Nacht zusammengezogen hatten, und diese eine Nacht hatte eben nicht mehr Spuren hinterlassen. Das war das Zimmer der achtzehnjährigen Margot Liliane, genannt LILOFE.

Dieses Mädchen oder diese jungfräuliche Kindfrau hatte den Krieg teils in verschiedenen Lungensanatorien, teils auf einem kleinen Hof im Sauerland überlebt, den Alois Kelch geerbt und verpachtet hatte. Vor kurzem erst war sie aus dem letzten Sanatorium zurückgekehrt in das zwar ausgelöschte, aber befriedete Köln, in dem nachts nur die Hehler und Greifer und Huren herumzogen, mit denen sich ihr Vater duzte. Und tatsächlich war es auch der letzte Kuraufenthalt für die geschwächten Lungen gewesen. Sie kräftigte sich bald. Das Frostfiligran ihres kleinen Gesichtes taute nach und nach ab und auf, als könne sie jetzt, da kein Kinderrucksack mehr griffbereit neben ihrem Bett stand für den Fall, daß die Fliegersirenen heulten, sich wieder einmal die rotglühende Atemnot ihre Kehle hochwälzte und hinter der kleinen Stirn, in Augen, Ohren und Nase explodierte, wie gleich die ersten Brandbomben explodieren würden (und zwischendurch stiege noch die Mutter aus dem Hochwasser des Rheins und tastete, blind geworden von den Fluten, mit kalter Hand nach ihrer Tochter im Bett) – als könne sie jetzt erst essen und an Gewicht zunehmen und bald auch einmal lachen und ihr Zimmer einzurichten beginnen mit dem, was ihr aus der Zeit vor der Krankheit, also vor dem Krieg und vor dem nassen Tod der Mutter geblieben war: Puppen, Hasen, Eisbären und Fotos ihrer Kindheit.

Noch im letzten Kriegsjahr war Alois Kelch der Lastwagen beschlagnahmt worden, mit dem er Holz und Kohle an die Haushalte in Nippes gefahren und mit einem Gehilfen bis zum fünften Stock hochgewuchtet hatte. Schließlich hatte er nur noch den Plunder der Rheinischen Braunkohle mit einem Schimmelgespann ausgefahren — *und das waren die wertvollsten Tiere, denen ich je begegnet bin,* sagte er, wenn er im Unterhemd in der Wohnküche am Tisch saß und sich wieder geärgert und wieder abgeärgert hatte darüber, daß Ludwig nichts von seinem erstklassigen Hehler-Whisky trank.

Während des Krieges war Ludwig ans Trinken geraten. Zwischen den Einsätzen hatte er sich die Russen weggetrunken, die er schoß wie Karnickel. Jetzt aber brachte das Trinken nur die einzelnen Bilderstiche in seinem Kopf durcheinander, und er wurde schnell zum Nichtraucher und Abstinenzler. Mit Alkohol und Nikotin liefen die Stiche kreuz und quer und ließen nicht mehr die Unterscheidung in einzelne Bilder zu, denn er machte gerne BILDERHÄUFCHEN aus ihnen, und zwar die Häufchen der LIEBE und die der GESCHÄFTE, und er stapelte sie in sich wie in einem gut geordneten Magazin.

Später, als er sich immer wieder zu Erklärungen für seinen Erfolg genötigt sah (und noch später auch für seine menschenleere Einsamkeit), da verwies er immer wieder auf dieses erste Bild in Köln, Domstraße, hinter dem Hauptbahnhof. Und dann auf das wachsende Magazin der Bilder in seinem Kopf, auf die Häufchen und gestapelten Schachteln. Auch behauptete er dann, ihren Geruch wahrnehmen zu können (einen von Fotopapier, dann jenen von Ölfarbe, frisch geleimtem Holz und Leinwand), den sie in ihrer Häufung in seinem Kopf verströmten. Er nahm ihn wahr, wenn er ihnen nur lange genug nachging mit nach innen gerichteter Nase, und wenn er noch weiter drängte, schmeckte er die Häufchen auch auf der Zunge.

Wenn er dagegen rauchte und trank, mißriet ihm alles. Die Bilder strömten keinen Geruch mehr aus, es sei denn den gemeinen des Schnapses. Auch hatten sie keinen Geschmack mehr, und ohne Betäubungsmittel spürte er doch den leichten Fettgeschmack von Walnüssen heraus.

Dann sanken die Bilder einfach ab. Der Magen triumphierte. Sein Glied schwoll an in der Erinnerung an erfahrene Lüste (in einem polnischen Kiefernwald, in einem russischen Dorf) und schickte wieder andere, neue, aber ganz und gar dumpfe Stiche in den Kopf zurück, nämlich die Stiche der bloßen GESCHÄFTIGKEIT, die er sich für Zeiten besonderer Not und Bilderarmut aufheben wollte.

So saßen mehrere Abende lang ein allenfalls von einzelnen Stichen berauschter Ludwig Kowalski in dieser Wohnküche und ein von exquisitem Hehler-Whisky angesäuselter Alois Kelch.

— *Wirklich, ich hab' nie so wertvolle Tiere gehabt,* sagte der säuselnde Kelch. *Früher hatten diese beiden Schimmel im Zirkus gearbeitet. Dann haben sie jahrelang die Hochzeitskutsche durch Nippes gezogen. Die konnten so vollgefressen und vollgetränkt sein wie sie wollten, die schissen und pissten nie unterwegs. Die hatten sich eisern unter Kontrolle, mustergültig. Erst wenn ich auf dem Innenhof mit der Schubkarre ankam, äpfelten sie und liefen aus wie Tonnen. Und das sah eines Tages ein Gustav Kayser – dieser Kayser mit ay – hier aus der Kempener Straße, und der Kerl sprach mich an. Dieser Kayser war nicht sauber. Der Kerl war im Untergrund, das hatte ich schon geahnt. Ein ganz windiger Bursche und ein loses Maul. Er kam also und schlug mir vor: Weißt du, Alois, wir benutzen deine Schimmel als Kuriere. Die fressen bei dir im Stall verplombte Nachrichten und kacken sie erst in Wuppertal wieder aus, wenn du mit der Schubkarre kommst.*

Und natürlich habe ich den angezeigt, denn das war ja ein ganz unsauberer Kerl. Und dämlich war er obendrein, weil er ausgerechnet zu mir kam. Und die Gestapo nahm ihn gleich hopp. Und riß ihm den Arsch auf. Und er sang. Und bald darauf nahm sie ein ganzes Nest von unsauberen Kerls hier in Nippes aus, das waren mehrere Kerls und eine Frau. Und erschossen zwei oder drei, darunter natürlich auch diesen Kayser mit ay. Und kamen dann wieder zu mir und stellten mir zur Belohnung diesen fast ganz neuen LANZ-BULLDOG *auf den Hof, den ich jetzt noch fahre.*

Ludwig will diesem mehrmals an den Abenden in der Küche wiederholten Halb-Märchen, dieser vielleicht nur halben Schimmel-Wahrheit des säuselnden Alois Kelch kaum zugehört haben. Zu sehr war er damit beschäftigt, diesem Mann in dem verschwitzten Unterhemd beizubringen, was er von ihm wollte und wie wenig er dafür zu geben bereit war. Er wollte die Geschäftigkeit und Wendigkeit seines Klöppelbeines. Er wollte den Hof im Sauerland und den LANZ-BULLDOG, ein Vermögen in dieser maschinenlosen Zeit. Und er wollte das Mädchen, die jungfräuliche Kindfrau, der er bald sagen würde, daß sie sich gar nicht erst im Zimmer ihrer späten Kindheit zwischen Puppen und Stofftieren und ein paar Fotos bald verflossener UFA-Stars einzurichten brauchte, denn sie sollte die späte Kindlichkeit jetzt einfach überblättern wie Seiten in einem Kinderbuch und mit ihm auf diese Hofstelle ziehen als seine Frau.

Und also redete und säuselte Alois Kelch weiter, um den Preis für sich und Tochter, Hofstelle, Traktor zu erhöhen, und Ludwig hörte weiter nicht oder doch kaum zu, sondern hatte eher Ohren für das angrenzende Zimmer, in dem das Mädchen eine erst heute ertauschte Sammlung von Schallplatten sortierte, bis Alois Kelch gereizt hinüberging und *das verfluchte Negerhuren- und Negerzuhältergedöns* abstellte.

Am letzten Abend dieser Pokerrunde lag ein kleiner, aber auch wiederum nicht gar so kleiner Diamant zwischen den beiden auf der Wachstuchdecke des Tisches. Sie starrten darauf wie auf das letzte, entscheidende Blatt. Und einem Kästchen aus Ebenholz, das mit kardinalrotem Samt ausgeschlagen war, entnahm Ludwig als Versprechen einen sehr viel größeren, ja schon ausstellungsreif großen Diamanten. Dieses Wunder von einem Diamanten stach Alois Kelch im Licht der Küchenlampe (an der noch immer der Fliegenfänger vom Oktober hing) so in die Augen, daß er blinzeln mußte. Dann ließ Ludwig den Stein wieder mit einem sanften, aber entschiedenen Klapp im Samtbett des Ebenholzes verschwinden.

— *Das ist der Hochzeitsdiamant, der Talisman für Haus und Hof und Äcker und Wiesen, das noch nicht geschlachtete Vieh und den Bach und den Teich und den Fichtenbestand im Sauerland, meine neue Heimat,* sagte er. Und er wäre der Kaufpreis für den jungen, kränkelnden, aber langsam gesundenden und mehr und mehr von atmender Röte durchpulsten Körper der jungfräulichen Kindfrau, meinten beide.

— *Edelstein zu Edelstein,* sagte Alois Kelch, und beide sagten, daß die Halbwaise mit Liebe natürlich und mit Fürsorge selbstverständlich zu verwöhnen sei, bevor sie richtig ins Geschirr der Ehe und des Haushaltes und der Plackerei eines Hofes und einer zu gründenden Baumschule eingespannt würde, denn natürlich wollte der eine nicht der nackte Hehler sein, und der andere nicht bloß der springende Bock.

Ludwig ging weiterhin so umsichtig vor, daß der Kindfrau gar kein Entkommen möglich war. Schließlich schrieb er auf der Wachstuchdecke des Tisches einen entscheidenden Brief. Er schrieb ihn mit dem Füllfederhalter, den Alois Kelch für seine Fälschungen amtlicher Eintragungen auf den Scheinen benutzte, mit denen er handelte.

Diesen Brief sollte sich Lilofe zweiundvierzig Jahre lang aufbewahren. Sein Schreiber war schließlich schon sieben lange Jahre tot, gestorben nach einer anderen, letzten und dieses Mal verlorenen Partie Poker, als sie ihn endlich verbrannte. Bis dahin hatte dieser Brief sie aber ganze zweiundvierzig Jahre lang verführt, gefangengehalten, betrogen und schließlich fast vernichtet.

Was nun war an diesem Brief, den er mit Fälschertinte schrieb?

An diesem Brief war, daß er Lilofe als die junge Frau beschrieb, die er als gebrechliches Frostfiligran in der Domstraße auf der Kiste hatte sitzen gesehen: eine Halbwaise, aus dem letzten Lungensanatorium in die ausgelöschte Stadt Köln entlassen. Die Stadt war gerade während dieses Kuraufenthaltes ausgelöscht worden, und während dieser Zeit war auch ihr Vater, den sie als Händler von Braunkohle und Brennholz mit einem Schimmelgespann verlassen hatte, zum Besitzer eines Traktors mit Hänger geworden. Und natürlich waren diese Briefzeilen jetzt die einzigen, in denen sie sich in ihrer Erbärmlichkeit und Hilflosigkeit wiederfand. Und da Ludwig sie in diesem Zustand beschrieb, schrieb er sie auch über Jahre hinweg damit fest.

Denn sie kroch unter diese Zeilen wie unter einen schützenden Arm, den er noch nicht einmal um sie gelegt hatte. Und sie weinte die ersten Flecken auf den Brief, der sie zweiundvierzig Jahre lang beherrschen und gleichzeitig immer wieder verraten sollte.

Und er beschrieb ihr, was geschah, wenn ein Bild ihn in den Kopf stach: wie der Krampen der Nase zu jucken und sich zu röten begann. Wie der Stich in den Magen sank und zunächst Übelkeit, dann erst Wohlsein verursachte. Wie zwei Tropfen kalten Schweißes (immer nur zwei, nicht mehr) aus einer der Achseln traten. Wie eine der Fußzehen zuckte unter der Erwartung eines Erkenntnisglückes, das er noch gar nicht zu denken wagte, das aber schon da war, in dieser Fußzehe bereits war es da. Und natürlich ließ dieser gaunernde Briefeschreiber hier aus, was noch alles da war: die Reibung des Lederbeutels an seinem Glied und seinen Eiern. Die energischen, brauchbaren Klöppelbewegungen des Alois Kelch, Bewegungen eines Mannes, der sich im Rheinland und auch im Sauerland zurechtfand. Das restliche, noch nicht im letzten Winter verzehrte oder in Weckgläser eingepökelte Vieh im Sauerland. Die Wiesen und Äcker, die nur auf die Setzlinge einer künftigen Baumschule warteten, genau wie die Stadt und das Land auf den Wiederaufbau warteten.

Aber er beschrieb, wie er Lilofe umwachsen und wie ein Gebüsch schützen wolle; wie er ihr mit der Behutsamkeit des Gärtners Orchideenblüten am oberen, gebrechlichen Rand der Ohrmuscheln und zwischen den Fingern züchten würde. Und blühendes Moos pflanzte er zwischen die Brüste und die Schenkel. Und dies und das, wie es halt so geht. Es war also ein schöner und langer Brief voller Versprechungen und warmem Aufwind, und beim Lesen kicherte das Frauenmädchen, denn die Wörter kitzelten sie wie seine Hand, die sie bisher nur gesehen hatte, wenn er redete, und das tat er ruhig und zögernd, und gar nicht mit jener geübten Glätte, vor der sie sich gefürchtet hätte.

Und dann mußte der Schreiber des Briefes befürchtet

haben, im nächsten Augenblick käme wieder eine der häufigen Stromsperren und er säße über einem unfertigen Brief, in dessen Säusel- und Honigwabengewebe er nachher nicht mehr zurückfände. Oder aber der Schreiber komponierte den Brief auf dem Wachstuch des Küchentisches mit einer Sinnlichkeit, die er kühl beherrschte. Denn er entschied genau an dieser Stelle, daß jetzt die Kindfrau genug geweint und auch genug gekichert habe, und daß es nunmehr Zeit sei, sie so gründlich und kalt zu duschen, daß sie zitterte.

Und so teilte er ihr in den letzten Zeilen mit, daß er sie mit Abschluß ihres neunzehnten Lebensjahres zu heiraten beabsichtige, zwei Kinder von ihr wolle und mit ihr auf der ihrem Vater abgekauften Hofstelle im Sauerland leben würde, die er zu einer später einmal ganz Nordrhein-Westfalen beherrschenden Baumschule auszubauen gedenke, denn jetzt sei Wiederaufbau und Ausbesserung angesagt, und er sei der Mann dafür. Hier setzte er ein Ausrufezeichen und legte ihr den Brief auf das Kopfkissen in ihrer noch immer kaum eingeräumten Mädchenkammer. Auf dem Kissen saß bereits eine Schlafpuppe, die bei einem Druck auf die Brust quengeln konnte. Das probierte er aus. Er war zufrieden, als sie auch bei ihm quengelte.

Die jungfräuliche Kindfrau erlitt, nachdem sie erst wohlig gekichert, dann einige Flecken auf den Brief geweint hatte, noch in der Nacht einen Atemschock: wieder einmal brannte ihr dröhnend die Atemnot in Kehle und Brust. Sie drückte ihr die für ihr Gesicht zu großen, stillen und tiefliegenden Augen nach außen, so daß sie in ihren Krämpfen danach griff und sie herausziehen wollte wie Stöpsel, die ihr die Luftzufuhr versperrten.

Aber auch das brachte Ludwig Kowalski nicht von dem Weg ab, den er, ein disziplinierter Wanderer, einmal eingeschlagen hatte. Er war besorgt in dieser Nacht, aber nicht durcheinander. Schließlich hatte er einen Plan, dessen einzelne Etappen seiner Ausführung immer von einem Bild ausgingen, das ihn schmerzhaft in den Kopf gestochen hatte, dorthin, wo seine Liebe saß. Oder doch sein Haß? Oder seine Geschäftigkeit. Oder sein Beleidigtsein. Oder sein Rachebedürfnis. Oder das, was er, aber nur er, für sein mögliches, werdendes Glück hielt – und dieser Plan konnte nicht fehlgehen. Er konnte sich verzögern. Er konnte Umwege erfordern, aber er müßte nie aufgegeben werden, denn schließlich war es ein ORGANISCHER PLAN, organisch wie die Pflanzen, die Ludwig züchten wollte. Es war organisierte und in Geschäfte umsetzbare Sinnlichkeit. Dieses Organische würde nicht zerplatzen oder zerschellen können: es könnte nur wachsen und wachsend sich verändern, und sich damit auch der Mißgunst und dem Haß seiner Feinde anpassen. Als Organisches würde es nie zerstieben können wie ein bloßer fahriger Traum von Macht.

Nein, sein Plan, der sein organischer Wahn war, könnte nur selbst mit ihm im Alter vergehen. Und für den Beginn brauchte er jetzt sie, die jungfräuliche Kindfrau, die formbar war und leer. Ihr Körper war noch nicht zerlegen von dem plumpen Brustkasten, dem Schmerbauch und den feisten Schenkeln eines anderen. Er war noch nicht getränkt von dessen Abscheu und Verachtung, die er in ihn hineingestoßen hatte, und in dem Körper selbst wären dann schon längst Darmzotteln und Uterusgeschwüre gewachsen, wiederum gefüllt mit Abscheu und Verachtung – nein, er brauchte Lilofe jetzt so frisch und unberührt, wie sie war. Er brauchte ihre Unschuld wie ein Mörder das Opfer.

Er würde sie also besitzen und ganz füllen mit sich. Er füllte sie mit dem Saft seiner zweiten Männlichkeit, selbstverständlich. Aber er füllte sie auch mit dem ganzen Rattenschwanz an Beleidigungen, die ihm bis heute zugefügt worden waren, mit der Schmach seines bisherigen Lebens.

Das wäre seine ganz eigene STUNDE NULL. So viele schwindelten jetzt einen Neuanfang in Unschuld herbei. Das Ende des Krieges aber war für ihn auch das Ende der Gemeinschaft der Deutschen gewesen. Es konnte keine neue Gemeinschaft in Unschuld geben wie nach einem großen Regen. Und wenn sie diese neue Gemeinschaft doch herbeischrien wie Ertrinkende, dann wäre es nicht mehr seine. Er wollte keine Gemeinschaft mehr, auch keine Politik Ertrinkender. Kein Wort mehr davon. Er kündigte, hier und jetzt.

Sein Neuanfang wäre einer für ihn allein. Er begänne neu auf dem schweren Boden seiner bisherigen Erfahrung von Abhängigkeit und Ausgesetztsein, dem erzwungenen

Gehorsam eines Hundes. Von jetzt ab wäre er einzig das, was er selbst erreichte. Und Schubkraft verliehen ihm dabei seine Wunden: den Schmerz wollte er nutzen wie ein Werkzeug.

Zwischen den Scharfschützenleichen des Krieges waren in seinem Kopf die Rübenfelder dieses rückständigen Schlesien eingelagert. Da lag dieses Land mit den schweren Wegen und diesen Menschen, die ihm jetzt nachträglich dumpf erschienen wie Ochsen. Mit einem Ochsenauge hatten sie immer ängstlich und neidisch nach Berlin gesehen, wo schneller gelebt und ihre eigene Zukunft mit aufgegessen wurde. Und mit dem anderen Ochsenauge hatten sie furchtsam nach Osten geblinzelt in Erwartung einer gewaltigen Gärung, eines Aufstandes großer Landmassen, der riesigen Kartoffeläcker und Getreidefelder und der gewaltigen, vielstimmigen Steppen, die auf sie zurückten und die sie an den schlesischen Chausseebäumen zerquetschten.

Und zwischen den Scharfschützenleichen des Krieges und diesen Ochsenaugen war in Kopf und Herz immer die Angst vor seinem Vater eingelagert, eine Angst, die ihn lange gelähmt hatte. Denn dieser Vater, der immer nur mit den Händen nachgedacht hatte, war doch am Ende seines Lebens gewalttätig geworden. Als er auf den Baustellen nicht mehr mit seinen Händen denken konnte, wollte er seine Frau mit den Händen erwürgen, und die drei Kinder am liebsten gleich mit. Schlafend hatte er es nur geträumt, wieder und wieder, aber wachend hatte er über seine Träume geweint. Und weil er vor der Frau und den Kindern nicht weinen konnte, hatte er sich den Leibriemen abgeschnallt und alle geschlagen, immer erst die drei Kinder, und dann die Frau.

Über diesen Vater hatte er in seinem Kopf ein Schwarzbuch der Beleidigungen und Verhinderungen, ein Buch der Schmach angelegt. Im ersten Kapitel hatte ihn dieser Mann als phantasiebegabtes Kind zum Hausarzt gezwungen: Klein-Ludwig redete in drei verschiedenen, sauber voneinander getrennten Phantasiesprachen, die nur oberflächlich an den schlesischen Dialekt, an das Polnische und Russische angelehnt waren, wie sie in diesem Landesteil vorkamen. Am liebsten aber sprach er rückwärts.

Und er log, daß sich die Balken bogen. Er log nicht zwecks Vorteilserschleichung, er log aus Spaß am Lügen und aus Freude daran, sich im Lügen zu vervollkommnen. Er trainierte die Lüge. Auch dabei juckte ihm schon gelegentlich die Nase, und somit war dieses Stadium für ihn später ein klarer Fall: gewiß hatte er schon damals auf die ersten Stiche in seinen Kopf reagiert; kleine, noch zaghafte Stiche müssen es gewesen sein, unausgewachsene Stiche in einen Kinderkopf, und noch dazu in dem von Flöhen, Läusen, Stechfliegen reichlich besiedelten Schlesien kaum von den Bissen und Stichen des Ungeziefers zu unterscheiden. Diese Bilderstiche will er schon mit diesen drei unverständlichen und dieser einen rücklaufenden Sprache versucht haben zu entziffern. Sie will er mit seinen blühenden Lügen verkleidet haben, damit sie ihm nicht geraubt wurden, denn die Familie war auf Konkurrenz angelegt – aber der Vater, der bloß mit den Händen zu denken gelernt hatte, hielt ihn für gestört. Oder gar für einen demnächst vom Wahn der Kunst Besessenen, einen Dichter, der rückwärts Lügen schriebe und den er überhaupt nicht mehr verstände.

— *Ach, würde mein Jüngster doch bloß ein einfaches Briefträgerchen. Ein klitzekleines Briefträgerchen hätte ich gern,* sagte er oft, und überzeugte sogar die Mutter tageweise davon, daß sie eine Niete gezogen hatten. Die sah ihren Sohn dann wie eine Mißgeburt an, die sie zutiefst bereute.

Aber der Arzt, ein vernünftiger Mann, hatte bloß festgestellt: *Seien Sie doch froh, Sie haben ein überaus phantasiebegabtes Kind,* und mit einem Klaps hatte er Mutter und Kind nach Hause geschickt.

Später ging der Tanz mit den Eiern los. Dieser Vater, der mit den Händen dachte (und wahrscheinlich mit seinen Eiern, dachte bald der Sohn), war auf die Eier seiner Söhne fixiert. Und natürlich war es Ludwig, der log und rückwärts redete und Märchen in drei unverständlichen Sprachen erzählte, dessen Eier Unregelmäßigkeiten aufwiesen. Er hatte ein Wanderei. Wenn diesem einen empfindlichen Ei etwas nicht paßte, verschwand es, flupps, mit einem leichten, schmatzenden Geräusch in der Bauchhöhle, und kehrte oft erst nach Tagen in den Beutel zurück, in dem es eigentlich Dienst tun sollte.

Als der Vater von dieser Eigenwilligkeit erfuhr, kontrollierte er jeden dritten Abend Ludwigs Eier. Jeden dritten Abend die Scham des Heranwachsenden, die groben Finger des Vaters, die den Sohn wieder zum Kind tasteten. Der Schweißgeruch des Vaters (ein Familienbad pro Woche, eine Garnitur Unterwäsche pro Woche, zweimal wöchentlich der Wechsel der wollenen Halbstrümpfe), seine Zigarren und sein Priem, der Kot- und Körner- und Milbengeruch der zwei Dutzend Wellensittiche, die er in einer Voliere im Hof hielt, und die Vorhaltungen, wenn das untreue Ei, flupps, wieder einmal mit diesem kleinen Schmatzer verschwunden war, über die böse Zukunft von Eunuchen und Einsiedlern und notgedrungen Hochstaplern und wahrscheinlich schwulen Künstlern, die er seinem Sohn dann an die Decke des Kinderzimmers malte.

Und als dieser Sohn, der immer noch blühend log, aber nicht mehr länger rückwärts redete und die drei unverständlichen Sprachen zu einer verständlichen verschlankt hatte – als dieser Sohn, dessen Ei immer noch wanderte, eher aus Protest zu lesen begann und sich mit Büchern vordringlich über Architektur bewaffnete und sich stundenlang mit diesen Waffen in sein Zimmer verzog, um sie zu schärfen, da sah der Vater endgültig rot. Er nahm ihn von der Schule. Er entschied für ihn, und Ludwig hatte eine Lehre als Gärtner zu beginnen, ein Beruf, so weit entfernt von der Architektur, daß er nie auch nur die geringste Neigung gezeigt hatte dafür. Der ältere Bruder dagegen durfte Bauingenieur werden und sollte später das Geschäft übernehmen. Das war der Bruder mit den treuen Eiern.

Und außerdem nahm ihm ausgerechnet dieser Bruder – und das war eine neue Qualität der Beleidigungen, die Ludwig widerfuhr – kurz vor seinem Tode durch eine Fliegerbombe noch das einzige Mädchen weg (und nahm es nicht bloß weg, sondern zerlag es und zerstörte damit auch noch die glückliche und sehnsuchtsvolle Erinnerung an sie), das er sich in diesem ganzen Kraut- und Kartoffel- und Rübenschlesien überhaupt hatte vorstellen wollen: einzig sie besaß eine klare und kühle Stirn, gegen die er seinen jetzt oft von einem Stich schmerzenden Kopf hätte lehnen wollen; einzig ihr hatte nicht die Holzkeule irgendeines polnischen Großfürsten die Nase zur Slawennase geplättet; nur mit ihr, dieser einen Schlesierin, hätte er Schlesien lieben wollen. Und wie es mit ersten Lieben so geht, die das Mannesalter verklären und die Bitternis des Greisenalters schließlich zur letzten, nahezu vollkommenen Lüge von Schönheit, Zärtlichkeit und Güte machen, war Ludwig noch bis zu seinem Tod davon überzeugt: mit dieser einzigen Schlesierin wäre sein Leben anders verlaufen, nämlich glücklich.

Als letztes Glied in der Kette der Beleidigungen hatte sich in ihm der tiefe Schrecken im Gesicht seiner Mutter abgelagert; ihr umfangreicher, auf dem Schemel zwischen den Etagenbetten zusammengesackter, ein dünnes Rinnsal unter sich lassender und ihn anklagender Körper. Diese alte, sehr dicke Frau erschien ihm jetzt wie ein morsches Holzhaus, das in sich zusammengestürzt war. Diese Frau würde nie mehr etwas in Angriff nehmen, weil sie auch das nicht noch verlieren wollte. Da, wo er früher Liebe und Zuneigung entdeckt, wo er sich in den einzelnen Zimmern des Holzhauses hatte verstecken können, fand er jetzt nur Abweisung und Zurechtweisung und, als einzig ihr mögliche Kraftanstrengung: strenge Verweigerung.

Nur mit diesem verschreckten, anklagenden Gesicht hätte sie ihn wortlos für den Rest seines Lebens gebremst, wenn er sie nicht genauso wortlos einfach zurückgelassen hätte in dieser aussichtslosen, in sich selbst versinkenden Barackenstadt. Hier tränkte Angst und Zukunftslosigkeit die Bretterbohlen. Und schnelle, verzweifelte Liebe tränkte mit ihrem Sauergeruch die Holzwände, in denen sie eingesperrt waren. Und aus dem Holz stieg alles zusammen wieder als Schimmelpilz, den sie morgens zwischen den Fußzehen entdeckten und auf den Zungen und den sie in den Herzkammern spürten. Und so zerfraß das Holz sie täglich mehr. Und also hatte er recht gehabt, sie wortlos zurückzulassen, und mit ihr die Frau und den Sohn. Aber natürlich fühlte er sich jetzt nackt und amputiert, ohne irgendeine Gesellschaft, die ihn mit ihrer Anwesenheit vor sich selbst hätte schützen können, und auch die Erinnerung an die chromosomenbehaarten Beine dieser Kellnerin im Wartesaal half ihm dabei nicht. Kowalski hatte in diesem Augenblick einzig Kowalski, und einer war härter zu ihm als der andere.

Dieses ganze abgelagerte Gift, die Schwermetalle der erlittenen Demütigungen und Beleidigungen spritzte er jetzt zusammen mit seiner zweiten Männlichkeit in der Hochzeitsnacht in das neue Gefäß, das Lilofe hieß.

Und es käme morgen niemand und behauptete, er mißbrauche dieses Kindergefäß. Ja, er zerstöre die Kindfrau, indem er sie randvoll anfülle mit den giftigen Ablagerungen seiner Vergangenheit, sie zerbräche unter ihm, und schließlich sei er sogar ihr Mörder: denn natürlich fügte er das Ferment der Zärtlichkeit hinzu und die unterschiedlichsten Duftstoffe der Zuneigung, mit denen er schließlich selbst einmal von seiner Mutter gefüllt worden war – den Zuneigungs-Fehltritt, den der schlesische Standesbeamte einst seine Frau und ein anderer Beamter noch später seinen Sohn genannt hatte, übersah er hier wie zwei Flecke minderer Größe.

Und Erregungs- und Erwartungsstoffe würde er beimischen, und dann wieder raffiniertere Mittel zum Entspannen in Kräuter- oder Tropfenform, die zu einer langen Kette von laszivem Gähnen führten. Aber wie unter einem heißen Wachstropfen würde seine Kindfrau dann wieder erzittern, erschrecken und gerinnen, sie würde sich spannen und in sich selbst hüpfen wie ein Trampolin: Ein heisser Tropfen Glück hätte sie getroffen – so stellte sich Ludwig damals das Innenleben seiner Frau vor, das er nach und nach sorgfältig komponieren und in dem er keinen einzigen falschen Ton erzeugen wollte, denn sie fingen ja beide neu an und ritzten sich frisch in den Sternenhimmel ein: Ludwig und Lilofe.

Dieses Innenleben einer neuen, zweiten Ehe stellte er sich mechanisch und beherrschbar vor – und natürlich war das bereits der erste Absatz jenes vernichtenden Urteils, das er über Lilofe und letztlich auch über sich selbst fällte und über mich und später über meine Halbschwester Sonja und über ein Dutzend weiterer Ehen, die ihm später nacheifern sollten.

Und wenn die einzelnen Gefäße einmal unter zu hohem Druck überliefen, dann wäre es nicht gleich eine Niederlage, es wäre dann eben das überlaufende Glück, das er wie überkochende Milch abschöpfen und, mit Honig versetzt, später noch genießen könnte. Und natürlich gäbe es gelegentlich einen Schritt zurück, ein Straucheln auch, einen Knöchelbruch gar. Er war doch klug genug, eine vorübergehende Niederlage in sein Leben einzuplanen, und selbst die Gewitterwand einer mittleren Katastrophe baute er sich auf, aber auch die würde er schließlich umgehen können, wie er es verstand, als Gärtnermeister mit anhaltenden Trockenheiten, Orkanen, Pilzbefall, Brand und Milben aller Art zu leben.

Oft saß er jetzt unter der Lampe am Küchentisch und erdachte und erfühlte Zukunft. Den Fliegenfänger hatte er abgenommen. Zu sehr erinnerte er ihn an die Wohnstube im schlesischen Riesengebirge. Trunken und matt von den Luftdruckschwankungen der zuweilen tagelang anhaltenden Gewitter hatten sich dort die fetten Sommerfliegen aufgereiht, und regelmäßig hatte er sich unter der Leimrute in Kelchs Küche wie eine dieser Fliegen gefühlt.

Wenn Kelch in die Küche kam, sein Klöppelbein winkelte und drehte und mit dem gesunden Bein die Richtung vorgab und ausgriff, saß Ludwig an dem Tisch und hatte die Fingerspitzen als Geburtshelfer so tief in die Kopfhaut vergraben, daß er beim Zurückziehen, beim Pausieren und Atemholen von seiner anstrengenden Tätigkeit Hautpartikel unter den Nägeln hatte.

— *Was machst du da,* fragte Kelch. — *Ich denke,* sagte er, *ich denke Zukunft.*

— *Also bitte, wenn dir das hilft,* sagte Kelch. — *So spür ich mit den Fingerspitzen nämlich die Stellen, an denen ich denke,* sagte Ludwig. *Ich spüre sie wie Fischeier oder Froschlaich, und ich muß sie beim Denken spüren können, sonst ist es kein gründliches Denken. Und ich vergesse das Gedachte und brauche doch wieder Bleistift und Papier, auf dem dann aber nur die Hälfte dessen steht, was ich alles gedacht habe, als ich das Denken gespürt und dann erinnert habe als Gespür, denn wie alles ist das ja ein organischer Vorgang und das Aufschreiben ein bloss mechanischer.*

— *Na schön, solange es nur bei solchen gelegentlichen Spinnereien bleibt,* sagte Alois Kelch, denn zunächst war er davon überzeugt, dieser Kowalski, der bald sein Schwiegersohn und Geschäftspartner wäre, nähme ihn bloß auf den Arm. Zwei Abende später vermutete er, Ludwigs Verhalten sei eine ausgeklügelte Art, ihm das Durchdenken eines besonders lohnenden Geschäftes zu verbergen. Und am dritten und vierten Abend war er doch sicher, an diesem Kopf sei in dem Krieg, an dem er wegen seines Klöppelbeines nicht hatte teilnehmen müssen, mindestens eine Granate zuviel vorbeigeflogen – und er hätte an diesem Abend bereut, ihm seine unfertige, von ihm selbst, Alois Kelch, noch gar nicht zu Ende gebrachte Tochter Lilofe versprochen zu haben, wenn er diesen einen Diamanten nicht schon ähnlich verplant gehabt hätte, wie dieser Ludwig Kowalski, die Finger tief und sicher schmerzhaft in die Kopfhaut vergraben, soeben sein Leben und das Leben seiner Tochter verplante, zusammen mit den ganzen anderen Diamanten, die er irgendwo versteckt hatte.

War dieser Kowalski nun raffinierter als er, Alois Kelch, selber?

Nein, das mochte er nicht denken. Noch immer wollte er denken können, daß dieser Mann Kowalski in den langen Jahren des Krieges zwar gelernt hatte, scharf zu schießen und die Zielleichen dann auch auszuhalten (denn selten hatte er ein Ziel nur gestreift, zumeist hatte er aus dem Ziel durch Kopf- oder Brustschuß eine Zielleiche gemacht), aber daß er doch dieser noch unfertige, weil flüchtige Mann geblieben war, als der ihn der Kriegsbeginn angetroffen hatte. Wohingegen er, Kelch, ganze sechs Kriegsjahre lang das Überleben mit der mutterlosen und kränkelnden Tochter und jetzt Kindfrau und mit der hamstersüchtigen Schwägerin geübt hatte und dabei gereift war: er hatte sich gebogen wie ein Schilfrohr, eine Weidenrute. Von einem Händler, dessen Kohlewaage früher zumeist gestimmt hatte, war er zum Schlaumeier geworden, der die Diebe und Hehler und Huren in Nippes duzte.

Zu Beginn dieser Wandlung hatte er beim Rasieren nach seinem Gesicht im Spiegel gegriffen und einen anderen darin gefunden. Und auch dafür wollte er ihn jetzt bezahlen lassen, diesen flüchtigen Mann, der sich Kowalski nannte, und noch immer war er sich nicht sicher, ob wenigstens das stimmte. Es gab neuerdings so merkwürdig viele Kowalskis in Köln und Umgebung.

Ein Kosmetikkoffer von Frau Elizabeth Arden, eingeflogen aus Übersee – Ein Hochzeitsdiamant, groß wie ein Maikäfer

Gut, vielleicht war es wirklich, wie er sein Leben lang behauptete, der größte Diamant, groß wie ein zum Abflug voll aufgepumpter Maikäfer, aus diesem durch Zufall oder Vergeßlichkeit in seinen Besitz gelangten Lederbeutel, an den er aber ebensogut auch durch Diebstahl oder Raub (mit oder ohne Todesfolge) oder gar durch Mord gelangt sein mochte. Jedenfalls war dieser Stein so groß und einzigartig, daß er gewiß in den einschlägigen Katalogen der Diamantenbörsen aufgeführt war und einen Eigennamen besaß, denn er blendete seinen Betrachter selbst nachts, wenn noch schwaches Restlicht auf ihn fiel. Das verwandelte er zu einer Sternenquelle wie eintausendundein Katzenauge zusammen.

Diesen Diamanten hatte Ludwig fassen und an eine goldene Kette legen lassen. Und er schenkte ihn Margot Liliane Kelch, die damit Lilofe Kowalski war und an dieser goldenen Kette hing. Und ihr Herz wähnte er fortan eingeschlossen in diesen Stein.

Sicher kannte er die einschlägigen Kataloge. So verbot er ihr gleich bei der Übergabe des Steines auf einem grünen Samtkissen, ihn jemals öffentlich und auch nur außerhalb ihres künftigen Schlafzimmers zu tragen, denn die Straßen blieben unsicher, die Sauerländer neigten ohnehin zu Habgier und Gewalt, und schnell sei ihr Kinderhals durchschnitten. Vielmehr sei dieses Sternenfeuerwerk für ihren nackten, samtenen Kinderkörper gedacht, damit es ihm leuchte, wenn er sie begehre; damit er nachts die Quelle seiner Lust und den gemeinsamen Reichtum orten könne mit all seinen siebenundvierzig Sinnen eines Durstigen. Und daß sie sich dann schminke und pudere und salbe und öle, daß sie Puppe sei und Hetäre, daß sie gleichzeitig Meerjungfrau und Kind und leicht verdorbenes Weib sei mit Hilfe dieser Pinsel und Tiegelchen der Frau Elizabeth Arden, die er für sie eigens aus einem Stützpunkt der US Air Force in Übersee habe herbeifliegen lassen, denn leid sei er nun einmal die schlesische Hausmannskost, und ebenso die ewige, in den Dörfern des Sauerlandes praktizierte Missionarsstellung der Katholiken.

Und Lilofe war verwirrt und verängstigt. Und wenn sie in letzter Zeit doch ein wenig gewachsen war (oder sich ein Stück weit von ihrer Kindheit entfernt hatte), so schrumpfte sie jetzt wieder, ja wurde wieder so klein und zerbrechlich, daß sie noch neben den Diamanten in die samtausgeschlagene Schatulle gepaßt hätte, in der sie den Stein zwischen den Begehrlichkeiten Ludwig Kowalskis verschließen sollte. Und wann immer sie ihn in den ersten Wochen und Monaten ihrer Ehe aus der Schatulle nahm, dann holte sie ihn wie ein Urteil heraus, wie einen gleißenden Dolch oder ein kleines Schwert, mit dem sie sich selbst zu richten hätte, und sie blieb lange Zeit so klein und handlich, wie er sie gewollt hatte.

Ludwig hatte alles sorgfältig vorbereitet. Noch immer folgte er ja den Konturen eines Bildes, das ihn in den Kopf gestochen hatte – wie er von jetzt ab alle bedeutenden Entscheidungen seines Lebens von solchen Kopfstichbildern abhängig machen sollte.

Gemäß seiner Planung wurde das Frostfiligran Margot, die Kindfrau Lilofe zunächst für sechs Monate in eine psychosomatische Klinik in den Schwarzwald geschickt, um dort die Lungen- und Folgeschäden endgültig auszuheilen. In Wirklichkeit sollte sie dort aber auch auf seine Vorstellungen von einem Leben zu zweit vorbereitet oder zubereitet werden, und zwar durch eine Verhaltenstherapie, für die er die Therapeuten entweder unter den Zwang seiner eigenen Vorstellungen setzte oder sie einfach in dieser noch immer fleischarmen Zeit massiv mit Hammelkeulen bestach.

Nach diesen sechs Monaten hatte die inzwischen neunzehnjährige Lilofe zwar dicke Backen. Sie hatte Speck auf den Hüften, kleine Wülste unter den Brüsten, und ihr Hintem war dick geworden wie der einer Hummel. Auch wirkten die schwarzen Augen in ihrem Pausbackengesicht jetzt kleiner als auf dem allerersten Bild, als sie den Tabakschatz in der Domstraße bewacht hatte. Diese Augen brannten jetzt nicht mehr, sie funkten keine Notsignale des Erstickens und der Angst, es waren jetzt stille, wenn nicht gar unter den Griffen der Therapeuten zerbrochene Augen, die noch dazu halb weggeschminkt waren mit Mitteln aus dem gewaltigen Kosmetikkoffer der Frau ELIZABETH ARDEN.

Aber über dem vielen Liegen und Therapiertwerden, dem Schlucken von Pillen und Säften und Maßregeln, dem sie verwirrenden Umgang mit den vielen Eigenartigen um sie herum war sie noch stiller geworden als zuvor. Und das war ihm recht. Und gleich schloß er sie wieder in diesen ausstellungsreifen Diamanten ein. Und der Diamant kam in einen frischgemauerten Safe. Und er wiederholte die Weisung, sich mit diesem Stein nie von der Hofstelle zu bewegen, ja besser nie mit ihm das Schlafzimmer zu verlassen.

Und die Hofstelle selbst wurde von einem scharfen Hund und von einem Mann bewacht, der selbst aussah wie ein schwarzer Schäferhund. Er hatte ein Blumenkohlohr. An seiner linken Hand waren alle Finger weggeschossen bis auf den Daumen. Er sprach kaum. Wenn er überhaupt den Mund öffnete, dann blinkte es feindselig voller Gold, über das sich Speichelfäden zogen. Wahrscheinlich war ihm eine Kugel in den Mund gefahren und aus dem Ohr ausgetreten, oder umgekehrt.

Dieser Mann hieß Goschinsky, Kurt. Er war es gewohnt, Goschinsky gerufen zu werden, als sei ihm auch der Vorname weggeschossen worden. Weder Ludwig noch dieser Mann selbst verrieten mir je, wann sie aufeinander gestoßen waren und was sie aneinander band. Bald glaubte ich, daß sie zusammen waren, um sich gegenseitig beim Schweigen zu bewachen.

Goschinsky war nicht Knecht, kümmerte sich aber doch wortlos um alles auf der Hofstelle. Er war nicht Herr, entschied aber mit seinem Kopf. Er war Goschinsky, der keine Auskunft gab über sich und sein Tun. Wenn ich ihn später fragte, ging er ohne Antwort weg.

Zur Sicherheit gegen die in den Städten noch immer brotarme Zeit behielt Ludwig zwei Kühe im Stall, ein paar Schweine, Schafe, Federvieh, träge Karpfen im Teich. Von

Landwirtschaft verstand er nichts, darum kümmerte sich Goschinsky mit fünf Fingern und einem einzelnen Daumen und mit seinem Schweigen, das mir bald wie eine geschwätzige Drohung erschien.

Nach dem letzten Gräserschnitt ließ Ludwig alle Weiden umbrechen und mit Pflanzlöchern überziehen, die er wiederum mit Schößlingen aus Holland und Belgien verschloß. Das waren unterschiedliche Koniferen und werdende Ziersträucher, aber auch brauchbare Eschen, Buchen, Eichen, Birken, Akazien, Platanen, Ulmen und selbst Nußbäume im Kleinformat sowie Obst als Hochstamm und als Halbstamm und als Spalier. Und bald standen sie auch, während sie erst noch in ihren Pflanzlöchern wuchsen, als Abbild in bereits verkaufsfähiger Größe in dem ersten LUKO-Baumschulkatalog, den Ludwig an die Bausparkassen und Darlehenskassen und Raiffeisenbanken und Handwerker und Vereine und Gemeinden und einzelne eiserne Sparer verschicken ließ, die eine jetzt noch offene Zukunft mit einem Eigenheim verwechselten: damit würden sie sich auf dreißig Jahre verschulden. Und sie würden ihn, Ludwig, zur Begrünung ihres Traumes und ihrer verwechselten Freiheit brauchen, wie sie auch Spaten und Giftspritze brauchten und nach einigen Jahren Äxte und Sägen, um die von LUKO gelieferten Bäume und Sträucher nach und nach wieder zu vernichten, damit das Eigenheim nicht ganz zuwüchse und sie in der angesammelten Feuchtigkeit ihres Traumes nicht verschimmelten – und natürlich lieferte LUKO ihnen auch gleich die Werkzeuge der späteren Vernichtung mit, ebenso wie vergünstigte Bezugsscheine für neue, nur eben wieder kleinere Bäume und Sträucher, die mit ihren Wurzeln bald von neuem die Abwasserrohre des Traumes zu sprengen drohten und ihn mit der Feuchtigkeit ihrer Säfte schimmeln ließen, so daß der auf dreißig Jahre verschuldete Besitzer wieder die Axt schärfte und das Blatt der Säge und ...

Geschäfte I: Die des organischen Denkens

Die Kleinunternehmer und die mittelständischen Fabrikanten von Schrauben, Werkzeugen, Drähten, Wasserpumpen, Töpfen und Pfannen, Leuchtkörpern und Maschinenteilen des Sauerlandes sahen diesem Eindringling anfangs interessiert und in Erwartung einer größeren Schadenfreude zu, die sie bald genießen könnten.

Sie hielten ihn für einen bloß flüchtigen Tölpel. Als sie aber die ersten Erfolge feststellten, als sie zu ahnen begannen, daß hinter seinem Beginn mit den zwei Kühen, den trägen Karpfen im Teich und den vielen Pflanzlöchern auf den einstigen Weiden doch wohl ein Sinn steckte, dessen Perfidie sie noch nicht übersahen, da beschlossen sie schnell, ihn abzulehnen.

Das geschah aus reinem Eigenschutz. Denn sie dachten in überlieferten und nachlesbaren Plänen, dem Funktions-, Produktions- und dann Verkaufsdiagramm einer Wasserpumpe oder Klosettspülung etwa – seit über hundert Jahren hatten sie an den Flußläufen des Sauerlandes (mit deren Kraft bereits ihr Urgroßvater ein Hammerwerk betrieb) die Empfindsamkeit von selbständigen Jongleuren und Bastlern und Spielern, Tüftlern, auf Risiko setzenden Disponierern und selten, aber gelegentlich auch von Betrügern entwickelt, und sie waren stolz darauf in ihren Villen aus Sauerländer Grauwacke, die gewichtig neben ihren eher schäbigen Fertigungshallen standen.

Aber nie hatten sie sich die Nägel schmerzhaft in die Kopfhaut gedrückt, um die Fischeier oder den Froschlaich ihres Denkens zu spüren. Einen Traum, einen Wahn auch, ein schmerzhaft in sie eingedrungenes Bild mit ihren Fingerkuppen zu entziffern und festzuhalten, das hatten sie nie versucht.

Und doch ahnten sie mit ihrer Empfindsamkeit von Spielern, daß dieser Kowalski nicht bloß über ein Vermögen unbekannter Herkunft verfügte, sondern auch über Fähigkeiten, die sie nicht zu benennen vermochten. Sie waren nicht geübt, im Zwischenreich nebliger Ahnungen zu denken. Und da ihr Denken in diesem Nebel nicht griff, konnten sie die Ahnungen nicht einmal aussprechen. Daher waren sie einfach gereizt und lehnten ihn vorsorglich ab.

Ludwig kam ihnen dabei entgegen. Schließlich war er ein Herbeigeflüchteter, der weder rheinisch noch westfälisch sprach, ja gelegentlich noch immer in diese langen polnischen Flüche verfiel, die endlos wie ein Rosenkranz waren. Er mochte ihren Steinhäger nicht und nicht ihren Pumpernickel, und nicht einmal ihre von den Urgroßvätern (jene mit den Hammerwerken) übernommene Art, den Wildschinken zu räuchern. Er ging nicht mit ihnen auf die Wildschweinjagd. Er lehnte den Beitritt zu Innungen, Verbänden, Bundesvereinigungen und Vereinen jeglicher Art laut ab. Zum Essen eingeladen, pickte er die Rosinen aus dem rheinischen Sauerbraten und reihte sie am Tellerrand auf wie einen Vorwurf der Geschmacklosigkeit, als seien die Gastgeber hier die Fremden und ins Sauerland Verirrten und nicht er.

Sonntags fuhr er nicht vor der Kirche vor. Im Sommer verweigerte er dem Schützenverein seinen Traktor mit Hänger.

— *Was wollt ihr mit euren lächerlichen Holzgewehren, der Krieg ist aus,* beschied er sie, und wieder fühlten sie sich beleidigt von ihm als die Fremden im eigenen Land, deren Uhren, von ihnen unbemerkt, am Ende des Krieges stehengeblieben waren.

Zwar besuchte er als Gärtnermeister, Betreiber einer kleinen Hofstelle und Besitzer einer mehr und mehr in die Gewinnzone hineinwachsenden Baumschule das Erntedankfest, weigerte sich aber, am Preisschießen der Bauern, ordenssüchtigen Handwerker, kleinen Fabrikanten und Honoratioren teilzunehmen.

— *Das Schießen bringt mir für mindestens drei Tage das Denken durcheinander und damit meine Geschäfte,* sagte er wahrheitsgemäß.

Nur verriet er ihnen nicht, wo diese Wahrheit tatsächlich lag: Das Schießen hätte die Dutzenden von Zielleichen, die er in seinem Kopf abgelagert und mühsam wie Trichinen verkapselt hatte, wieder aktiviert. Sie hätten sich quergelegt und ihm die Bilder verdunkelt, denen er nachspürte.

So hielten sie ihn für einen merkwürdigen Pazifisten, Parteigänger vielleicht einer ihnen unbekannten Sekte, der auf seinem Hof bedenkliche Riten mit Kräutern und geschächteten Tieren und mit dieser ohnehin unanständig jungen, scheuen Kindfrau praktizierte, die gerade erst volljährig geworden war. Sie fügten ihrer Ablehnung noch Mißtrauen hinzu, sammelten allerlei Gerüchte gegen ihn und hielten ihre Kinder und Enkel vorsorglich von der Hofstelle und der weitläufigen Baumschule fern. Damit war er das, was er sein wollte: ein anerkannter Sonderling, der nur wenig Rücksichten nehmen mußte.

Mit seinem Leben radikalisierte er auch sein Denken. So wie er mit System und einzig nach SEINEN Bedürfnissen das Wohnhaus einrichtete, umbaute, weiterhin seine Kindfrau Lilofe zurichtete, wie er die Felder und Weiden in Planquadrate, Sorten, Jahrgänge und Fahrwege aufteilte, so systematisierte er auch seine Art, Bilder zu entziffern, einen der Kopfstiche auf seinem Weg durch den Körper hindurch zu verfolgen, bis schließlich eine der Fußzehen zuckte und ihn von der Arbeit entband. Es begann damit, daß er seiner Art zu denken einen Namen gab, als beschrifte er einen Aktenordner. Er nannte es ORGANISCHES DENKEN, wie er jetzt auch von ORGANISCHEN GESCHÄFTEN sprach.

Spuren eines ersten Bildes, das ihn in den Kopf gestochen hatte und das chiffriert ein Geschäft in sich trug, das nur er wirklich entschlüsseln konnte (weil doch nur ihn dieses konkurrenzlose Bild gestochen hatte), führten dazu, daß seine Augen zu flimmern und die große, immer leicht gerötete Nase zu jucken begann. Dann versuchte Lilofe ihn zu meiden, denn er war jetzt empfindlich wie ein Kranker. Spuren dieses einen Bildes, mit dessen Entzifferung er gerade beschäftigt war, fanden sich bald auch in seinem Grundumsatz wieder: in seinem Schweiß und in seinem Urin und in seinem dann flüssigeren, besonders faulig riechenden Kot. Auch trieb die Gesichtshaut bei besonders komplexen Bildern, die schließlich, entziffert, eine folgenreiche Entscheidung verlangten, über Nacht Mitesser an den Nasenflügeln und in den Mundwinkeln, als hätten der Kopf und auch die Nebengelasse der ganzen Innereien soviel Bild gar nicht fassen können, Bilderreste seien übergelaufen und diese Pickel hätten sich angefüllt damit.

Wie eine seit Tagen von unergiebigen Wehen geplagte Gebärende (oder wie ein Dichter, der unter einem Sonett winselt wie ein Hund) setzte er sich an den Abenden solcher Tage, da er sich mit einem besonders komplexen, ihn marternden Bild beschäftigte, an den Kachelofen. Er war erschöpft. Ihn fröstelte. Er zog sich in der gut geheizten Stube einen Wintermantel an und pflegte sich. Leise sang er polnische Sterbelieder vor sich hin, die er von seiner Mutter noch behalten hatte.

In den Nächten solcher Tage weigerte er sich, zu Lilofe ins Ehebett zu steigen. Und wenn sie drängte, wenn die scheue Kindfrau im Schutz des Bettes und der Dunkelheit die Scheu verlor, wenn sie kuschelte und streichelte, weil sie hungrig war, dann wies er sie barsch ab, so daß sie sich für die folgenden Tage wieder in die Scheu ihrer Jungmädchenzeit flüchtete. Ja, unter seiner groben Geste schritt die Einundzwanzigjährige, die sie jetzt war, wieder zurück, lief, rannte die inzwischen verstrichenen Jahre rückwärts in ihre Kindheit und hätte gerne wieder eine Puppe mit Schlafaugen gehabt.

Die Puppe bekam sie auch bald mit dem Kind, das sie gebar. Es war nicht nur eine Tochter, bald sollte sie auch ganz der Mutter überlassen bleiben. Ludwig hatte an dem Kind festgestellt, daß ihm nichts fehlte. Es verfügte über die gewohnte Anzahl Finger und Zehen und Augen und Ohren. Es hatte die himmelwärts gebogene Stupsnase der Mutter und keine platte Slawennase. Es brüllte viel und fordernd. Und bald schon beschloß er, daß dieses Kind auch ohne ihn seinen Weg ginge. Außerdem stellte er zunächst überrascht, dann aber mit Genugtuung fest, daß ihn das Gebrüll störte. So erfuhr er, daß er seine Sinne weiter verfeinert hatte.

Wie ein zwischen Material und Traum sich bewegender Bildhauer oder Maler ein Atelier, beanspruchte er daher außer seinem Arbeitszimmer für seine Art zu denken und zu träumen einen weiteren Raum. Das konnte nicht länger der Ohrensessel am Kamin oder das Bett des Mitternachtsträumers sein. Überall, behauptete er, höre er die neue Tochter brüllen. Er ließ daher ein Treibhaus bauen, das sorgfältig auf der mittleren Temperatur des Amazonasbeckens von Manaus/Brasilien gehalten wurde. Er ließ es mit einer Hängematte bestücken, einem Kühlschrank. Er baute Yucca an, ließ Mais keimen, setzte Bananensprösslinge. Und an den Schlinggewächsen schmarotzten Orchideen, die sich ineinander und übereinander schoben, so daß ihre Blütenmäuler bald als kleine, triumphierende Schreie über dem tropischen Regenwald hingen und nur noch von zwei grünen Amazonaspapageien übertönt wurden, die er WOLFGANG AMADEUS und JOHANN SEBASTIAN getauft hatte. Und fortan behauptete er, der außer im Krieg nie weiter gereist war als von einer Barackenstadt bei Dresden nach Köln und von Köln ins Sauerland, mit diesen beiden Musikkünstlern in einem Kanu den Amazonas auf Höhe der peruanisch-brasilianischen Grenze überquert zu haben.

Ein Traumhaus war es, ein tropenfeuchter Ort leichten Wahns und doch genauer Berechnung, denn immer auch lagen gespitzte Bleistifte und ein Stapel Millimeterpapier bereit, der sich freilich in der Tropenfeuchte wellte. Und gelegentlich kackte auch einer der Papageien darauf.

Allein wegen dieses tropischen Gewächshauses war es sinnvoll, daß Ludwig die Industrie- und Handelskammern mied: schnell hätten sie ihn damit an die oberste Stelle der Liste ihrer Abartigen gesetzt.

Hitler war ihnen eine Größe, die verraten worden war. Sie glaubten jetzt wieder an die Ehrlichkeit von Tischlerleim, an die Größe des Gekreuzigten, an die Notwendigkeit von Einfuhrzöllen, an den entschuldeten Neuanfang, an die neue Währung, an den sofortigen Untergang in Sünde des zweiten Landesteiles, in den das Reich zerfallen war, an die Verläßlichkeit ihrer Schrauben mit Unterlegscheibe.

Sie führten Listen, die sie untereinander tauschten und auf denen Abweichendes verzeichnet stand: die merkwürdigen Vasenformen der Glasbläser aus dem Sudetenland; die schlesischen Webstühle, auf denen aus Flickenteppichen ganze Gobelins entstanden; die Dampfpflüge aus den Weiten der Weizenfelder Ostpreußens, die schnell gewesen waren wie D-Züge – sie suchten nach allem, was nicht das Sauerland war, denn das Sauerland hatte sich nach kurzer, erzwungener Öffnung wieder geschlossen über dem Neuanfang.

Und schnell riefen sie nach neuen Grenzen, als sie auf der Eisenwarenmesse in Köln die ersten Fluggäste aus Übersee erblickten: fünf Kleinwüchsige in fünf gleichgeschnittenen, dunkelblauen Anzügen fotografierten hier ihre Kompressoren, und selbst ihre Drehbänke betrachteten diese Asiaten wie Kinder, die sich willig adoptieren ließen.

In dem Treibhaus fröstelte Ludwig nicht mehr. Befreit schwitzte er seine Unterwäsche durch, denn er war ja dem Sauerland entflohen und hielt sich traumweise in den Tropen auf. Hier mußte er sich auch nicht länger gegen die nächtliche Zudringlichkeit Lilofes wehren, denn er hatte ihr strikt den Zutritt untersagt; wie er ihn auch mir sofort verbot, nachdem er mich ins Sauerland hatte ziehen lassen:

— *Du hast das Haus, den Stall, die Scheune. Du hast dein Fahrrad und vielleicht bald die Hölle einer ersten Liebe. Aber das Treibhaus hast du nicht. Das ist für dich verbotenes Land.*

— *Warum?*

— *Darum.*

— *Warum?*

— *Erklär' ich dir später. Vielleicht.*

— *Warum?*

— *Da kann ich denken. Dieses Treibhaus ist mein einziger Frieden. Und der ist intim wie meine Unterhose.*

Wenn er hier seine Wäsche gründlich durchgeschwitzt hatte, warf er die Teile noch in der Nacht in die Waschmaschine und duschte so lange, bis wir alle wach waren. Als Stammesbewohner einer der kleineren Inseln Indonesiens hätte er seine aufgebrauchte Kleidung vergraben. Seinen Kot und seine Speiseüberreste hätte er in einem am Gürtel befestigten Kürbis verwahrt, damit seine Feinde keine Macht über ihn gewännen. Tatsächlich roch sein Schweiß nach solchen Abenden besonders streng. Er ging davon aus, daß dieser Geruch von Tierblut und Vogelkot ihn verriete; vielleicht hingen noch Reste von Ideen in diesem Geruch, und sie gerieten dann in falsche Hände.

Damals stand im Sauerland das große Bauernlegen an. Die Kleinbauern mit drei Kühen im Stall plagten sich auf ihren kargen Böden in Hanglage. Die Schlosser und Zimmerer, die vor dem Krieg noch von Dorf zu Weiler gezogen waren auf der Suche nach Reparaturarbeiten, die Näherinnen und Ammen, die wandernden Barbiere und Tierpfuscher, die Wahrsagerinnen und Kuppelweiber, die gleichzeitig mit Bibeln handelten und mit den wundertätigen Männchen der Hirschkäfer, die gegen Mongolismus und Unfruchtbarkeit wirkten – sie alle fielen nach und nach dem Telefon, dem Straßenbau und den Handelsreisenden aus den Städten zum Opfer.

Die Jungbauern wanderten ab, und bald verschanzten sich die verbliebenen Altbauern, denen der Hof gepfändet werden sollte, hinter ihrem Jagdgewehr. Andere hingen sich im Kuhstall auf. Wieder andere ließen sich von Ludwig kaufen.

Mit seinem wachsenden Erfolg – im Zeugungsrhythmus von Mäusen und Meerschweinchen fast mehrten sich in dieser Zeit die Grundstücke, die er zupachtete oder kaufte, wuchsen die Bäume und Sträucher, die Reihen der Pflanzlöcher, der von Alois Kelch verwaltete Geräte- und Fuhrpark –, mit diesem Erfolg schob er seinen Ruf eines Sonderlings wie eine Bugwelle vor sich her, so daß ihm manche, die er erst aus dem Weg hätte räumen müssen, von alleine Platz machten.

Einen vereinzelten Sonderling wollten sie schon aushalten. Sie einigten sich untereinander auf diesen Frieden: er war rücksichtslos und verrückt, und deswegen war dieser Verrückte erfolgreich, das war es. Sie mochten ihn nicht, aber damit konnten sie leben: Sie selbst konnten nicht so erfolgreich sein, ja, mußten dem Gerichtsvollzieher eine Schrotladung in den Hintern schießen, wenn er zwecks Pfändung auf ihren Hof kam, weil sie ja nicht so verrückt waren wie dieser Kowalski.

Jetzt erlaubten sie auch ihren Kindern, mich auf der Hofstelle zu besuchen. Nur das erste Mal zogen ihre Mütter ihnen weiße Strümpfe an und gaben ihnen eine Warnung mit auf den Weg vor diesem Zugeflüchteten oben auf dem Berg.

Ludwig hatte aus Spanien einen Esel importiert. Ihm

fehlten die Sonne, die Pinienkerne, und vor allem die Eselin. Täglich schrie er sich heiser. Er versuchte, die zwei verbliebenen Kühe zu besteigen, ein Schaf, die Raufen der Futterkrippe. Wenn er Kinder sah, fuhr er die Rübe aus, und wir hatten unseren Spaß.

Dieser Esel erleichterte mir die Ankunft im Sauerland.

Ich war damals ziemlich verbaut. An verschiedenen Stellen hatten Landschaften und Menschen mit mir angefangen, aber immer hatten sie bald wieder aufgehört.

Ein Stück Riesengebirge war ich: Die Schönheit und Gewalt tagelanger Gewitter erinnere ich, aber auch das mir selbst mit einer Rasierklinge zerschnittene Gesicht. Forellen in einem Bach auf tausend Metern Höhe. Die Stiche von frischem Heu in der Unterhose. Der nächtliche Kampf gegen Flöhe, die von den vielen Tieren im Haus, die Großmutter Äpfelchen hielt, hereingeschleppt wurden, und der andauernde Streit zwischen Äpfelchen und ihrem Sohn Ludwig, ein Streit gereizter Schwerhöriger.

Ein kleines Stück Viehwaggon war ich und ein Stück Barackenstadt: die Hammerschläge des Aufbaues aus dem Westen, denen Ludwig folgte. Großmutter Äpfelchen, eine Frau wie ein Erdteil einst, jetzt sitzt sie zusammengesackt auf einem Schemel und läßt ein Rinnsal unter sich, während das Paar auf dem Etagenbett über ihr täglich versucht, in die Liebe zu fliehen: schamlos, verzweifelt, vergeblich – sie finden ihre Liebe nicht mehr.

Ein Stück Dresden war ich: zwei Zimmer im Keller eines zerstörten Hauses. Eine zum Tode müde Mutter, die jetzt an Leukämie leidet, während Funktionäre einer sowjetischen Besatzungszone längst den Wohnraum wollen. Und mich wollen sie in die Schule.

Ich glich einem Frühstücksbrett: ein bißchen zerschnitten, etwas bekleckert mit Margarine, Kunsthonig und hausgemachter Marmelade, in mehreren Schichten verleimt – noch heute, wenn ich die Bretter nach dem Frühstück abspüle, sehe ich sie mir an wie hölzerne Porträts.

Mit diesem Esel aber verringerten sich die Schwierigkeiten, die mir die Gleichaltrigen machten, weil ich für sie zunächst die verkleinerte, nachgeschobene Ausgabe des großen Kowalski war.

In diesem Sommer kurvten wir gleich nach der Schule auf unseren Fahrrädern zum Stall oder zur Weide. Wir wollten sehen, wie der Esel von Andalusien träumt. Wir hatten hart gewordene Knopfaugen, wenn wir ihn anfassten. Wir erleichterten ihn und uns und spritzten mit ihm um die Wette, eine ungleiche Wette, die er immer gewann. Wir bauten ihm aus zwei Holzböcken, Stroh und Kartoffelsäcken eine Eselin, die er eilig bestieg.

Dieser andalusische Esel half mir selbst bei Margot Kowalski, die jetzt auf dem Papier meine Stiefmutter war. Sie lehnte mich nicht ab, fühlte sich aber durch einen Heranwachsenden überfordert. Ohne Empfängnis und ohne Wehen hatte sie eines Nachmittags einen Sohn geboren, der nicht bloß ein schon verholzter Jugendlicher war, sondern der auch gleich noch einen Rucksack auf dem Rücken trug mit ein paar Fotos aus einer Barackenstadt und aus Dresden; einer Haarspange und einer Bernsteinbrosche seiner eben verstorbenen Mutter; einem selbst dürftig ausgestopften Eichelhäher; einem lebenden Zwergkaninchen und einem fest verschnürten Päckchen nie abgeschickter Kinderbriefe, in denen er an die Haustür seines Vaters im Sauerland klopfte. Mit solchen Sammlungen kannte sie sich aus, sie hatte ihre eigene Sammlung der Verzagtheit und der verweigerten Kindheit, und so fühlte sie sich dabei nicht älter als ihr neuer Stiefsohn.

Aber auch hier half der Esel. Denn wenn Ludwig nicht auf dem Grundstück war, sah sie uns nach der Schule bei unseren Spielen zu und wurde schnell von Margot Kowalski zu Lilofe. Sie hatte dann ein ähnliches Schweinchenglitzern in den Augen wie wir. Und bald war sie mehr Gefährtin und Freundin als Stiefmutter. Wenn ich mit ihr schmuste, fand ich etwas Neues, Erregendes, ich fand Begehrlichkeit und wollte sie schützen, aber auch entdecken und rauben.

Wenn sie im Garten Unkraut jätete und ihr dabei der Rock über die Schenkel stieg, war sie schon Dutzende von Malen unser aller Opfer geworden, bevor sie es zu merken begann.

Geschäfte II: Im langanhaltenden Wind aus Westsüdwest

Ähnlich wie Margot einst auf der Tabakkiste gesessen und den Schwarzmarkt- und Hehlertauschwert ihres Vaters Alois bewacht hatte, weil sie sich vor dem Alleinsein mit dem Feuersturm in ihren Lungen fürchtete und weil sie Nützlichkeit tauschen wollte gegen seine Fürsorge – ähnlich wollte sie jetzt ihrem Mann (oder zweiten Vater? oder Stiefvater? oder Onkelmann? oder Opaliebhaber?) als Lilofe nahe sein und nützlich.

Zusammen mit den Frauen eines Zahnarztes, eines Fliesenhändlers und eines Maklers, die auch alle nicht allein sein wollten mit ihren ländlichen Steingärten und dem immer gleichen Urteil der Flasche Cognac im Küchenschrank, belegte sie einen Kurs für Buchhaltung. Sie übernahm es, wenigstens einen Teil der schnell wachsenden Geschäfte zu addieren, Verluste und Schwund durch Diebstahl, Fahrlässigkeit, durch Borkenkäfer, Blatt- und Sitkaläuse zu subtrahieren und in verschiedene Kladden mit Seitenteilung einzutragen.

Aber kurz darauf setzte dieser langanhaltende Wind aus Westsüdwest ein, der mit seiner Dauer und mit dem fruchtbaren Regen, den er mit sich führte, die gewohnten Jahreszeiten und die überlieferte Arbeitsteilung zunichte machte.

Seitdem die Wetterdaten aufgezeichnet wurden, war ein derartiges Phänomen noch nicht beobachtet worden. Die Tropen waren über das Rheinland und das Sauerland hereingebrochen. In neu erlernter Bescheidenheit hielt die Wissenschaft dafür nur Vermutungen bereit: ein Abdriften gewisser, aber nicht näher bekannter Meeresströmungen führte sie an, dann wieder die Tollwut südostasiatischer Monsune, die sich über Korea und Indochina aufgeladen hatten; schließlich ein nachkriegsbedingtes Kalben und Schmelzen verschiedener Eisberge, und generell das schnellere und kräftigere Atmen der Millionen von Maurern, Zimmerleuten, Klempnern, Dachdeckern, Kranführern und vor allem Heimwerkern, die jetzt einfach Atemluft nachholten, weil sie doch so lange den Atem hatten anhalten müssen.

In frühlingshaft abgeschwächter Form strömte die nasse Fruchtbarkeit des mäandernden Amazonas und die südostasiatischer Flußdeltas über den kargen Boden des Sauerlandes. Schon hielten die Bewohner nach bunteren Vogelarten Ausschau und nach handtellergroßen Schmetterlingen, die sich an den bemoosten Wetterseiten der Bäume ausruhten. Und wirklich entdeckten sie bald die ersten Exemplare und spießten sie neugierig auf.

Die Flüsse und Bäche erwärmten sich, die Hengste wurden wilder. Die Setzlinge auf Ludwigs Äckern trieben täglich wie Bambus, und dennoch blieb ihr Holz fest. Es bildete keine Kernfäule aus und brach auch nur selten schwächlich weg unter den immer wieder neuen und nassen und fruchtbaren Böen, die mit lieblicher Sonne wechselten.

Dieser Wind schrieb seinen eigenen Kalender. Die Bewohner neigten immer mehr dazu, die Zeit nicht länger in Monate und Jahre einzuteilen, sondern sie entlang der einzelnen fruchtbaren Windwellen zu erinnern, seiner Zwischenorkane, der einzeln wie mißratene Söhne ausbrechenden Sturmspitzen und der tiefziehenden Wolken dann, die den Regen brachten. Manche teilten die Zeit auch nach den neuen Krankheiten ein, von denen sie befallen wurden: moosartige Flechten wuchsen ihnen zwischen den Zehen, andere trieben Gehänge hinter den Ohren wie von Blütenschaum, wieder andere litten unter kleinen Bläschen auf der Zunge, die sich unablässig mit winzigen Schmatzgeräuschen öffneten und schlossen. Aber in jedem Regentropfen steckte noch immer ein Samenkorn, das schnell und knackend auf den Ruinenfeldern des kürzlich erst beendeten Krieges aufging und sie mit Wachstum bedeckte.

Zeitweilig verdüsterte dieser Wind die großen Städte. Er trieb mangelhaft entsorgten Müll durch die Straßen. Er legte einen Kranz aus Mörtelstaub um die Sonne, wenn er durch die ausgebombten Städte fuhr. Er fegte Ruinen sauber, brachte gefährdete Mauern zum Einsturz, vertrieb die Berber und die Huren der ersten Not. Er trieb die Notquartiere des angesengten Bauholzes, der Teerpappe und des Wellbleches vor sich her. Er räumte schneller auf, als es die Bewohner aus eigener Kraft hätten tun können. Auf der Sohle von Windhosen trieb er vor den Städten vergessene Kadaver, zerschossene Helme, verendete Pferde, ausgebrannte Lastwagen, leere Schokoladenkartons, zerfetzte Seidenstrümpfe, ausgesetzte Kinder, Spätheimkehrer, haltlose Beinamputierte, Opfer und Täter zusammen.

Und wenn die Sturmspitzen nachließen und wieder in den gewohnten, milden Frühlingswind übergingen, regnete es Mörteldreck, der bald den verrottenden Unrat der Vergangenheit bedeckte, wie Ascheregen einst die Sünden von Pompeji und Herculaneum bedeckt hatte.

Dann war es eine Zeitlang still, gespenstisch still. Selbst Ludwig, der nie unter Gesprächigkeit gelitten hatte, erschrak dann über die Stille und mehr noch über das dichte Schweigen, aus dem das ganze Land bestand.

In den Städten begannen die Bewohner damit, den Wind durch Bürogebäude und Ladenpassagen zu leiten, in denen er sich fing und bald lässig Lüftungsräder trieb. Über Land dagegen schob er Wellen von Eigenheimen vor sich her, die den Boden aufriffelten wie das Meerwasser den Sand. Diese Wellen schoben gleichzeitig die vernarbenden Städte weiter aufs Land. Und sie schoben, in rückläufigen Strudeln, die Dörfer in die Städte, denn selbst die Dörfer des Sauerlandes, aus denen sich mehr und mehr die Bauernsöhne und die Töchter der Bauern verzogen wie Fehlgeburten von Bauern, wollten jetzt nicht länger Dörfer sein. Auch sie wollten Städte sein, wenigstens ganz kleine.

Als die Eltern der fehlgebürtigen Bauernsöhne (und auch der Töchter, aber natürlich mehr der Söhne, ja natürlich, mehr der Söhne) endlich starben, wurden auch ihre Hofstellen zu Eigenheimen und Feriensiedlungen parzelliert, denn mit dem Dauerfrieden, die der Wind gebracht hatte, war auch der Wunsch nach Dauerferien von den vernarbten, ungemein anstrengenden, noch immer über die Wundränder hinauswachsenden und dort eiternden Städte erwacht. Und ihre Fachwerkhäuser mit der Schweineküche wurden von den Zahnärzten und Autohändlern des Ruhr-

Liebe Leserin, lieber Leser,

wir sind sehr daran interessiert, unser Buchprogramm im Zusammenwirken mit unserem Publikum weiterzuentwickeln. Deshalb würden wir gerne Ihre Meinung zu dem Buch, dem Sie diese Karte entnommen haben, erfahren. Dürfen wir Sie bitten, folgende Fragen zu beantworten? Vielen Dank.

1. Welchem Buch haben Sie diese Karte entnommen?

2. Hat Ihnen das Buch gefallen? Wenn ja, warum? Wenn nein, warum nicht?

3. Kannten Sie unseren Verlag schon vor dem Kauf dieses Buches? ☐ ja ☐ nein

4. Sind Sie an weiteren Informationen über unsere Bücher und den mit uns kooperierenden Verlagen interessiert? Bitte kreuzen Sie an: ☐ ja ☐ nein

5. Welche Themenkreise interessieren Sie besonders?

☐ Gestaltung und Typographie ☐ Buchkunst ☐ Kunstgeschichte ☐ Allgemeine Belletristik
☐ Sachbücher und Exzentrik ☐ Reisebücher ☐ Kriminalliteratur

PS: Bitte vergessen Sie nicht Ihre Adresse auf der Vorderseite. Herzlichen Dank.

Absender:

Name: ______________________

Vorname: ______________________

Straße: ______________________

Ort: ______________________

Unterschrift: ______________________

Datum: ______________________

Postkarte bitte frankieren

Postkarte

RIO VERLAG / ELSTER VERLAG
Klosbachstraße 144

CH–8032 Zürich

gebietes aufgekauft, von einzelnen Zuhältern und notorischen Schwindlern auch, und für die Wochenenden legten sie große Vorgärten an, die sie mit Koniferen säumten wie mit Leibwächtern. Und dafür standen sie ab Freitagmittag Schlange in der Baumschule eines Ludwig Kowalski.

Der Wind trieb aus den Planungsbüros der Städte und aus den Denkbüros der großen Fabriken neue Talsperren ins Sauerland sowie Autobahnen mit Parkplätzen und Raststätten. Sie gaben sich ebenfalls als Fachwerkhäuser aus, auch wenn sie unter der Woche als Stundenhotels dienten für die vielen Vertreter, die über das Land herfielen wie Heuschrecken. Und natürlich mußte auch das alles begrünt werden, unter anderem von einem Ludwig Kowalski.

Die großen Städte vernarbten weiter. Stärker eiterten sie an den Wundrändern. Sie wurden enger, giftiger und gewalttätiger durch Paarung und erzwungenen Zuzug aus den Ländern des Südens sowie durch die Mehrung parkender Autos, und so vertrauten sich immer mehr ihrer Bewohner dem Wind an mitsamt ihrer Zelte und Kinder und Haustiere und den Zweitausgaben ihrer Haushaltsgegenstände und Fernseher und brauchten auch dafür Plätze im Sauerland, die begrünt und koniferengesäumt wurden, unter anderem von einem Ludwig Kowalski.

Jetzt trieben in den Wellen des Windes auch Disc-Jockeys mit und einzelne, aufgelöste Teile ganzer Diskotheken, deren Einrichtung schon nach wenigen Nächten zu Bruch gegangen war. Der Unrat der Stadt verstreute sich über das Land. Der Nachtschmutz kam an. Spät am Vormittag erst erwachten die Dörfer mit rotgeränderten Augen und mit einem Atem, der noch voll war von der Fäulnis billiger Schnäpse. Neben den Zechenpensionär aus Recklinghausen, der in unserer Gemeinde seine zerstörten Bronchien freihusten wollte, zog der auch geschädigte Zuhälter vom Kölner Friesenplatz. Und bald hatten beide, der Pensionär und der Zuhälter (der inzwischen gelernt hatte, sorgsam den Komposthaufen zu schichten, die Kinderstube der Wühlmaus auszugraben und den Maulwurf zu achten) ebenso runde, faltenlose, rote, etwas einfältige und doch verschmitzte Gesichter wie jene Bewohner des Sauerlandes, die auch schon zu den kargen Zeiten des Landes seine Siedler gewesen waren. Und natürlich mußten auch ihre Zufahrtswege und Vorgärten und Terrassen begrünt werden, unter anderem von einem Ludwig Kowalski.

Im August und in den ersten Tagen des September pflegte dieser Wind prall zu sein vor Hitze. Er preßte die Schwüle der Karibik in die Lungen, und die Nächte waren angefüllt mit den Schreien fremder Baumtiere. Dann waren die Städte vor Qual und Durst und auch wegen dieser unbekannten Schreie so leergefegt, als herrsche bereits ein neuer Krieg, ja als sei er schon über die Städte hinweggefegt und habe die Bewohner getötet. Nur die aus den Ländern des Südens inzwischen Zugewanderten, die in den Abwasserkanälen und Kohlegruben arbeiteten, schien er ausgespart zu haben, denn sie versammelten sich weiterhin in den Hinterhöfen und suchten dort nach ihrem Dorfleben von einst.

Manche der zurückgebliebenen Bewohner wurden durch diesen Wind bösartig betriebsam. Gefährlich schnell kreiste dann ihr Blut in den Bahnen.

Aber die Schwermetalle der Schuld und des Versagens quirlten nicht mit. Sie hatten sich längst in den Knochen abgelagert, im Rückenmark, den Nieren und Harnblasen, die daher oft schlagartig versagten. Manche platzten auch und füllten Unterwäsche und Bettlaken mit körnigem Grieß.

Dann griffen wir, die Heranwachsenden, die Kriegs-, Nachkriegs- und Friedenskinder, die wir vom langanhaltenden Wind verwöhnt, aber doch auch verunsichert waren, uns schnell in die Seiten: wir tasteten unsere Nieren ab. Wir wollten uns bis auf die Nieren prüfen. Und wir griffen uns gegenseitig an die Hoden, um auch sie auf das Schwermetall irgendeiner Schuld hin zu untersuchen. Aber wir fanden nichts außer den kleinen Vergehen und Sünden, an die wir uns noch gut erinnerten.

Wir Kinder waren alle zu kurz geraten. Wir reichten nicht an die Vergangenheit der Eltern heran. Wir hatten bloß gehört, daß früher die Mütter bis in die Eierstöcke und die Väter bis in die Väterhoden hinein gewaltsam beherrscht worden waren; aber wir konnten das unmöglich durch ähnliche Griffe überprüfen, ohne daß wir in Häusern für Schwererziehbare gelandet wären oder in

Lehrlingsheimen des Bergbaues im Ruhrgebiet, die, so hörten wir immer wieder, geführt wurden wie Strafanstalten.

So gewöhnten auch wir uns an das Schweigen, obwohl wir doch mit lauten Kriegsgeräuschen aufgewachsen waren und auch mit unseren Kinderschreien spielender Räuber.

Dieses Schweigen hätte ein Naturereignis sein können, ein so dichtes, nahezu vollkommenes Schweigen war es. Es war öffentlich als das Schweigen der Lehrer und Politiker, und es war gleichzeitig ganz intim als das Schweigen zwischen Mann und Frau.

Es war überall, deswegen war es nirgendwo.

Es war total.

Diesem Schweigen war nicht zu entkommen. Einige versuchten es mit einem Sprung über die Grenze, aber auch das war vergeblich, denn sie nahmen es ja mit. Das waren jene, die voll von diesem gewalttätigen und unendlich traurigen Schweigen waren wie von einem einzigen Schrei.

— *Tag. Du also bist dieser Sauerländer mit dem typisch deutschen Schrei im Ohr,* sagte der erste Holländer zu mir.

Holland war eben nicht weit, und diese kleinen, reformierten, in ihren einstigen Kolonien weltläufig gewordenen Holländer hatten uns schon vor Jahrzehnten durchschaut. Sie fürchteten und bedauerten uns.

Geschäfte III: Herr und Knecht

Ludwigs schwarze Limousinen, zuerst Opel Kapitän, dann Borgward, zuletzt BMW, waren im Sauerland gefürchtet. Täglich ließ er sich in ihnen von Goschinsky mit fünf Fingern und einem abstehenden Daumen fahren, wahrscheinlich auch bewachen (sofern die beiden sich eben nicht doch gegenseitig bewachten und das der eigentliche Zweck ihres Zusammenseins war), unterhalten wohl kaum.

Diese Limousinen wechselte Ludwig in jedem Frühjahr aus.

— *Natürlich sind diese teuren Wagen nach einem Jahr nicht abgefahren, obwohl Goschinsky wie der Teufel fährt,* sagte er. *Aber sie sind dann vollgeschwiegen. Das stört mich. Blätter von alten Terminkalendern. Lügen darauf ... Falsche Versprechungen. Verrat. Geplatzte Wechsel. Pleiten und Pilzbefall und Viehseuchen. Phantasielosigkeit, überall. Nirgends auch nur die Spur von einem Gedanken. Schneckenhirne. Sumpf: das sind diese vollgeschwiegenen Wagen nach einem Jahr.*

Aber wenn ich in einem neuen schweigend neben Goschinsky sitze, dann unterhält mich unser Schweigen. Ich kann es mit frischem Denken füllen. Außerdem erregen mich die neuen Wagen. Es ist der frische Geruch der Arbeit anderer, die ich ihnen abgekauft habe. Ich bewege mich in der Arbeit derer, die diesen neuen Wagen fehlerfrei gebaut haben. Das erregt mich. Dann habe ich auch den einen oder anderen neuen Gedanken. Sie vagabundieren, diese Gedankenkerle. Stromer. Berber. Strolche.

— *Geile Kerle?*

— *Ja, zugegeben, ein bißchen auch geile Kerle.*

— *Vergewaltiger?*

— *Das ist zuviel.*

— *Ist es ein bißchen wie in einer Bar?*

— Es hat was davon. Mit meinem überteuerten Gesöff habe ich die Zeit des Barkeepers gekauft. Das gedämpfte Licht. Freitag abend, neunzehn Uhr. Ich mag diese leere Zeit vor dem Dreck der Nacht.

Genau diese Zeit habe ich gekauft: zwischen dem Staub des Tages und dem Dreck der Nacht. Und ich habe das Knie der Frau neben mir gekauft. Ja, du hast recht, sie sind tatsächlich ein wenig wie die Bars um neunzehn Uhr, diese neuen Wagen. Ich habe dann überhaupt keine eckigen Gedanken. Sie sind rund und glatt wie Kiesel, ich bin einverstanden mit vielem.

— Willst du dann weinen?

— Nein, nein, ganz falsch, du liegst ganz falsch, wie immer übrigens.

— Zum ersten Mal redest du wie ein Freund. Red weiter.

— Nein. Nicht jetzt. Und ich bin nicht dein Freund. Ich bin einer, der sich von Goschinsky fahren läßt. Und außerdem, ganz nebenbei, bin ich dein Vater.

Diese schwarzen, jährlich gewechselten Limousinen waren vor allem gefürchtet in den Ortsdurchfahrten. Die Hunde kannten sie. Die Mütter redeten darüber auf dem Weg in den Kindergarten. Die ausgesteuerten, unzeitgemäß gewordenen und gehbehinderten Bauern fluchten einsam am Straßenrand, denn Goschinsky war ein Raser. Er trat das Gaspedal platt wie Käfer und Würmer, die er auf der Hofstelle antraf, obwohl sie ihn nicht um Erlaubnis gefragt hatten.

Am Rand der Hofstelle, unter einem Nußbaum, hatte er sich ein geräumiges Blockhaus gebaut. Im Sommer, mit den Geranien vor den Fenstern, sah es aus wie ein friedliches Ferienhaus im Schwarzwald; im Winter dagegen eher wie eine der Bauden im schlesischen Riesengebirge, die bewehrt waren gegen den Haß polnischer Partisanen und jener Wüstlinge aus den Weiten Rußlands, die auf Hundeschlitten kamen.

Über den Eingang hatte er schmiedeeisern HEIMAT SCHLESIEN hämmern lassen. Im Inneren der Hütte hielt er, an erster Stelle, seinen Schäferhund und später eine Frau, die er eines Tages von einer seiner gelegentlichen Fahrten, die er unangekündigt und mit unbekanntem Ziel unternahm, wie den Restposten eines kleinen Tuchhändlers (in Konkurs) mitgebracht hatte.

Sie war stämmiger als er, und fest, sie hatte einen Oberlippenbart, sie war kälteunempfindlich, ging also auch an strengen Wintertagen in kurzer Bluse über den Hof. Dann waren ihre Arme weiß und rot gesprenkelt. Sie sprach wenigstens gelegentlich, wenn auch Ostpreussisch, in dem der Wind sang und Tauben gurrten, und statt Kinder hatte sie zwei Wellensittiche, die aber der Schäferhund bald zerbiß.

Zwar lebten sie zusammen in der Blockhütte, waren draußen aber so gut wie nie gemeinsam zu sehen. Wahrscheinlich wäre das für Goschinsky zu viel Nähe gewesen. Er nannte sie DIE MITBEWOHNERIN, das war schon viel. Es gelang uns nicht, uns die beiden in einem Bett vorzustellen. Wer lag oben, wer lag unten? Schlang sie ihm die wie Schweinsgehacktes weiß und rot gesprenkelten Arme um den Hals, blinkte dann etwa sein Goldmäulchen um Hilfe vor soviel Nähe?

Erdrückte sie ihn, oder schlug er sie, um nicht erdrückt zu werden? War Gewalt die Nähe? Brauchte er dieses Ostpreußisch, das im Wind sang, um besser schweigen zu können, und brauchte sie dieses Schweigen, um neben einem Mann ostpreußisch singen und gurren zu können? Wir kamen nicht dahinter, es blieb ein unpassendes Paar.

Wenn wir uns während einer der Abwesenheiten Goschinskys die Nasen am Fenster platt drückten in der Hoffnung, DIE MITBEWOHNERIN nackt zu sehen oder zu sehen, daß sie wegen Goschinsky weinte, blickten wir auf die Wappen der größten Städte dieses untergegangenen Schlesien an der gegenüberliegenden Wand. Und wir sahen Goschinskys Waffensammlung in einem Glasschrank: seine Jagdgewehre und verschiedene Pistolen und Revolver – zierlich manche wie für Kinderhände, andere schwer und dickläufig wie Bullenhoden.

Nachtrag I: Wegen Goschinsky

An einem Sonntagnachmittag wird Goschinsky beobachtet, wie er am Hauptbahnhof in eine Bahn der Kölner Verkehrsbetriebe KVB einsteigt, die in Richtung Eis- und Schwimmstadion fährt. Die Bahn ist voller Fans des Kölner Eishockeyclubs KEC. Sie führen Tröten mit und Fahnen, sie tragen rot-weiße Windblusen und grobmaschige rot-weiße Schals. Goschinsky freilich ist ganz in Schwarz. Heute trägt er schwarzes Glattleder. Die Lederhose spart den Latz aus und die Backen eines schmächtigen Hinterns, der von Jeans bedeckt ist. Am linken Ärmel der Lederjacke glitzert ein rundes Abzeichen, das der Beobachter, ein Heranwachsender aus dem Sauerland – der ohnehin erregt ist wegen des bevorstehenden Spieles (der Absteiger KEC gegen den Deutschen Meister Düsseldorf) und überhaupt wegen seines Besuches in der für ihn Sodom- und Gomorrha-Stadt Köln – nicht deuten kann.

Goschinsky, der sonst nie redet, spricht flüssig und schnell auf zwei sehr viel jüngere Männer ein, die ebenfalls schwarzes Glattleder tragen. Sie blicken dabei zu ihm auf wie kleine Hunde, die auf den Befehl zum Losrennen warten.

Geschäfte III: Fortsetzung

Wenn ich in meinem Zimmer saß und in dem längst vollgeschriebenen KINDERBUCH DER ERINNERUNGEN blätterte, sah ich, wo es geschändet war von diesem Vater, der nur ganz er allein sein wollte und der doch eine panische Angst vor der Einsamkeit hatte.

Ohne es je in der Hand gehabt zu haben, hatte seine Hand es Seite um Seite verändert. Er hatte in meinen Erinnerungen radiert. Er hatte gefälscht. Wütend hatte er mit fettem Stift Zeilen durchgestrichen, wo immer sie an Schlesien heranreichten oder an einen ausstellungsreifen Hochzeitsdiamanten, in dem er seine unanständig junge Frau nackt eingeschlossen hielt. Befleckt hatte er das Kinderbuch mit seiner hölzern klappernden Zunge, die kein Wort formen konnte, das mich berührt hätte. Ausgelöscht hatte er die Seiten des Verlangens nach ihm mit seinen ewigen Stichen im Kopf: eine ganze stechende SINGER-Nähmaschine hatte er in diesem Vaterkopf. Sie zerstach ihm das Hirn. Sie nähte ihm Hirnlappen zusammen, die nicht für ein Zusammenwirken entwickelt waren. Die Hirnströme schlossen sich darüber kurz. Bald hielte der Kopf nicht mehr den Kopf aus. Er explodierte und schleuderte Klümpchen von Hirnmasse an die Decke, und vor dem Antrocknen würden die Stubenfliegen ihre Eier in diesen Nährboden legen, und dann kämen die Ameisen und frässen Hirnmasse und Fliegeneier zusammen auf.

Ich konnte inzwischen auch mein eigenes Altern wahrnehmen und mit Lilofe vergleichen – ich legte eine Larve ab und schlüpfte in eine andere und verglich die abgelegte mit ihr; aber auch, weil sie sich so auffällig über Nacht zum Altern entschlossen zu haben schien, als wolle sie ein schützendes Kettenhemd aus Falten und Flecken und eingewachsenen Mitessern über ihren Jungmädchenkörper ziehen; als wolle sie jetzt mit diesen sich mehrenden Zeichen des Alterns der bisherigen Unmündigkeit entgehen. Dazu benutzte sie ihre Tochter, meine Stiefschwester Sonja.

Es war ein leichtes, bei jeder der zahlreichen Kinderkrankheiten und hartnäckigen Eigentümeleien des Kindes so besorgt zu sein, als sei diese Sonja schon ebensoweit auf dem Weg ins Lungensanatorium und in die Psychosomatik des Schwarzwaldes, wie ihre junge Mutter es einst gewesen war. Jetzt nutzte Lilofe die Sorge, um überhastet zu altern. Sie wollte ihre gefährliche Kindlichkeit, die Empfindsamkeit und die Bitternis der Verletzungen ganz schnell mit diesem Alter aufzehren. Sie wollte endlich gelassen sein. Entsagen wollte sie können ohne Bitterkeit und endlich ihre Ruhe haben vor ihren eigenen Erwartungen eines Kindes, das geheiratet und geboren hatte und das noch immer auf einen Mann sah wie auf Gottvater und Schlächter zugleich.

Sie hätte jetzt rufen können: *Ludwig, du frißt mich auf mit diesem Kind,* und er hätte sie gar nicht gehört. Denn jetzt war er ganz Stich und Decodierapparat der Stiche und ganz perforiertes, mit Chiffren und Entschlüsselungen und Traumruinen und Neubauten von Träumen gefüttertes Hirn, ein Hirnlochkartenvater, eine Rechenmaschine, ein verfrühter Computer, dessen Programme noch bis in die entlegensten Zonen seiner Sinnlichkeit hinabreichten und sie mit Codes belegten, die ihm noch immer einen seiner Fußzehen zucken ließen, und immer war es ein anderer …

— *Vater, dir platzt der Kopf,* hätte ich rufen können, und Lilofe: *Wir driften weg, Ludwig, wir rutschen ab von dir,* aber auch das hätte er gar nicht gehört in diesem ständigen, inzwischen von handtellergroßen Schmetterlingen, aber auch riesigen und gefräßigen Flugameisen angefüllten Tropenwind, dem er sich voll ausgesetzt hatte.

Dieser Wind hätte unsere ohnehin von der Verständnislosigkeit verstümmelten Wörter weggerissen, und sowieso gingen unsere Münder kaum noch auf. Gegen den Wind und gegen die Samenkörner und den überseeischen Unrat und den aus den eigenen Städten, den er in seinen verwirbelten Hosen und Turbulenzen mit sich brachte, waren sie zu festen Strichen geworden, so daß wir auch hart und verstümmelt geküßt hätten, wenn uns überhaupt noch danach zu Mute gewesen wäre ... oder zumindest mir wäre der Mund ausgerutscht wie ein feuchter Lappen: ich hätte geweint. Ich hätte das Selbstmitleid nicht unterdrücken können, das mich noch immer leicht anficht. Damals habe ich diese Art nasser, verquerer Selbstbehauptung genießen und gleichzeitig als Rückzug hassen gelernt. Und damit mich selbst. Und ihn, unseren UNVATER ÜBERLEBENSGROSS.

Längst besaß er unsere kleine Gemeinde. Und bald besaß er auch das Sauerland, in dem er die neuen Autobahnen und Bundesstraßen und die Talsperren für das durstige Ruhrgebiet, die Ferienhaussiedlungen, die sich in die städtischen Grünzonen sehnenden Dörfer mit ihren jetzt von japanischen Ziersträuchern gesäumten Misthaufen, die Schlösser und Ponyhöfe, die milliardenschweren Liegenschaften des Erzbischofs von Köln begrünt hatte. Und in allen größeren Anlagen hatte er einen dieser Steine aus Sauerländer Grauwacke hinterlassen, auf dem ich auch ohne Brille und in mondfinsterer Nacht seinen Stummelschwanznamen lesen konnte: LUKO-BAUMSCHULEN, da lag er schräg im Rasen wie KILROY WAS HERE und wie ein Haufen Hundekacke.

Ich versuchte es mit dem Haß. Vorübergehend ging es mir damit besser. Wenn ich ihn haßte, stand dieser kilometerweit von mir entfernte Vater nicht so unerträglich nahe vor mir.

Aber auf die Dauer verstand ich mich nicht mit dem Haß. Ich hatte keine Haßausdauer. Ich erlahmte zu schnell. Kraftlos wurde ich und schwach, liebebedürftig und verachtenswert. Gern hätte ich mir jetzt seinen alten Wintermantel aus verfilztem Loden angezogen, mich an den Kachelofen gesetzt und seine polnischen Sterbelieder von einst gesungen, aber ich kannte sie nicht. Gern auch wäre ich meine Stiefschwester Sonja gewesen: ballastfrei, weil frei von Vergangenheit, schien sie bislang alle Böen dieses Tropenwindes in ihrem Säuglingskorb und in ihrer Kinderecke überstanden zu haben. Wenn sie ihren Vater sah, der auch mit diesem Bündel nicht umzugehen wußte, das ihn störte und leicht verärgerte, so daß er mit seiner hölzernen Zunge nur ein paar unsinnige, kaputte Wörter klapperte wie die ungelenker Verwandter zu Besuch, da schrie sie wehrhaft. Und spuckte ihm Brei ins Gesicht. Ein wehrhaftes, ballastfreies Friedenskind war sie, das ihm später Ohrfeigen androhte und das früh aus dem Haus ging, das nicht ihres war.

Ein Jahr vor ihrem Weggang kämmte sie jedes Wochenende die Wirtschaften der Gemeinde und der Umgebung durch. Als Nymphomanin riß sie Männer an Kegelbahnen und Tresen auf. Sie ließ sich von den Flippersüchtigen und Spielabhängigen, von den Fahrern der hochfrisierten Opel Mantas und Ford Fiestas die Schlüpfer herunterziehen und verfiel in krampfartiges Lachen, wenn die den Namen Kowalski in ihr zerstießen wie eine faule Frucht.

— *Komm, fick mich und zerstöre ihn,* hörte ich sie nachts unten in den Hinterzimmern der Gemeinde schreien. Sie schrie es in den Mansardenbuden und Hühnerställen der kleinen Dorfdiebe und Automatenknacker, der Trinkhallenklauer und Spritztourler, die jetzt schon dreimal hintereinander die einzige Tankstelle ausgeräumt hatten. Sie schrie es, und ich hörte es oben auf dem Berg, wenn sie auf ihr lagen und ihre verbogene, längst von der Justizvollzugsanstalt Siegburg bedrohte Jugend in sie hineinstießen. Und wieder schrie sie die Aufforderung, sie noch fester und wütender und tiefer zu ficken, aber auch damit erreichte sie diesen Ludwig nicht.

Am Ende dieses Jahres rutschte sie aus dem schrägen, sich nach Westen zum Rhein hin neigenden Sauerland ab wie eine Torkelnde. Sie landete in Köln, blieb dann verschollen. Wir nahmen an, aus der Freizeit- und Wut- und Verzweiflungshure des Sauerlandes sei nun doch eine voll berufstätige Hure in einer der großen Städte geworden.

Ich traf sie erst später in Köln wieder. Da zog sie ein Bein leicht nach. Das war die Folge eines Segelunfalles in der tückischen Straße von Messina, wo sie noch gemäßigt mit verschiedenen Freizeitkapitänen und planlos Reisenden beschäftigt gewesen war; aber hier in Köln arbeitete sie bei Ford und war resolute und sowohl von der IG Metall als auch von der Konzernleitung mißtrauisch beäugte Jugendvertreterin, die ihnen laut sagte, aus welcher Not heraus die Türken am Band der Endmontage in die Rohkarossen scheißen. Und sie erreichte, daß Notdurft-Zeiten eingeführt wurden.

Geschäfte IV: Pläne und Erkundungen – Landnamen

Von seiner Hausbank lieh sich Ludwig eine kleine Söldnertruppe aus. Mit ihr marschierte er eines Sommermorgens um 8.30 Uhr, geschützt vom Frühnebel der Sieg, ins benachbarte Siegerland ein und besetzte es.

Hier hatte ein Konkurrent lange die Schutzzäune seiner Baumschulen vernachlässigt. Hasen und Rotwild brachen ein und Rotten von Wildschweinen, weil er lieber in den Seen Kanadas nach Lachsen fischte und gleichzeitig in den Wäldern nach Edelmetallen schürfen ließ, was er vom Hubschrauber aus überwachte. Jetzt aber war Ludwig da und besiegte ihn schnell an einem Vormittag.

Als nächstes nahm er sich das Ruhrgebiet vor, das schon seit langem heftige, bis über die Ohren ziehende Kopfschmerzen bei ihm verursachte.

Wenn er in Dortmund, Essen, Oberhausen, Gelsenkirchen, Recklinghausen, Castrop-Rauxel, ja selbst in Oer-Erkenschwick durch die rußgeschwängerten, von Bergschäden gebuckelten Straßen lief und die Klingelschilder las, fand er sich dutzendfach, ja schier unendlich vervielfältigt, als sei er, Kowalski, aus dem untergegangenen und mit einem kilometerlangen Fluch behangenen Schlesien, der sich über Köln ins Sauerland befreit hatte, eigentlich schon immer hier heimisch gewesen; und als warteten die Nachfahren der polnischen Einwanderungswellen aus dem neunzehnten Jahrhundert und den ersten Jahrzehnten dieses Jahrhunderts jetzt sehnlichst darauf, ihrerseits befreit zu werden durch ihn – daß er käme und sie mit ihren belasteten Lungen, der ewigen Mettwurst mit Pinkel, dem ätzenden Taubendreck, den täglich neunzehnmal in ihren engen Käfigen rammelnden Karnickelböcken erlöse mit seinen Koniferen und Grünanlagen, ja mit der Gewalttätigkeit und der Radikalität seiner grünen Sinnlichkeit.

Wenn er die Straßen ablief und auf die Klingelschilder

sah, belustigte und erregte es ihn zugleich, daß er sich für eine Berühmtheit halten konnte, die in allen Städten des Ruhrgebietes Nebenwohnungen besaß.

Es hätte ihn jetzt nicht gewundert, wenn einzelne Blumen von den schwarzgedreckten Balkonen auf ihn herabgeregnet wären. Oder eine Konfettiwolke hätte ihn hellblau und rosafarben umstäubt, und es wäre eine luftige Umarmung gewesen. Im Falle einer neuerlichen Kriegskatastrophe oder einer verheerenden Wirtschaftsflaute würde er also überall unterschlüpfen können. Er war zu Hause an vielen Orten.

Und als er in Duisburg einen besonders langen, eingeschwärzten Häuserblock abschritt, war er doch versucht, sich nachzugeben: Jetzt hätte er gerne seine plötzlich alt werdende und schon vor längerem stumm von ihm abgerückte Kindfrau Lilofe bei sich gehabt. Gerne hätte er ihr jetzt das, was er für eine Zärtlichkeit hielt, hinter die fast durchscheinenden Ohrmuscheln geheftet. Und nach einigem Zögern wünschte er sich auch eines der beiden Kinder hier. Aber schließlich hätten sie die besondere Art seiner Erregung doch nur zerredet und zerstritten. Sie hätten ein Bild gestört, den Beginn eines sicheren Gefühls, und das war nun einmal das Gefühl für einen Mann allein. Also gut, dann war er eben der einsame Wolf. Der Reißer und Mörderhund. Er steckte die Familie weg wie eine unzulässige Nachgiebigkeit und ging entschlossen weiter, ein Eisheiliger seiner selbst.

Und ließ wenig später den Zufall ein Klingelschild aussuchen und klingelte bei Kowalski. Er wollte sehen, wie er, Ludwig Kowalski, in Duisburg lebte.

Eine ältere Frau im Bademantel öffnete einen Spalt die Etagentür. Ein dicker Mischlingshund zwängte sich hindurch und verbreiterte den Spalt.

Der Kowalski aus dem Sauerland gab vor, Arbeit für den Duisburg-Kowalski zu haben, aber damit stand er auf dem falschen Bein. — *Mein Mann ist seit Jahren tot und läßt Sie grüßen. Sie meinen wohl meinen Schwiegersohn, den versoffenen Nichtsnutz,* sagte die Frau, führte ihn aber durch einen kleinen, zugestellten Gang in die Eßküche, die wirklich nach Mettwurst mit aufquellendem Kohl roch, nach Speckgrieben, Wäsche, Linoleum, nach undichter Gasleitung, nach der feuchtfleckigen Dusche, die von der Küche abzweigte, die Tür stand offen, der Lokus tropfte, ein Katzenklo daneben, in dem gerade eine Tigerkatze saß, die Augen starr auf ihn gerichtet, den Schwanz als Fragezeichen über den Rand des Klos gebogen: Das hier war also eine Kowalski-Frau, so lebten die.

Sie erinnerte noch, daß ihr Vater Melker auf einer Domäne bei Elbing gewesen war, einer versunkenen Stadt in Ostpreußen. Und daß die Schankwirte Handgeld erhielten, wenn sie eine Arbeitskraft ins Ruhrgebiet vermittelten. Ihr Vater war auf die Zeche Rheinpreußen in Duisburg-Homberg verkauft worden. Aber gewöhnt an das Licht über den weiten, sich leicht im Wind wiegenden Flächen der ostpreußischen Getreidefelder *(geschwungen waren sie wie ein nackter Frauenrücken, sagte der Vater immer,* sagte die Frau hier und lachte; das einzige Mal bei diesem Gespräch in der mehrlagig riechenden Küche, daß sie lachte) – gewöhnt also an diesen nackten, sich im Wind wiegenden Frauenkörper hielt der Vater es unter Tage nicht lange aus. Er kletterte bald wieder ans Licht und ging zur Berufsfeuerwehr. Und da verschwand er, sagte die Frau.

Sie sagte es so einfach, als hätte sie *huch* gesagt oder *hoppla,* weil ihr beim Gemüseschneiden auf dem Küchentisch das Messer aus der Hand gerutscht wäre. Und sie hörte hier so abrupt von ihrem Vater zu erzählen auf, wie er wohl verschwunden war. — *Naja,* sagte sie nach einer Weile, *es war schon so: er kam von einem Einsatz nicht zurück. Der Rhein hatte damals Hochwasser. Und dieses verdammte Viech von einem Strom drückte mit seiner verdammten Hochwasserbrühe in die Lagerhäuser im Hafen. Und da war nachts die Berufsfeuerwehr gefragt. Und dieses Viech von einem Strom hat ihn wohl mitgenommen und vielleicht erst in der Nordsee wieder losgelassen. Vielleicht. Denn eine Leiche hat man nie gefunden. Nirgendwo. Meine Mutter ist darüber verrückt geworden. Über dem Warten. Elf Jahre hat sie nämlich darauf gewartet, daß er mit einem Pfiff um die Ecke wieder zu ihr zurückkommt und vielleicht einfach sagt: Also, es war nichts weiter. Da bin ich wieder. Hatte mich nur ein bißchen verlaufen in der Nacht.*

Darauf hat sie die ganzen Jahre gewartet. Oder daß ihr die Duisburger Feuerwehr die Wasserleiche ins Haus trägt. Aber weder kam er mit dem Pfiff um die Ecke, noch kam er als Wasserleiche. Und da ist sie verrückt geworden. Alle Schuld gab sie dem Herrgott. Der habe ihn aus Ostpreußen in dieses verdammte Kohlenrevier gelockt. Der habe ihn aus ihrem Bett und ihrer Wohnung getrieben. Und der halte ihn jetzt immer noch als Leiche irgendwo in einem der Hafenbecken fest, wo sich sein linker Fuß an einem gesplissenen Stahltau verhakt habe.

Und sie löste eine Fahrkarte einfache Fahrt von Homberg nach Duisburg-Hauptbahnhof. Und von Duisburg-Hauptbahnhof eine einfache Fahrt nach Köln-Hauptbahnhof. Und den ganzen Weg über schleppte sie schwer an einer Einkaufstasche. Aber dafür mußte sie in Köln nicht weit gehen, denn der Hauptbahnhof liegt ja nur einen Steinwurf vom Dom entfernt. Und da baute sie sich vor dem Haupteingang Südseite auf und wartete. Bis der erste Stellvertreter des Herrgotts eilig aus dem Dom käme. Und bald kam auch der erste eilig aus dem Dom, es war ein Stellvertreter aus dem Sauerland, und der kriegte voll die Feldsteine aus ihrer Tasche ins Gesicht, weil doch der Herrgott an allem Schuld war und seine Stellvertreter auch, und weil ihnen die Schuld im Gesicht geschrieben stand. Und nach dem Steinhagel soll dieser Mann ziemlich schlecht ausgesehen haben. Und sie kam zuerst nach Köln-Merheim in die Geschlossene, und dann nach Langenfeld in die Geschlossene, und dann nach Düsseldorf in die Geschlossene, und bevor sie noch mehr Geschlossene für sie auftreiben konnten, ist sie in einer dieser Geschlossenen, dem Herrgott sei Dank, gestorben, sagte die Frau, an deren Klingelknopf Kowalski gestanden hatte.

Ludwig hatte sich zwischendurch ein paarmal an der Nase gerieben und auch überflüssigen, für keinen Verdauungsvorgang nötigen Speichel geschluckt. Besonders geschluckt hatte er an der Stelle ihrer Erzählung, wo der Vater mit einem Pfiff um die Ecke hätte zurückkommen und sagen können — *Also, da bin ich wieder. Es war nichts weiter. Hatte mich nur ein bißchen verlaufen in der Nacht …*

Ja, mein Gott, die Kowalskis.

In dieser mehrlagig riechenden Wohnküche, in der noch immer der Grünkohl aufkochte, die Katze in ihrem Plastikklo jetzt aber fertig war und ihm erleichtert und Zuneigung suchend um die Beine strich, musterte Ludwig noch einmal von oben bis unten die Frau im Bademantel.

Von der Tochter schloß er auf die Mutter rück, wie Männer das so tun. Und da war ihm klar, warum dieser Vater-Kowalski weder mit einem Pfiff um die Ecke noch sonstwie nach Hause gekommen war. Und er fragte nur noch — *Und wieso steht am Klingelknopf Kowalski, wo Sie doch einen Schwiegersohn haben?* Und die Frau sagte — *Weil auch ich so einen verdammten Kowalski geheiratet habe. Die gibt's hier wie Sand am Meer. Kaum daß man einem von ihnen ausweichen kann. Der eine geht, und der nächste ist schon da.*

Und jetzt schwante Ludwig, daß wohl auch dieser zweite, dieser Ehemann-Kowalski gegangen und ebenfalls mit keinem Pfiff um die Ecke zurückgekommen war, und wieder schluckte er überflüssigen Speichel, aber die Frau sagte — *Mit dem habe ich eigentlich Pech gehabt: das war ein guter Mann. Zuletzt ist er auf Meister Stein in Dortmund eingefahren, weil die Zechen hier schon früh dichtgemacht haben. Und da hat ihn unter Tage eine Kipplore erwischt. Ja, so war das.*

— *Und Ihr Schwiegersohn?*

— *Gehen Sie man auf die andere Straßenseite. Sehen Sie, da unten,* sie zeigte vom Fenster auf einen kleinen Pornoshop gegenüber, *da sitzen die beiden meistens, er, der Nichtsnutz, und meine Tochter. Und er versucht den Leuten hier in der Straße diesen Schweinkram zu verkaufen. Wenn er meine Tochter nicht gerade wieder mit ihrem dicken Bauch und dem ganzen Schweinkram hat sitzengelassen und unterwegs ist und das bißchen Kasse versäuft, das sie machen.*

— *Na, schönen Dank, und nichts für ungut,* sagte Ludwig.

— *Was ist denn nu mit die Arbeit?* sagte die Frau noch, aber Ludwig war schon auf der Treppe, der eine Kowalski auf der Treppe der vielen Kowalskis.

Die Tochter, eine vielleicht Zwanzigjährige, mußte gestern erst kopfüber in einen der Behälter mit Wasserstoffsuperoxyd gefallen sein.

Die Haare hatte sie hoch und breit mit dem Föhn aufgeblasen und fixiert: eine Wasserstoff- und Fixativ-Kathedrale, in deren Spitzbögen und Türmen und, bei Regen, wasserspeienden Erkern unbemerkt Vögel hätten nisten können, Rotkehlchen zum Beispiel. Tatsächlich hatte Ludwig beim Eintreten in den Laden einen Augenblick das hungrige Tschilpen junger Vögel im Nest zu hören geglaubt, denn schließlich war er jetzt seit langem schon ein echter Sauerländer und noch dazu verwirrt von diesen vielen unechten und irrwegigen Ausgaben seiner selbst im Revier. Er suchte nach ihrem Gesicht unter der Wasserstoff-Kathedrale. Er erwartete das breite, stark gepuderte, nur von einer unendlichen Traurigkeit belebte Gesicht einer neunundfünfzigjährigen Barbesitzerin im gnadenlosen Licht eines Dienstagvormittags – aber dann erkannte er das kleine, kaum kenntliche, hilflose Gesicht eines Kindes, das schwanger war. Sie würde bald niederkommen. Dicker würde der Bauch nicht. Einen dickeren Bauch hielte das hilflose Gesicht nicht aus.

Sie saß neben einer neuen, vollelektronischen Kasse am Verkaufstisch. Auch der Tisch war neu. Der Teppichboden war neu. Die Regale, die Lampen, unterwäscheweiß und schamlippenrosa. Als sei alles erst gestern einem Container entnommen, ausgepackt und in zwei eiligen Stunden hier in diesem kleinen Ladenlokal aufgestellt worden, in dem vorher vielleicht ein Türke Gemüse und abgepackte Hülsenfrüchte, Gewürze und Schafskäse verkauft hatte (und in dem zuvor eine Leihbücherei betrieben worden war und noch davor eine Annahmestelle für Laufmaschen an den verflixten Nylons von einst) – und Ludwig roch mit seiner empfindlichen Gärtnernase tatsächlich noch die türkischen Gewürze und die Gurken, vor allem die Gurken. Und er roch die frische Plastikbeschichtung des Tisches und der Regale, die von den Tiefstrahlern, unterwäscheweiß und schamlippenrosa, aufgewärmt wurden wie der Vorraum eines Puffs. Und er roch die noch ganz frische Auslegeware, und die noch druckfrischen Titten- und Mösenhefte.

Und die Verlängerungssalben und die Ermöglichungssalben. Und die Gleitcremes und die Reiz- und Reizlinderungspulver. Und das ebenfalls noch fabrikfrische schweinchenrosa Plastik der kleinen und größeren Normalglieder und jenes der Elefantenglieder, der gedrechselten und gezackten und keulenförmigen Glieder, mein Gott, und da mittendrin saß sie, dieses hochschwangere Kind unter ihrer gewaltigen Wasserstoffsuperoxyd-Kathedrale und strickte ein rosafarbenes Kinderjäckchen, mit dem sie bald fertig wäre, ein Ärmchen noch, und sie wäre fertig, na, es wurde ja auch Zeit.

— *Komm, mach schnell einen Rahmen drum und leg eine Glasscheibe drüber,* dachte Ludwig in diesem Augenblick. *Nimm einen Brennschneider, und schneid dir diesen ganzen Block hier aus der Straße raus: den Laden mit dem gestern erst gelieferten Plastik und den armseligen Schweinereien seiner Glieder und Fotzen. Und dieses hochschwangere Kind mit der Frisur einer neunundfünfzigjährigen französischen Puffmutter in Marokko, dieses Kind, das inmitten des Plastikdreckes ein rosa Babyjäckchen strickt, während sie auf Kunden wartet, die nie kommen, und auf ihren Mann, der sie wahrscheinlich auch schon verlassen hat,* dachte Ludwig hier einen Augenblick, so sehr war das, was er sah, ein Bild. Eines, das ihn sofort in den Kopf stach. Und der Kopf begann es gleich abzuklopfen, wie die Scheren einer Wespe ein Stück Fleisch abklopfen. Er zerteilte es und addierte gleich und rechnete hoch — *es wird herausgeschnitten und lebend in einen Block aus Plexiglas versenkt. Und das Objekt heißt*

Kowalski & Co. im Ruhrgebiet

Und das verkaufe ich dem Schokoladenfabrikanten und Kunstnarren Peter Ludwig, auch ein Unternehmer, nur daß er in Schokolade und Kunst macht und ich in Pflanzen, aber auch er ein gequälter Mann, der Stiche im Kopf verspürt wie ich, Stiche, die zu entziffern ihn sein ganzes Leben kostet, seine ganze Sinnlichkeit und sein Glück, ganz wie ich, ganz wie ich. Dem verkaufe ich diesen Plexiglasblock für ein Grundstück in der Kölner Innenstadt. Denn da er seine Kunstsammlung der Kunststadt Köln vermachen will und unerbittlich darum handelt, wird die wohl noch zusätzlich ihm, und er dann mir, ein Grundstück in der Kölner Innenstadt vermachen, ein kleines wenigstens, na, nicht gar so klein, das wird ein kleiner Park, der Ludwig-Kowalski-Gedenkpark, dachte er und spann er und juckte sich gespannt und dann wieder belustigt und langsam sich wieder entspannend die Nase. So spann er manchmal und freute sich darüber.

Leerlauf-Übungen im Kopf nannte er das, einfach so. Wie ein anderer joggt oder schwimmt oder mit dem Unterleib Stoß- und Drehbewegungen ausführt, auch wenn er gar nichts zu stoßen und reinzudrehen hat, einfach so, aus Spaß an der Sache.

— *Wann ist es denn soweit?* fragte er jetzt, um irgend etwas zu sagen und nicht erst noch als Vorwand eines der Plastikglieder oder eine der Gummimösen in die Hand nehmen zu müssen.

— *Eigentlich übermorgen,* sagte das hochschwangere Puffmutter-Kind, *wenn sich der kleine Prinz dranhält und nicht genauso unzuverlässig ist wie sein Vater.*

— *Ach Gott, hat er Sie denn etwa sitzengelassen?* sagte Ludwig, der sich zwischen den Kowalskis in dieser Straße längst von einer Eigenart seiner selbst verfolgt fühlte.

— *I wo,* sagte das schwangere Kind, *er ist bloß unzuverlässig und auch ein bißchen versoffen. Aber er ist treu. Ich habe Sie mit meiner Mutter oben in der Küche gesehen. Die möchte das nämlich gerne, daß er mich mit Ach und Krach verläßt. Sie ist ein Luder. Seit einem Jahr sehnt sie sich danach, daß er mich verläßt. Sie ist sogar schon zum Herrgott ihrer verrückten Mutter gelaufen und hat Kerzen aufgestellt und gebetet wie eine Nähmaschine, daß er mich verläßt. Wie ihr Kowalski sie verlassen hat, mein Vater.*

— *Ich denke, der ist unter einer Kipplore auf Meister Stein in Dortmund geblieben?*

— *Alles erlogen. Dem geht's gut. Er hat sie geschwängert mit mir und dann schnell verlassen. Er hat sich ein Liedchen gepfiffen, verstehen Sie, und weg war er. So war das. Aber das erzählt sie nicht, das Luder von meiner Mutter. Überall erzählt sie, sie wäre Bergmannswitwe. Bergmannshure war sie, für eine Nacht. Dann hat sich ihr Kunde dieses Liedchen gepfiffen, dieser Kowalski.*

Jetzt schob sie das Strickzeug zur Seite, ein zu Ende gehendes rosa Wollknäuel fiel zu Boden. Ihr Kindergesicht war plötzlich älter geworden, härter, oben links fehlte ein Schneidezahn. — *Laß dir nur einen Wurm machen von diesem Bierfaß von Mann, hat sie gesagt. Nimm nur einen Kredit für die Wohnung auf, denn ihr habt ja nicht mal ein anständiges Bett, in dem ihr ficken könnt, hat sie gesagt. Und nimm noch einen Kredit für diesen Laden mit dem ganzen*

Schweinkram auf, hat sie gesagt. Und alles von deinem Mickergehalt als Kassiererin bei Aldi, die dich sowieso gleich rausschmeißen bei deinen ewigen Fehlzeiten. Und dann bist du wenigstens bedient für den Rest deines Lebens. Mit dem Wurm. Und mit den Krediten. Und mit der verlorenen Arbeit. Und im Knast wirst du landen wegen Kreditbetruges, hat sie gesagt. Aber dann bist du wenigstens bedient mit allem, wie ich mein Leben lang bedient war mit dir und meinem Kowalski und dem lebenslangen Putzengehen treppauf, treppab, und irgendeiner will dir dabei immer unter den Rock. Du stehst auf der Leiter und putzt die Fenster, und es findet sich immer ein Kowalski, der von unten an dir herumfingert und dir allein schon mit seinem Finger das nächste Wurm macht. Hier, sieh dir meine Hände an: Männerhände. Und ich war mal eine Frau. Ja, so redet sie, das Luder von Mutter da oben mit ihrem fetten Mops und der kaputten Katze. Die geht sofort aufs Katzenklo, wenn ein Besucher kommt.

Aber sonst scheißt sie überallhin, überall, haben Sie's nicht gerochen? Die sind alle kaputt da oben, der Mops, die Katze und die alte Kowalski. Bloß gut, daß ich nicht mehr so heiße. – Also gut, Mann, was wollen Sie eigentlich von mir? fragte sie jetzt wütend, *Gewerbeaufsicht? Hab' meinen Schein. Sitte? Jugendamt? Sparkasse?*

— *Ich hab nur mal so reingeguckt,* sagte Ludwig, *interessehalber.*

— *Solche wie Sie kenne ich,* sagte sie, *also doch Sparkasse. Aber die erste Rate haben wir bezahlt.*

Vor dem kleinen Schaufenster hielt der Lastwagen eines Getränkegroßhandels. Der Fahrer kam in den Laden.

— *Und? Schon was gewesen?* fragte er.

— *Nein,* sagte sie, *heute ist Dienstag. Wahrscheinlich haben wir wieder bis Freitag keinen einzigen Kunden, und Freitag abend will einer eine kleine Tube Gleitpaste, weil seine Frau so trocken ist.*

— *Scheiße*, sagte ihr Mann.

— *Ja,* sagte sie, *es geht nicht.*

— *Abwarten,* sagte er.

— *Die kaufen das Zeug einfach nicht. Würde ich ja auch nicht kaufen. Ich mag's nicht mal anfassen. Au, mein Bauch.*

— *Jedes neue Unternehmen braucht seine Zeit.*

— *Vielleicht wäre eine Kneipe doch besser gewesen. Oder Gebrauchtwagen. Oder Toto/Lotto mit Zigaretten und Bier und Schnaps und Fritten.*

— *Kostet zuviel Kaution. Warte ab. Jedes Unternehmen braucht Zeit. Wer ist das überhaupt?* sagte er und zeigte auf Ludwig, der jetzt am Eingang ein Foto-Schweinkram-Heft in die Hand genommen hatte.

— *Siehst du doch, ein Kunde,* log sie.

— *Also doch,* sagte er, *siehst du, es fängt an. Es braucht eben seine Zeit, wie jedes gesunde Unternehmen.*

— *Du und gesund ...,* hörte Ludwig noch, als er schnell aus dem Laden trat. Er suchte ein Taxi, aber es gab keines. Natürlich gab es keines zu dieser Zeit in dieser Straße. Und hätte er wirklich eines gefunden, so fürchtete er, am Armaturenbrett hinge ein Plastikschild:

FUNKTAXI NR. 603
JOSEF KOWALKSI
TAG UND NACHT
TANKSTELLE
KRANKENFAHRTEN

Und er beschloß, in Zukunft seine eigenen Klingelknöpfe im Revier zu meiden. Diese Kowalski-Brut würde ihm die Hosen ausziehen, ökonomisch, vergangenheitsbewältigerisch, zuhälterisch, und überhaupt. Neue Bilder, die ihn in den Kopf stachen, würden sie, die schon mit der Geburt im Revier alte, verdorbene Kinder waren, mit ihren Fingerabdrücken beschmieren. Wieder einmal war er froh, daß er die Verwandtschaft weggefegt hatte. Mit dem Rest hatte er sich endgültig über die Höhe des Lastenausgleiches zerstritten – ein letztes Mal hatte damals das untergegangene Schlesien seine Chamäleonzunge nach ihm ausgestreckt. Er hatte vor der Behörde falsche Angaben gemacht und die unbegabte Verwandtschaft um etliche Dutzend Hektar Grünland und um ein paar Mietwohnungen betrogen, und längst war er die zutiefst beleidigten, aber eben unbegabten Schweiger los. Zwar fühlte er sich neuerdings manchmal einsam, aber nicht von sich selbst verraten, und das allein zählte doch. Schlau verriet er gern alle, aber natürlich nicht sich selbst.

Das Ruhrgebiet also war eine Hure, die ihm um den Körper strich. Schon steckte ihr Billigparfüm MOUSON LAVENDEL in seinen Kleidern. Und ihr fauliger Atem mit Resten von Dortmunder Pils und sauren Nieren im Stehimbiss hatte ihn angeweht.

Und doch wollte er sie haben, diese armen Verwandten, die gleichzeitig so unermeßlich reich waren in dieser sterbenden Region. Sie waren reich, weil sie so zahlreich waren. In dem untertunnelten, überbauten, zerbombten, demontierten, wiederaufgebauten Revier hatten sie sich festgefressen wie die Zecken. Eher würden sie in den längst eiternden Bißwunden sterben, als den Biß zu lockern. Das war ihr Land: eher ließen sie sich den After, mit dem sie atmeten, über die Beißzangen stülpen, als das Land aufzugeben. Hier hatten ihre Väter und Großväter einst mit einem Gekreuzigten auf der Brust, einer Korbflasche Schwarzgebranntem, einem Fäßchen Griebenschmalz und einem mageren Handgeld im polnischen Schnupftuch (in dem sie auch den Kautabak bargen) angefangen. Eindeutig Besessene des Reviers waren es, die für die Sauerländer mit ihren runden, roten Freiluftköpfen nur ein hartes Lachen übrig hatten, das manchmal in den Schächten der Gruben hallte. Waldbewohner waren das für sie, unzeitgemäße, die deutsche Ausgabe von Asterix und Obelix, Menschen, die schwer und viel zu langsam atmeten, und wenn der siebzigjährige Kleinbauer, Vater von neun Kindern und dreier Totgeburten, seinen winzigen Kartoffelacker am Hang umpflügte, stand doch immer noch der neunzigjährige Vaterbauer hinter ihm (elf Kinder und vier Totgeburten) und behauptete wieder, der vergreiste und zahnlose Sohn habe noch immer nicht begriffen, was eine saubere Furche sei. Ja was nur, schwarze Madonna von Tschenstochau, Heilige Jungfrau des Gehänges auf der 800-Meter-Sohle, Heilige der Waschkauen und des Taubenkotes und der Fußballvereine und der Flipperecken und der Currywurst: was nur war das für eine Welt, dieses Sauerland!

Geschäfte V: Rückschläge – Traumverrat

Tatsächlich war Ludwig selbst inzwischen das Sauerland zu langsam geworden. Er merkte deutlich, wie ihn die Langsamkeit verdarb, auch wenn er noch immer genoß, sich als Schnellster unter den Langsamen zu bewegen.

Aber schon allein, wenn er nach Köln fuhr – etwa, um wieder einmal vergeblich im erzbischöflichen Generalvikariat in der Marzellenstraße mit einem VERTRETER MINDEREN RANGES DES HERRN über den Zukauf einer Weide, eines kleinen Fichtenwaldes zu verhandeln – meinte er doch, auf der Domplatte die lehmigen Fußstapfen eines Waldbewohners zu hinterlassen. Auch ging er beträchtlich langsamer als die Nachgeborenen. Und als er sich im Kaufhof einen digitalisierten Radiowecker vorführen ließ und den jungen Verkäufer nicht verstand, weil er dessen Sprache nicht begriff (und das Digitale, sei es am Verkäufer selbst, sei es am Radiowecker), da beschloß er endgültig, schneller zu leben.

Es stimmte, er hatte im Sauerland Fett angesetzt. Hamsterbacken hatten sich gebildet. Eine Känguruhtasche am Bauch. Der Brustkorb dagegen war eingefallen. Die einst prallen Oberschenkel dünnten aus, der Hodensack zog Streifen. Wirklich, er näherte sich dem gefürchteten Alter der Erfolgreichen und Satten.

Plötzlich ergriff ihn am Verkaufsstand der Wecker eine nicht bezähmbare Unruhe, dann Angst. Das Herz flatterte. Er hatte Schweißausbruch. Alle Wecker des Standes schrillten und fiepten jetzt: die batteriebetriebenen und elektrischen und auch die mit der klassischen Feder; diese verdammten digitalisierten und besonders unerträglich laut diese uralten, die schon seine Mutter gelassen verachtet und mit der Dummheit ihres Mannes gleichgesetzt hatte, diese Ungetüme mit der obenaufgesetzten, verchromten Glocke, diese Mütter- und Väter- und Schulkinderquälwecker, die ihm ähnlich unerträglich waren wie Schlafmützen und Nachttöpfe von Männern.

Mein Gott, war er schon so weit?

Griffe er, der die digitalisierte Moderne nicht mehr verstand, weil es eine Moderne war, die sich wie giftige Nachtschattengewächse über Nacht entwickelte, die nachts aufblühte und gegen Morgen bereits verwelkte, um schon in der nächsten Nacht von einer anderen, noch moderneren Moderne abgelöst zu werden – griffe er jetzt herzgeplagt, zwangsgelähmt, vom digitalisierten Fiepen und der digitalisierten Rede des jungen Verkäufers stigmatisiert, zu solch einem nachgebauten Männerpißpottkuppelglockenwecker, mit dem die Gegenwart sich erlaubte, die Vergangenheit bis hinein in jene plumpen Verrenkungen zu verhöhnen, die sie einst, im Dunkeln und nur halb entkleidet, in ihren Ehebetten ausgeführt hatten?

Oder war das Ganze gar der Beginn eines Infarktes (auf den er schon länger wartete, überall gab es bei Männern seiner Bedeutung doch diese Infarkte), der ihn jetzt, am Mittwochnachmittag um 16.30 Uhr, im Erdgeschoß des Kölner Kaufhofes, zwischen den Vitrinen Wecker/Reisewecker tötete?

Oder hatte er durch diesen kleinen schwarzen Radiowecker, durch dieses digitalisierte Rätsel zwar, wie er das gewohnt war, einen Stich in den Kopf erhalten und war, wie üblich, ein Bild in ihn eingedrungen – aber vermochte er es nicht mehr zu entziffern? Versagte hier sein Decodierapparat? Befingerte das Bild etwa blind sein blindes Hirnauge? Mußte er Hirnkonkurs anmelden, weil sich das Arbeitstempo seines Hirnes nach dem Wachstum der Pflanzen richtete, nach Gewinn und Verlust durch Zellteilung, dem Fleiß der Bakterien, Würmer und Insekten? War die in diesem Bild steckende, gewaltige elektromagnetische Energie nicht ableitbar, nicht zu verstauen zwecks weiterer Verarbeitung und Verdauung in den Zentren seiner Sinnlichkeit und seiner sinnlichen Geschäftigkeit, und fuhr ihm so der ganze Energieball mörderisch ins Herz und drohte es zu sprengen?

Oder sah er, der jetzt sein ganzes zweites Leben lang den Stich der Bilder gespürt und sie dann entziffert hatte (und seine Sinne hatten unter den Entzifferungen gezittert und manchmal sogar getobt) – sah er in diesem Augenblick etwa endlich einmal seinem nackten Hirn beim Denken zu? Sehnlichst hatte er sich immer gewünscht, einmal sein Hirn nackt denken zu sehen – und jetzt dachte dieses Hirn nackte, fiepende Leere? War dies das Ende, das Aus seiner Sinne, seiner ganzen Laufbahn eines Kometen an einem Mittwochnachmittag um 16.30 Uhr im Kölner Kaufhof, Erdgeschoß, in der Nähe des Ausgangs Schildergasse?

Und dann schob sich in diese Nacktheit und Leere, die den Herzinfarkt erwartete und sich mit ihm füllen wollte, doch ein Bild. Dieses Bild war eine Sehnsucht. Sie lag zwischen gestern und einem Abend vor bis zu einem Jahr, genauer konnte er ihr Alter jetzt nicht orten. Gestern oder vor einem Jahr hatte er im Treibhaus gelegen und eine Fuge von Bach, Johann Sebastian, durch den Urwald seiner Pflanzen und durch den seines Kopfes treiben lassen. Die beiden Amazonen – Wolfgang Amadeus und Johann Sebastian – hatten auf ihren Bäumen getobt. Bach machte sie regelmäßig verrückt. Sie kreischten und krächzten, schlugen mit den Flügeln, rissen wütend Blätter ab, knickten Äste und versuchten, den ätzenden Saft ihrer Kloaken auf die Lautsprecher zu spritzen.

Ludwig schwitzte im Unterhemd in der Hängematte. Auf dem Bauch balancierte er ein Glas Orangensaft. Die mathematische und doch irrwitzige Kühle der Fuge beruhigte ihn. Selbst der Lärm der Amazonen beruhigte ihn, denn es war nicht sein Lärm. Er war ein anderer. In dem Lärm konnte er wunderbar seine eigene Stille spüren. Und in dieser Stille kam er plötzlich, dieser späte Wunsch, einer von Pelztieren war es, von Lemmingen etwa oder von Hamstern: jetzt wünschte er sich, einen strampelnden Winzling von Sohn auf der nassen Bauchdecke liegen zu haben. Nicht diesen ausgewachsenen, unerreichbar gewordenen oder gleich als Unerreichbarkeit geborenen Holzkopf von Sohn, den er ja besaß – sondern so einen ganz kleinen handlichen, greinenden und ihn wohlig vollpinkelnden, notfalls auch schon den Enkel, also den Sohn seines Holzkopfsohnes, nur ein Mädchen sollte es nicht sein, nein, die waren ihm noch weniger geheuer mit ihrer werdenden, absonderlichen Geschlechtlichkeit.

Er hatte die Stereoanlage abgestellt. Die Amazonen waren über die plötzliche Stille erschrocken. Sie duckten sich wie unter einem großen Raubvogel, der die Stille für sie war. Und Ludwig sank in der Hängematte in ein langes Brüten, tief und tiefer noch, er glitt langsam nach unten an seinen Tagesgeschäften vorbei und an seinen täglichen, eifersüchtig gehüteten Befriedigungen, an seiner Ausübung von Herrschaft, an seiner eigenen Disziplin, und endlich fand er sich mit einem kleinen Plumps auf der Sohle dieses Fallschachtes, allein, ein plötzlich von allen vergessener Mann, einer, der ganz allein war und der nie mehr von dort unten wegkäme.

Das war eine Vorwarnung gewesen, die er schnell verdrängt hatte.

Und jetzt hatte ihn tatsächlich diese elende Filzlaus von digitalisiertem Radiowecker geschafft, ihn, Ludwig Kowalski aus dem Sauerland, der kürzlich erst noch das Siegerland besetzt hatte.

In diesem Augenblick – jetzt war es 16.33 Uhr auf dem Radiowecker – begann im Eingang des Kaufhofes eine Gruppe Indios aus einem der Andenländer zu spielen. Ludwig hörte als erstes die Bambusflöte, die mit dem Röcheln eines gequälten Tieres einsetzte. Die Gürteltier-Charanga dann. Die Pauke hinterher. Die Gitarre jetzt. Und dann den gleichbleibenden, wippenden und sich drehenden Gesang dieser mäßig verlotterten kleinen Indiokörper aus Ecuador oder Peru oder Bolivien, ein Tanz aus der Höhe der Anden jedenfalls war es, ein Fest der Maiskolben und der Kartoffelknollen, des vergorenen Chicha-Maises und der betrunkenen, willfährigen Frauen – und schon mit den ersten Takten füllte sich die gefährliche Verlassenheit in ihm mit der Grausamkeit des Hochgebirges und der Machete, mit Entsagung und Vergeblichkeit und neuer Sehnsucht nach Wärme, und als er endlich genug hatte von diesem entzündlichen Gemisch, als sein Seelenfaß voll davon war, wurde er wütend auf sich. Und das, genau diese Wut auf sich selbst war jetzt, um 16.35 Uhr auf dem Radiowecker, seine Rettung.

Sie bewahrte ihn vor dem Herzinfarkt, der wirklich kurz bevorgestanden hatte.

SAUERLÄNDER PFLANZENMILLIONÄR: TOD IM KAUFHOF
KAPIERTE RADIOWECKER NICHT

hätte schon am nächsten Morgen der KÖLNER EXPRESS getitelt und ihn nachträglich noch in seiner Leere geschmäht, in seiner kindlichen Unreife auch, in der er keine Hilfe angenommen hatte.

— *Diese verlausten und verflohten, diese räudigen und filzläusigen Indios,* fluchte Ludwig Kowalski jetzt plötzlich laut vor sich hin, so daß der junge Verkäufer endlich sicher war, doch einen Gestörten vor sich zu haben, *ich hätte sie damals doch besetzen und kolonisieren sollen, ja verflucht, ich hätte doch friedlich mit ihnen Orchideen züchten sollen,* denn natürlich konnte dieser junge Verkäufer, der alles über das Digitale wußte und nichts von Ludwig, natürlich konnte er nicht ahnen, was seinen Kunden soeben vom tödlichen Infarkt gerettet hatte: diese leicht sich in der Höhenluft der Anden drehende Musik selbstverständlich.

Diese Musik machte ihn wütend, weil sie ihn mit schmerzender Sehnsucht auffüllte. Denn diese Indios, die er aus purer Gegenwehr laut als Filzläuse beschimpfte, spielten doch auf seinen Träumen von einst. Den Träumen des Aufbruchs und der gegenseitigen Wärme, Träumen auch von einer Freiheit, die so groß war, so weit und so herzlich, so unbenennbar auch und so unfaßlich, daß schon der bloße Versuch ihrer Bezeichnung ein Stacheldrahtzaun um sie herum war – seine geträumte Freiheit also war es, die er mit dem täglichen Ehrgeiz und seiner Lust an der Macht verraten hatte.

Und übriggeblieben waren jetzt nur noch zerfaserte Reste einer ursprünglichen Großartigkeit: Reste, die er gelegentlich noch in seinem Urwald-Treibhaus um sich herum versammelte, wenn eine Fuge von Bach sich durch die Pflanzen rankte oder wenn er sich an Mozarts gläserner Fröhlichkeit betrank, bevor er in einer seiner tiefen Traurigkeiten versackte. Keine andere Traurigkeit konnte so tief sein wie die schlesische. Und zu allem Überdruß war diese Traurigkeit noch einmal in sich traurig, denn sie war (auch für ihn selbst spürbar) der letzte Rest seiner Menschlichkeit und Wärme.

Damals, vor jetzt langer Zeit, damals in diesem Wartesaal

II. Klasse im Keller des zerbombten Hauptbahnhofes, hatte er sich das alles anders vorgestellt.

Mit offenen Augen hatte er zwischen den vielen säuerlichen Gepäckstücken von den dampfenden Regenwäldern Südamerikas geträumt und gleichzeitig hart die Kellnerin mit den behaarten Beinen begehrt.

Ein besserer Christophorus Columbus wollte er in diesem Traum sein. Er wäre nicht auf den Raub des Goldes aus, und er käme auch nicht mit dem Schwert des fürchterlichen spanischen Christengottes: er käme doch bloß mit einem Beutel geschliffener Diamanten und mit dieser Kellnerin, die wie ein junges Pferd war.

Er kaufte einen Hang der Cordillere und die Biegung eines Flusses und züchtete Orchideen, die er sich gut von dem neuen Reichtum seines alten Landes bezahlen ließe. So lebte er in Frieden und Freiheit und in einem Glück, das summte – und nicht auf dem schweigsamen Schlachthof eines Landes, das sich wieder zur Macht aufbaute.

Begrenzte Kriege hätte er auch hier genug: die Faulheit der Indios; ihre sprichwörtliche Fruchtbarkeit von Meerschweinchen; die Darmparasiten, die Zecken überall, die Schwindsucht von malvenfarbenen Sonnenuntergängen im Gebirge wahrscheinlich. Er lebte, wenn es sein müßte, einer Illusion von Frieden, aber jedenfalls einer zwanglosen. Und gäbe damit den verzweifelten Warnungen seiner Mutter nicht recht, aber doch käme er diesem nässenden Monster von Mutter ein gutes Stück entgegen.

Und eilig hatte er dann seinen Traum verraten. Er hatte ihn verraten an den hier rascher zu habenden Aufbau und an seinen Sinn für schnelle Geschäfte.

Er wußte, daß er jetzt etwas Entscheidendes für sich tun mußte. Es gäbe keinen zweiten digitalisierten Wecker, der ihn warnte.

Um der Hölle dieser Leere zu entgehen und der Angst vor einem weiteren Infarkt, der ihn endgültig niedermähen würde wie nasses Gras, hätte er natürlich seine Arbeit um die Hälfte reduzieren können. Und er hätte Zeit gehabt, wachträumend seinen Träumen von einst zu folgen. Vielleicht sollte er sie zunächst einmal scheu befingern und erneut erkunden wie eine wiedergetroffene Jugendliebe. Vielleicht würden ihm die einst verratenen Vorstellungen der Zärtlichkeit und Wärme vergeben und ihm, fast schon blutleer jetzt und geschwächt vom Verrat und vom Alter und welk geworden von der Enttäuschung, ihm doch noch den letzten Rest warmen Lebens einhauchen, über den sie noch verfügten.

Und wenn er es schon versäumt hatte, mit seinen Kindern umzugehen wie mit ganz frischen, neuen Träumen – und mit seiner Frau, die ihn sogar noch im Schlaf ihrer Kindheit geheiratet hatte –, so hätte er sich doch jetzt, im abgesicherten, sorglosen Alter, an zweiten Träumen üben können, die ihm nächtlings zuwuchsen wie nachgeschobene Blüten. Er hätte sie morgens abnehmen und untersuchen können. Und sorgfältig gepflückt und zwischendurch gedüngt, wären sie vielleicht noch ein drittes Mal nachgewachsen.

Gut genährt wären sie doch in diesem reichen Mann gewesen. Und ihm, der nie groß gereist war, hätten sie die Welterfahrung der Tropen geschenkt. Und als späte Kinder hätten sich Sonja und ich auf seine Traumkissen lagern können, und Lilofe hätte wenigstens seine Träume lieben und sich darin bergen und die Züge des Träumers in ihnen finden können an Stelle der angestrengten Gesichtsmaske, die jetzt täglich ihre Liebe tötete. Und später, als wir längst sein Haus verlassen hatten (und es wäre ja kein Unhaus, sondern ein Traumhaus gewesen. Und Sonja und ich hätten es nur zögernd verlassen und fast zu spät, etwas stolpernd sogar als ein alt gewordener Junge und ein alt gewordenes Mädchen, die eigentlich viel lieber dableiben und sich sonderlich einspinnen wollten), da hätten wir zurücksehen können auf einen träumenden Vater, der reich und freigiebig mit seinen Träumen war. Wie Bilder hätten wir sie von der Wand nehmen können. Wir hätten in seinen Träumen lesen können – in seinen Unarten und überwundenen Gemeinheiten, und endlich auch in seinen Schönheiten. Wir hätten in ihnen lesen können wie in alten, stockfleckigen Büchern der Welterkundung, aus denen sich uns einzelne Absätze entgegenwölbten und uns sanft auf die Gläser der Lesebrillen küßten.

Nachtrag II: Wegen Goschinsky

Natürlich hatten wir damals nach Erklärungen für Goschinsky gesucht, der als schwarzer Mann hinter einem Strauch stand und uns wortlos und ohne die Hand zu heben drohte, einfach durch sein Dasein. Wir hatten danach gesucht, weil wir uns inzwischen zu alt fühlten, um uns weiter vor ihm so einfach wie bisher in die Hosen zu machen.

Von ihm selbst erfuhren wir nie eine Geschichte über ihn. Auch von anderen nicht. Er hatte aufgepaßt. Er schleppte keine Geschichten mit sich herum. Nirgendwo ließ er Geschichten liegen. Es gab nur diesen schwarzen Mann, der sich gern von einem Strauch, einem Baum oder einer Hausecke verdecken ließ wie von einem Visier (oder einer Schießscharte?). Es gab nicht eine einzige Geschichte, die ihn erklärt hätte. Und Ludwig, nach ihm gefragt, winkte schnell und unwirsch ab. Bald war ihm auch das schon zuviel. Fast näherte sich seine Barschheit ja einer Geschichte, und er sah einfach ruhig durch uns hindurch, als sei die Frage gar nicht gestellt worden.

Auch einen Geruch hatte Goschinsky nicht. Er roch nie nach der Arbeit, die er gerade getan hatte – nicht nach Ölwechsel an einem der Jahreswagen oder nach Kompost, nicht einmal nach dem beißenden Holzschutzmittel, mit dem er den Jägerzaun strich, als habe er den Gerüchen erfolgreich verboten, an ihm haften zu bleiben und von ihm zu erzählen.

So stellten wir uns damals vor: was einst an Goschinsky gelebt hatte, was sich hatte berühren und riechen lassen, wie wir das von lebendigen Männern gewohnt waren (die doch wie Hirsche Mitte Oktober riechen konnten), das war in diesem Krieg geblieben, der zurücklag und dessen Spuren jetzt mehr und mehr verwischten. Jene eine Kugel, die ihm in den Goldzähnchenmund eingedrungen und aus dem Blumenkohlohr wieder ausgetreten war (oder umgekehrt), diese Kugel hatte ihm alle Geschichten zerstört, die Vater und Mutter und Großvater und Großmutter und die älteren Geschwister in Schlesien an ihn geheftet hatten wie Schuppen eines Panzerhemdes, das ihn bei seinem Aufwachsen und auch später schützen sollte.

Und was ihm diese Kugel oder vielleicht auch der Granatsplitter an schützenden Familienschuppen nicht zerstört hatte, das hatte er einfach am Ort des Geschehens liegengelassen (oder sich noch abgerissen, wie sich einer lustvoll und selbstzerstörerisch eine Wunde vergrößert), denn er hatte ja eben gerade erfahren, daß ihn diese Geschichten-Schuppen doch nicht schützten. Und er war dieser böse, über seiner Wunde vernähte Mann geworden, der immer in Schwarz herumlief – von der schwarzen Lederkappe über das Hemd von immer gleichem, handgenähtem Zuschnitt bis zu den schwarzen Hosen. Und wenn er wirklich einmal etwas sagen mußte, wenn es gar nicht mehr anders ging, dann redete er an uns vorbei wie an kleinen Steinen oder Salamandern. Der Mund öffnete sich nur zu einem Spalt. Die Goldzähne blinkten, und sehr schnell schossen ein paar giftige Wörter hervor, als hätten sie die Geschwindigkeit und das Gift gebraucht, um mit äußerster Kraft seine Kiefer auseinanderzudrücken.

Manchmal verschwand er für ein paar Tage mit einem der Firmenwagen. Dann sahen wir ihn plötzlich wieder schwarz im Garten stehen, eine Heckenschere in der Hand, und das Haus beobachten.

Wo war der schwarze Mann gewesen? Ludwig schwieg sich aus. Wir wollten uns einen Ort vorstellen können, an dem Goschinsky gewesen war, aber er machte nur eine Handbewegung, als sei etwas durch den Schornstein gefahren, das wir ohnehin nicht hätten sehen können.

Wer also war Goschinsky, dieser Mann ohne Geruch und ohne Geschichten?

Und wo hatten die beiden sich gefunden, geholfen, gedeckt einer den anderen, wo hatten sie einander verraten auch, wo hatten sie zusammen oder vereinzelt getötet, und wie standen sie sich jetzt gegenüber, täglich?

War es Angst? War es Haß?

War es bezahltes Schweigen?

War es das boshafte Glitzern der wo denn versteckten Diamanten, das sie hinderte, sich im Garten gegenseitig über den Haufen zu schießen, um endlich Ruhe voreinander zu haben und uns wenigstens damit eine Antwort zu geben?

Nachtrag III: Vielleicht auch wegen Goschinsky

Goschinskys Frau hat in meiner Erinnerung keinen Namen. Die Erinnerung an sie ist gefüllt damit, daß er sie Mitbewohnerin nannte, daß sie singend aus Ostpreußen kam und kälteunempfindlich war. Bei Temperaturen um den Gefrierpunkt saß sie noch mit bloßen Oberarmen auf dem Fahrrad, und die Arme waren dann, wie die Fahnen des Kölner Eishockeyclubs, weiß und rot gesprenkelt.

Auch sie redete wenig mit uns, aber wenigstens roch sie. Ausgiebig. Sie machte Knoblauchkuren. Während der Kur und noch Tage danach stand ihr der Knollengeruch auf der Haut. Mit einem Fahrrad erst, dann mit einem Moped fuhr sie das Mitteilungsblatt des BUNDES HEIMATVERTRIEBENER DEUTSCHER in der Gemeinde aus und kassierte, stämmig, frostfrei, ein dicker und strammer Hintern. Im Sommer hatte sie Schweißflecken in dem ärmellosen Kleid, die ihr bis in den Schoß reichten.

Sie war eine starke Schwitzerin. Sie roch nach Schweiß und nach Knoblauch, und schnell wurden die heimatvertriebenen Deutschen für uns zu Knoblauchzehen, die nach Schweiß rochen.

Sie lebten in engen Zimmern der alten Kerngemeinde am Bach. Sie schwitzten ihren Knoblauch in Etagenbetten aus, in Leibchen und Wollstrümpfe, die sie nur selten wechselten. Sie schlossen sich mit Goschinskys Weib in den Kammern der schiefgewachsenen Fachwerkhäuser ein. Sie verscheuchten die Ratten vom Bach. Sie hielten ostpreußische und schlesische Messen. Dafür bestellten sie beim Metzger eigens majorangewürzte Kalbsbratwurst, die sie mit einer Lebkuchensauce übergossen. Kein Sauerländer hätte das je angerührt. Sie weissagten und rückten Tische in ihren engen Kammern und beschworen das alte Land. Im Winter hackten sie Löcher ins Eis der Aggertalsperre und tauchten zusammen mit Goschinskys Weib, die ihnen voranschwamm, hinab zu ihren versunkenen Ländereien, ihren in Ostpreußen und Schlesien vergrabenen Silberbestecken und Sammeltassen und den dort gelassenen Kleinkindern und Greisen und den angebundenen Kühen und eingeschlossenen Katzen, die sie, längst mumifiziert und von ihnen selbst verraten, jetzt zurückhaben wollten.

Ja, eine Sekte schwarzer Beschwörer waren sie, Männer- und Frauen- und Greisenbünde waren sie, die jetzt mit schartigen Mündern Länder zurückforderten, die ihre Vorfahren einst geraubt hatten, und dabei rochen sie durchdringend nach Knoblauch, zerlassenem Speck und gedünsteten Zwiebeln sowie nach dem süßlichen Muff der Lebkuchensaucen, die ich heute noch verschmähe, weil ich damals nicht sein wollte wie sie.

Christian Pieske war mit seiner Mutter aus Leipzig zugewandert. Die beiden bildeten eine Sekte für sich: Ihr Sächsisch schloß sie sowohl von den Sauerländern als auch von der Glaubensgemeinschaft der Ostpreußen und Schlesier aus. Und schließlich hatten sie, unwirsch vielleicht und schleppend, geduckt und klemmend, aber schließlich hatten sie in Leipzig doch einem anderen Land gedient: dem Gegenentwurf zum Sauerland. Aber gleichzeitig hatten sie sich aus dem Sauerland Kaffeebohnen und Strumpfhosen und die Köpfe für Nähmaschinen schicken lassen, um dann sofort nach Erhalt das Sauerland zu verhöhnen in seinem geizigen Wohlstand und mehr an Kaffeebohnen und Strumpfhosen zu verlangen und auch dieses Mehr schon im vorhinein zu verhöhnen dadurch, daß sie sofort eine weitere Forderung anmeldeten.

Die Mutter wollte einst eine Speisegaststätte besessen haben. Ein Nähstübchen vielleicht, das Hinterzimmer eines Barackenpuffs allenfalls, oder vielleicht hat sie auch nur die in Wachstuch eingeschlagene Kladde einer Kuppelmutter geführt, sagten die Sauerländer. In der einst weltoffenen Stadt Leipzig, sagte die Mutter Pieske. – Das sagt uns nichts, sagten die Sauerländer: Abgebrannt ist diese Stadt, und über den Brandruinen zugemauert ist sie, und mit Russisch vergewaltigt sie die Kinder, und ersticken tut sie im Winter in den Schwaden der ungereinigten Braunkohle, und Marschmusik dringt an uns unbekannten Feiertagen aus den Ruinen.

Tatsächlich schminkte sich die Mutter auffällig. Und wenn sie sich in den engen Gassen der Kerngemeinde am Bach bewegte, dann tat sie es mit den ausladenden Bewegungen, die sie wohl auf den einst weltoffenen Alleen dieser Stadt Leipzig angenommen hatte. Dabei stieß sie natürlich an die Sauerländer, die ihr das übelnahmen. Auch die anderen, aber früher Zugeflüchteten nahmen ihr das übel, denn sie waren ja nicht nur früher, sondern auch von viel weiter her zugeflüchtet, und noch dazu aus untergegangenen Ländern.

Aber insgeheim waren sie doch froh über diese neue, sächsische Kleinsekte, denn jetzt hatten sie genau wie die Sauerländer einen Gegner, und damit waren sie schon ein gutes Stück Sauerländer mehr.

Brigitte Pieske wurde, während sie sich mit ausladenden Bewegungen durch die Fachwerkgassen ruderte, nicht müde, vom Zuchthaus und der geheimen Hinrichtungsstätte BAUTZEN ganz im Osten dieser unwürdigen Republik zu erzählen.

Breit erzählte sie es jedes Mal und ansteckend, so daß BAUTZEN in den Gassen, Läden, Häusern weiterkroch und sich auch bis zu uns auf den Berg rankte als Ort undurchschaubarer Willkür und Verachtung: dorthin sei ihr Mann verurteilt. Der nämlich habe sich erhoben gegen Willkür und Verachtung und Hunger und notwendige Bettelei durch – Nichtstun. Durch was? Ja, durch Nichtstun. Er habe sich verweigert allem und jedem. Im Ehebett habe er sich schließlich verhaften und auch gleich aburteilen lassen ohne Gegenrede, denn auch das habe noch zu seinem Nichtstun gehört (und gleich sagten die Sauerländer hier unter sich: ja, natürlich, ein Nichtstuer eben), und jetzt warte sie, Brigitte Pieske, nur darauf, daß die Bundesregierung ihn freikaufe für die üblichen runden DM 90.000,– (in Worten: neunzigtausend), und das fanden alle unangemessen viel für einen Mann Pieske, der nichts tat. Um sich innerlich nicht mit ihrer Regierung überwerfen zu müssen, beschlossen sie schnell, Brigitte Pieske nicht bloß als ehemalige Kuppelmutter zu betrachten, die sich noch immer sehr auffällig schminkte, sondern als ausgemachte Lügnerin obendrein.

Aber dann kaufte sie sich einen Getränkekiosk in bester

Verkehrslage an der Bundesstraße 55. War jetzt doch viel Geld geflossen aus geheim bleibender Tasche? Wo blieb dann aber der nichtstuende Mann? In wessen Diensten stand sie eigentlich, diese vielschwätzige Sächsin, deren Kiosk so verkehrsgünstig lag, daß jeder Bewohner jeden Tag wenigstens einmal daran vorbeigehen mußte und von ihr vielleicht auf einer Strichliste festgehalten wurde, wozu? Dieses Land Sachsen war ohnehin mehrzüngig. Es hatte sich schließlich schon in Sächsisch, Russisch und sprödem Hochdeutsch verheddert. Schnell ermahnten sie daher ihre Kinder, äußerst vorsichtig zu sein beim Kauf von Mohrenköpfen, Drops und Limonade am Kiosk der Frau Pieske. Und selbst bei ihren gewohnten Alkoholfahrten in den Nächten zum Sonntag machten sie vorübergehend einen Bogen um Brigitte Pieske, deren Kiosk erleuchtet war bis 23.00 Uhr, denn sie fürchteten ihre Strichliste.

Und sie spornten uns nicht an, aber sie sahen uns zufrieden zu, wenn wir ihren Sohn ein bißchen verprügelten. Wir verprügelten ihn immer nur ein bißchen, denn es machte bei ihm keinen Spaß. Er wehrte sich nicht. Still und mit hängenden Armen weinte er vor sich hin. Schließlich ließen wir es sein, weil er sich nicht einmal mehr die Tränen aus den Augen wischte.

Er hatte auffallend große, dunkle Augen. Die Mädchen fanden diese Augen schön. Manchmal griffen sie danach, wie sie früher die Schlafaugen ihrer Puppen betastet hatten. Aber dann hatten sie wieder Scheu davor, als könne er sie mit diesen Augen von oben bis unten in ihren Rüschenkleidern nässen. Oder als könnten sie ihn mit ihrem Abtasten dazu ermutigen, plötzlich einen gewaltigen, furchterregenden Riemen aus der Hose zu holen, einen Riemen katastrophalen Ausmaßes, und sie damit auf der Stelle zu durchlöchern, denn schließlich war er ja gestört.

Er ging in die Sonderschule. Dann blieb er nichtstuend wie sein Vater in Leipzig zu Hause. Er griff der Mutter in die Kasse. Er kaufte sich das einzige Mädchen, das in der Gemeinde zu kaufen war, und verschwand mittags mit ihr in der Fichtenschonung. Aber dort knöpfte er sich nicht einmal die Hose auf. Er sah nur auf ihren sich über den Knöcheln ringelnden Schlüpfer, sagte sie am Nachmittag.

Er sah mit seinen stillen Augen so merkwürdig auf den Schlüpfer, als wolle er sich ihn in die Augen trinken, ja — *als hätte er sich ihn in die Augen getrunken,* sagte sie, und da war sie weggelaufen.

Er griff weiter der Mutter in die Kasse. Abends lehnte er in einer der vier Kneipen der Gemeinde. Er redete kaum, er schien mit seinen Augen zuzuhören, bis sie voller Abendklatsch und Nachtklatsch und dem einen schlechten Fernsehfilm und dem Gebrabbel der Betrunkenen waren und er schließlich selbst betrunken nach Hause schwankte zu der Mutter, die ihn liebkoste als den jeden Nachmittag erneut verlorenen und spät nachts wiedergefundenen Sohn, ihre einzige Liebe in einem für sie lieblosen Land.

Ich habe ihn damals oft in der Gemeinde beobachtet. Nie habe ich ihn zu mir auf den Berg eingeladen, ich habe ihn bloß beobachtet. Er zog mich an. Er trank wirklich alles mit diesen großen Augen: die Kerngemeinde am Bach mit ihren zwei Sekten der immer einheimisch gewesenen, rotgesichtigen und rundköpfigen Sauerländer und jener der Zugeflüchteten, die von Goschinskys Frau das Mitteilungsblatt der Heimatsüchtigen bezogen. Er trank sich den Kiosk in die Augen, die Mutter, seine Unfähigkeit, etwas zu tun. Er trank sich seine hängenden Arme in die Augen. Er trank sich seine Trunkenheit in die Augen. Er war ein Heranwachsender und gleichzeitig schon ein geschlagener Mann.

Oder war er doch bloß ein Oberflächenträumer und deswegen ein Trottel? Einer, der sich scheute, einen Traum voll durchzuträumen, mit diesem Traum abzustürzen und zerschunden und zerschlagen inmitten von Traumtrümmern aufzuwachen?

Was war mit ihm geschehen in der einst weltoffenen Stadt Leipzig, als sie zugemauert wurde und sein Nichtstuer von Vater sich im Bett verhaften ließ? Irgendwo hätten wir miteinander verwandt sein können. Daher lud ich ihn nie ein.

Er griff in die Kasse der ARAL-Tankstelle, tagsüber, mitten unter Kunden. Wieder so ein Oberflächentraum, als könne die bloße Oberfläche eines Traumes ihn schon tragen und schützen, und natürlich verprügelte der Tankwart ihn.

Inzwischen war er spielsüchtig geworden. Nicht selten gewann er an den Kneipenautomaten größere Beträge. Er beobachtete lange, wie ein Automat gefüttert wurde und wie sein Bauch sich füllte. Er beobachtete die anderen Spieler, ihre zunehmende Fahrigkeit, ihren Trotz, die flachen Augen, die selbst schon zu Markstücken geworden waren. Irgendwann begann er: jetzt tranken seine Augen die Zahlen, die Scheiben, die Lichterketten, die Blinker und Piepser. Er fütterte schnell und drückte noch schneller den Leerlauf weg, die Vergeblichkeit. Er hing am Euter und molk die Kuh, so daß die anderen Spieler wütend wurden auf diesen Trottel mit seinen Träumeraugen, die wie Nester kleiner Pelztiere waren.

Vielleicht waren diese Augen tatsächlich so groß und tief, daß sie die Zahlenscheiben um eine Spur schneller verfolgen konnten, als der Hersteller es den Spielern zugetraut hatte, ja diese morastigen Träumeraugen zeigten jetzt wenigstens so etwas wie Entschlossenheit und sogar Triumph, denn erstmals hatte er etwas gefunden, wo er siegreich sein konnte – aber dann ermüdete er bald, denn er blieb der Oberflächenträumer, einer, der seinen Träumen nicht in die Abgründe hinein folgen wollte und nicht aufwachen mochte zwischen ihren spitzen Trümmern und schneidenden Scherben, und so fütterte er die Automatenkuh weiter. Und verlor die abgezockten Gewinne. Und steckte auch noch den Rest Silbergeld hinein, den er sich aus der Hose fischte. Und machte noch einen Deckel beim Wirt. Und verschuldete sich auch diese Nacht.

Doch, ich traue ihm zu, daß er bloß auf sie zugetreten ist. Er wird keine Hand gehoben und in dieser Hand schon gar keinen harten Gegenstand gehabt haben, mit dem er hätte zuschlagen können, wie sie behauptete.

Ich vermute, er ist vom Straßenrand aus bloß auf sie zugetreten. Er hat sie angesehen und mit seinen Augen ausgetrunken, sie, Goschinskys Frau, die ihm auf dem Fahrrad entgegenkam mit nackten, weiß-rot gesprenkelten Oberarmen wie immer und, wie immer, einer Umhängetasche mit Schnappverschluß, in der sie die kassierten Beträge für ihren Bund heimkehrsüchtiger Greise verwahrte. Ich vermute, er hat sie überhaupt nicht angerührt. Wahrscheinlich hat er sie bloß mit seinen Gullyloch-Augen angesehen und ruhig, fast zerstreut und in seinem niemanden überzeugenden, lahmen Sächsisch die Tasche von ihr verlangt.

Und sie, Goschinskys Frau (die in meiner Erinnerung noch immer keinen Namen hat), die mit ihrem Geheimbund süchtiger Ostpreußen und Schlesier und Sudetendeutschen und Pommern Löcher ins Eis der Aggertalsperre hackte und allen voran ins Eiswasser tauchte, sie wird Angst gehabt haben, in seinen Augen zu ertrinken. Und wird dann natürlich keine Angst gehabt haben wollen und wird behauptet haben, er habe sie geschlagen und vom Rad gezerrt und getreten und ihr die Tasche entrissen, denn ein gestörter und gewalttätiger Hurenbock sei er, ein versoffener, spielsüchtiger Vergewaltiger sei er, denn das wäre das nächste gewesen, wenn sie nicht schnell davongerannt wäre: eine brutale Vergewaltigung.

Drei Tage lang war Christian Pieske verschollen. Vielleicht bewegte er sich nachts um die Gemeinde herum und lag tagsüber in den Wäldern wie ein junger Hirsch. Am dritten Tag wurde er am Rand der Gemeinde gefunden. Sie hatten ihm das Gesicht der großen Augen mit einem Stein zerschlagen.

Die Verhöre in der Gemeinde brachten immer wieder nur zwei Fahrzeuge mit auswärtigen Kennzeichen zum Vorschein, die sich aber niemand notiert haben wollte. Sie brachten einen mit seiner Mutter aus Leipzig übergesiedelten Flüchtling zutage, der ein Trottel, ein Trinker und ein Spielsüchtiger mit krankhaft vergrößerten Augen gewesen war. Und schnell fiel über Christian Pieske das Schweigen der Gemeinde her, das dichte, durch nichts durchbrochene Schweigen einer Gemeinde im Sauerland, die sich von einer geschändeten Leiche hintergangen und an die Öffentlichkeit verraten fühlte.

Geschäfte VI: Ludwig im Pillenstau – Ludwigs Museum der Beleidigungen und der Siege

Nach dem Beinahe-Infarkt im Kölner Kaufhof gönnte Ludwig sich nur wenige Ruhetage. Trotz der strengen Selbstermahnungen folgte er dann sogar verstärkt wieder der Wut seiner Energie und Geschäftigkeit.

Anders hielt er das Leben nicht aus. Er hielt sich nicht aus. Stillstand war Folter. Zweifel hätten ihn im Stillstand oder während einer besonders langsamen Bewegung hinterrücks überfallen, und er wußte, daß er ihnen nicht gewachsen wäre. Tiefen Zweifeln gegenüber war er schutzlos. Daher verpflichtete er den Hausarzt auf eine Unzahl von Rezepten.

Früh reihte er einen ganzen Farbkasten von Pillen vor sich auf, die nach einem ausgeklügelten System der Selbstzerstörung aufeinander abgestimmt waren zwecks Spannung und Entspannung, Herausformung einer aufsteigenden Wut und später einer niedergehenden Wut, ja einer entschlackenden Wut wiederum. Er hatte Pillen für den Nachbrenner des Hasses und der Lust auf Erniedrigung, und Pillen, um die Nachbrennpillen abzubremsen und in einem Strohballen leerlaufen zu lassen; Pillen zum traumlosen Schlaf und solche zur halbwachen Verfolgung eines einzelnen, wichtigen Traumes und so weiter und so fort, Pillen, die allesamt lautlos in ihm kurz nach der Einnahme explodierten und ihn nach diesem ausgeklügelten System in einer berechenbaren Zahl von Monaten vernichten würden. Ludwig war ein Spieler, der sich morgens sagt: nur noch diese Partie, und abends lacht er, weil er gewonnen hat, denn er lebt noch.

Von Tag zu Tag verließ er sich mehr darauf, daß die Mittel seinen Kopf noch zusammenhielten. Er baute immer mehr dieser pastellfarbigen Chemieklammern um seinen Kopf, denn täglich füllte sich dieser Kopf mit neuen Bildern. Noch immer hielt dieser wissenschaftlich völlig mangelhaft erforschte Wind der Fruchtbarkeit an, und jeder nutzte ihn bis über die Erschöpfung hinaus. Denn morgen schon könnte er, da überhitzt, in Böen und orkanartige Schauer mit taubeneigroßen Hagelkörnern umschlagen, die Pflanzen und Haustiere und Kleinkinder und unachtsame Hilfsarbeiter im Freien zertrümmerten, ein Umschlag, der das gesamte wiederaufgebaute Land schnell zum Konkursrichter führte.

Die vielen, sich jagenden Bilder und die Pillen beanspruchten nicht nur seinen Kopf, sie nahmen auch die Gedärme und die gesamten inneren Organe mit, so daß bald starke Magentropfen notwendig wurden, Gallenelixiere, Nierenspülungstees und Blasenabsude als milde Vorbereitung für die Keulen der Chemie. Schließlich begann er Spritzen aufzuziehen, sich gelegentlich eine Dosis Morphium in den Hintern zu jagen und regelmäßig ein Quantum Insulin, denn längst waren seine Säfte verdorben. Der Kot roch nach Katze, der Urin nach Eisenerz, dieser Ludwig begann, sich dem Wrack eines Mannes zu nähern, der untergegangen war auf hoher See.

Auch fand er jetzt nicht mehr die Zeit, die einzelnen Bilder zu entziffern. Längst stapelte er sie nur noch besitzgierig in sich auf. Er warf sie bloß aufeinander wie sie gerade kamen und ihn in den Kopf oder ins Herz oder in die Hoden stachen. Er war das rettungslos überfüllte und schon seit langem baufällige Museum seiner eigenen Bilder.

Längst hätte Ludwig einen Katalog erstellen lassen können, aber er hätte dazu einen Spezialisten finden müssen, der sich sowohl auf die Träume und Lügen der Kunst wie auf die Winkelzüge und Barbareien der Wirtschaft verstand. Zumindest hätte er Sonderausstellungen aus dem Fundus eröffnen und in eigens angemieteten Omnibussen die allgemein Kunstbeflissenen sowie die besonders von der Zeit Geschädigten zu sich ins Sauerland reisen lassen können. Denn es gab bereits geordnete, lichte und sorgsam temperierte Räume und kürzlich erst zugänglich gemachte Winkel.

Zuvor hatte in ihnen bloßes Erinnerungsgerümpel gelegen wie aus der Mode gekommene Regenschirme und Kinderwagen; abgelegte Arbeitskleidung von Gärtnern;

schartige Heckenscheren, Fräsen und Spaten; das russische Beutegewehr eines deutschen Scharfschützen; ein burgunderfarbener Verpackungskarton mit der Aufschrift Elizabeth Arden, der nur leicht an der linken Oberkante beschädigt war.

Diese allgemein Kunstbeflissenen und die besonders von der Zeit Geschädigten wären zunächst geführt worden in den Saal der erlittenen Beleidigungen:

Als erstes natürlich vor den großen Bilderfries dieses einen polnischen Großfürsten. Der Fries zeigt ihn mit einem schweren, edelsteinbesetzten Weinbecher in seinem Herrscherbett.

Den schönsten Mädchen des Landes schlägt er nach der Entjungferung seinen Stempel ins Gesicht: mit dem Becher drückt er ihnen die wohlgeformte Jungmädchennase zur slawischen Plattnase, auf daß auch sie wieder nur plattnasige Slawenkinder gebären. Nur jenes eine Mädchen läßt er aus, so blendet ihn die Schönheit. Er entjungfert sie nicht und drückt ihr nicht das Siegel auf, ihr gießt er nur zart Wein in den Mund: das ist eben jenes Mädchen, das Ludwig als einzige ohne Slawennase im Land gefunden hatte und das er freien wollte, jenes Mädchen, das er hatte lieben wollen mit ganzer Inbrunst und das sein älterer Bruder ihm geraubt hatte.

Und die abgeklärten Kunstbeflissenen, die ein Leben lang verstanden haben, sich mit der Kunst am Leben vorbeizumogeln, und die vielfältig an der Zeit Leidenden (die oft genug in die Falltüren des Lebens gestürzt sind. Die Zeit hat sie mit Schwären bedeckt und mit Furunkeln, mit Herpes auch. Sie hat ihnen Hämorrhoiden getrieben und hartnäckiges Geschwür. Jetzt hoffen sie auf Linderung durch die Kunst, wenn nicht gar auf Befreiung von ihren Schmerzen und dem ewigen Geruch parfümierten Eiters, der ihren Kleidern entströmt) – sie alle wechseln dann in den angrenzenden Raum, der mit der ersten Ruhebank aus Sauerländer Fichte ausgestattet ist. Während sie hier verschnaufen, können sie Ludwig Kowalski als leicht Kriegsversehrten betrachten, der in einem Reichsbahn-Wartesaal II. Klasse in einer dieser aufgegebenen Städte wie Köln

Ersatzbier schlürft und Himbeerlimonade und die stark behaarten Beine einer Kellnerin betrachtet. Selbst dem ärgsten Kunstmuffel verraten dieser Blick und diese behaarten Beine, welche Kraft und welch rauschhafter Behauptungswille in diesem kleinen Ausschnitt der Welt stecken, und jetzt wartet der Ausschnitt nur darauf zu erfahren, wo er sich schäumend entfalten soll.

Und hier tut er es auch schon, auf dem nächsten Bild (Acryl und Öl auf Leinwand, Mischtechnik): Wir sehen Ludwig Kowalski auf dem hölzernen Vorbau eines herrschaftlichen Landhauses stehen, spanischer Kolonialstil, neben sich eine Frau mit stark behaarten Beinen, die ein Gesteck weißer Orchideen in ihren nachtblauen Haaren trägt. Bananenstauden hängen über die Brüstung. Ein Kolibri schwirrt durch das Bild. Ein in den Regenwald verirrter VW-Kübelwagen der Deutschen Wehrmacht wird gerade von Indios mit Kartons voller Orchideen beladen, aber die Indios tanzen mehr als daß sie schuften, die Schwere der Arbeit scheint sich aufgelöst zu haben im hellen Licht, dem Geschnatter der Papageien, in der nassen Fruchtbarkeit dieses Tales im Regenwald, und einer der Indios steckt zwischendurch fröhlich sein Jagdhorn von hinten in eine Frau, die dazu nur kurz den Schritt verhält, ein Tanzschritt ist es, eine Drehung, mit der sie ihre drei Röcke lüftet, so schnell und so leicht und fröhlich, daß der Betrachter nicht unterscheiden kann zwischen Koketterie und Vollzug.

Und vorbei an einer Tapetentür (die natürlich den Besuchern des Museums – den Kunstfreudigen wie auch jenen, die an der Zeit gelitten haben – verborgen bleibt, denn sonst wäre es ja keine Tapetentür. Und natürlich steht dicht hinter dieser Tapetentür ein Tresor. Und natürlich ist das der Gifttresor. Und natürlich lagern in ihm Unmengen von eingerissenen, verfärbten, von Wasserflecken, Motorenöl, Margarine, zerquetschten Wanzen und Fliegeneiern beschmutzte Skizzen. Es sind Zeichnungen von Frontverläufen und Panzermotoren und Massenerschießungen und Präzisionsgewehren und urinfleckigen, am Körper zu tragenden Lederbeuteln für Wertsachen besonderer Art. Kopfskizzen sind es von einem, der ein Blumenkohlohr hat und dem Orden aus dem Mund blinken. Aus Öllachen und Blutlachen und abgesoffenen Bombentrichtern gefischte Tagebücher und Foto-Familien-Romane sind es.

Geschichten von Liebe und ihrem Verrat sind es. Und die Rede ist in ihnen von ausgelöschten Straßen und hungrigen Huren und Zufällen und Glücksfällen und anderem unsäglichem, verräterischem Schmutz, wie ihn ein jeder in der Sammlung seines Lebens hat. Und natürlich ist dieser Gifttresor selbst für den Besitzer nicht mehr zugänglich, denn selbstverständlich hat Ludwig Kowalski in einer mondlosen Nacht den Schlüssel und den einzigen Nachschlüssel auf einen der Stauseen des Sauerlandes gerudert und an der tiefsten Stelle versenkt, dort, wo die Fische gründeln) – vorbei also an dieser Tapetentür werden sie kostenlos mit kühlem, naturtrübem Apfelsaft erfrischt, der aus kleinen Holzfässern rinnt. Und selbstverständlich sind die Früchte auf Hochstämmen und Halbstämmen und an Spalieren des Ludwig Kowalski gewachsen, und das sind Züchtungen, die jeder Wurm meidet, ja, einen Schreck bekommt er vor ihnen bis in sein letztes Glied. Die Besucher werden hier regelrecht getränkt wie kleine Pferde, denn jetzt gleich sollen sich ihre Zungen lösen zu einem weiten Oooo und einem weiten Aaaa in dem Augenblick, da sie den größten und lichtesten Raum betreten, das ist der Raum des malvenfarbenen Windes.

In diesem Wind haben sie sich selbst noch bis vor kurzem gebogen. Es ist dieser Wind, der die wieder wachsenden Städte aufs Land geschoben hat. Dieser Wind, in dem Hunderttausende von Pflanzen schneller als geplant und von der Biologie vorgesehen gewachsen sind, nachdem ein Verrückter im Sauerland zunächst überall kleine Pflanzlöcher gestoßen hat und die Sauerländer ihn gewarnt und gesagt haben: *Mann, was bist du doch bekloppt* – und jetzt sehen die Besucher an den malvenfarbenen Wänden des Raumes saubere Planskizzen eines Pflanzenreiches. Und sie sehen auf den einzelnen Werkskizzen, wie die Pflanzen weiter gedeihen, die Säfte steigen, neue Blätter treiben, wie die Blüten aufgehen und Samen bilden, wie die Blattläuse schlaff resignieren und die Wühlmäuse am Wurzelwerk verkümmern. Sie sehen, wie Ludwig Kowalski unaufhaltsam wächst, ein Grüner Papst, der ihnen auf letzten Entwürfen an diesen malvenfarbenen Wänden schon zeigt, wie sie morgen leben werden und wie er übermorgen das Ruhrgebiet besetzt, um aus dem jetzt noch sterbenden Revier mit den fallenden Fördertürmen und absaufenden Bergwerkschächten voller Ratten, Kriegsgerümpel, Brandleichen und geklauter schwerer Motorräder grüne Planquadrate eines neuen Lebens zu machen: eine gewaltige, grün wuchernde, tropisch fruchtbare Ebene des Wasserspaßes, der Freizeit und der Altenpflege macht er aus dem ruinierten Kohle- und Industrierevier, und manchem der Besucher wird jetzt leicht schwindelig beim Anblick dieser Entwürfe an den malvenfarbenen Wänden, aber es ist angenehm, die Zukunft ist ein angenehmer, leichter Schwindel. Und hier nicken die Kunstsachverständigen unter den Besuchern zustimmend. Wieder einmal haben sie festgestellt, was die Kunst doch für ein Schwindel ist … und mit leichtem, aber verstecktem Mitleid sehen sie auf die an der Zeit Leidenden unter den Mitbesuchern, die diesen Schwindel nicht bloß genießen, sondern die sich regelrecht aufladen mit ihm, um später, draußen vor der Tür, im wirklichen Sauerland, flach und schmerzhaft aufs Gesicht zu fallen …

So, und jetzt stelle ich diesen Traumvater Ludwig wieder einmal auf die Beine.

Er war jetzt für jeden unerträglich, auch für sich selbst.

Er begann sich selbst auszuweichen und sah nicht einmal mehr in den Spiegel. Er rasierte sich nur noch mit geschlossenen Augen. Er wollte seine vom Wind geröteten Augen nicht mehr sehen und nicht mehr diesen Kopf, der wie ein überfülltes, einsturzgefährdetes Landesmuseum von Bildern zu platzen drohte und den das Museumspersonal bereits aufgegeben hatte (wirklich kreisten über dem Gebäude immer mehr Krähen und die Aasfresser von roten und schwarzen Milanen) – und vielleicht sähen wir von ihm schließlich nur noch den hilflos winkenden Arm des Ertrinkenden weit draußen auf einer der Talsperren des Sauerlandes, oder zu Lande einen einzelnen, schief getretenen und leeren Schuh, dann wäre er ganz weg, und wir mit ihm.

— *Wir gehen verloren, Ludwig,* hörte ich an diesem

Abend Lilofe im Kaminzimmer rufen. Es klang, als habe sie die Hände trichterförmig an den Mund gelegt, um ihn so in seiner gewaltigen Entfernung von uns noch zu erreichen. Aber sie war das Rufen nicht gewohnt und schon gar nicht das Schreien; ein Schrei hätte ihr die vernarbten Lungen eingerissen. So war sie still gealtert. Die Haare waren gebleicht, die Brüste und Schenkel waren geschrumpft, sie war verbittert und leicht verwelkt wie etwas vor längerer Zeit irgendwo Abgelegtes und dann Vergessenes, und fast wuchs sie jetzt schon wieder zurück in die Zeit der Kindheit. Und das war eine taube Zeit, die nur ein altes Kind hervorgebracht hatte.

Sie hatte sich gekrümmt und gefältelt. Sie war zum Pastor gelaufen und wieder weg von ihm. Sie hatte Freundinnen gesucht und geschwätzige Frauen gefunden, die ausschließlich von ihren Männern erzählten. Mit ihrer Tochter Sonja in der Sportkarre hatte sie Zuflucht gesucht bei Goschinskys Weib, die aber hatte nur laut gelacht: endlich hatte sie doch über die gnädige Kindfrau gesiegt.

Sie hatte Kurse in der Volkshochschule gebucht und wieder abgebrochen, denn sie hielt es nur schlecht aus, wenn Frauen abends von ihren Männern abgeholt wurden, und wenn sie alleine nach Hause fuhren, dann taten sie es vor ihr mit besonders stolz zurückgelehntem Kopf. Sie hatte Atlanten gewälzt und Reiseprospekte gestapelt. Sie war in den Prospekten auf Bali gewesen und auf Sansibar, hatte aber bis auf gelegentliche Besuche in Köln das Sauerland nie verlassen. Sie war über Nacht Stiefmutter geworden, aber auch dafür hatte sie kein Vorbild gehabt, und außerdem war der Lümmel von Stiefsohn schon zu alt für sie, er hätte ihr Bruder sein können oder ihr beischlafender Freund. In einer anderen, ebenso unvorbereiteten Nacht war sie Mutter geworden und hatte später hilflos zugesehen, wie die Tochter sie nahm und verzehrte und dann wegging und zur Nymphomanin wurde.

— *Ich lebe kaum noch, du tötest mich mehr und mehr,* hörte ich sie jetzt im Kaminzimmer rufen, und eilig machte ich mich im Schlafanzug auf den Weg. Auch das klang wie durch einen Trichter, oder wie von einer älteren Schallplatte abgenommen, bis ich in dem Kaminzimmer begriff: sie hat diese Wörter wie kleine, klickende Gegenstände, Murmeln etwa, in sich hineingetan. Sie hat sie gekaut und auf der Zunge gerollt. Sie hat mit ihnen geübt. Probeweise hat sie sich in ihrem Zimmer nach außen gestülpt, es kam Schleim und Erbrochenes, es kam Blut und es kamen endlich diese kleinen, blinkenden Murmelwörter.

— *Du bist Gift für dich selbst, und du bist Gift für uns alle, denn du bist ein Verächter der Menschen,* hörte ich sie rufen, und es war nicht diese Lilofe, die rief: es war eine Aneinanderreihung verschiedener Lilofes, die sie während ihrer bittersten Stunden gewesen sein mußte, Stunden, in denen sie nach und nach diese Wörter geformt hatte.

— *Du bist ein Mörder, du bist ein Mörder,* wiederholte sie noch mehrmals, und diese Worte rief sie nicht mehr, sie erbrach sie, auf diesen Worten hatte sie nicht mehr übungsweise herumgebissen. Und Ludwig, getroffen erst und jetzt plötzlich rasend vor Wut, Ludwig, der überlebensgroße freie Mann, der seit Jahren von niemandem mehr erreicht wurde, der daher von niemandem mehr beleidigt werden konnte außer von sich selbst, Ludwig, der nie geschlagen hatte, weder mich noch Sonja noch gar seine Frau, nicht einmal einen Hund, Ludwig, der sich das Schlagen in der Vergangenheit verboten hatte wie sich der Scharfschütze das Schießen verboten hatte, er schlug Lilofe mit der Faust nieder. Sie stürzte mit der Stirn auf die Kante des Kamins.

Es war kein Totschlag, aber Lilofe war schwer verletzt. Ludwig hatte die Reste seiner Ehe mit der Faust zerschlagen.

Neben der Tür zum Kaminzimmer stand Goschinsky, der Mann ohne Geschichten. Ganz in Schwarz, wie immer, hatte er die Szene beobachtet. Zum ersten und einzigen Mal sah ich, daß Goschinsky eine Geschichte absonderte: er versuchte, ein Lächeln zu unterdrücken. Es gelang ihm nicht. Einer seiner Goldzähne verriet ihn, eine Ecke blinkte. Der schwarze Mann Goschinsky ist in der Geschichte, die er gerade absondert, zu einem boshaften kleinen Jungen, jünger als ich, geworden: verschnittene Stoppelhaare, ausgeschlagene Zähne, Hosenträger eines Erwachsenen, eine kurze, aber viel zu lange Hose, die er vom älteren Bruder auftragen muß (sie scheuert ihm in den Kniekehlen): Dieser Knabe Goschinsky hat sich am Nachmittag von einem Mädchen über die Hand pinkeln lassen, dann hat er sie mit dieser nassen Hand geschlagen; jetzt kann er sein Lächeln nicht unterdrücken, weil sein Chef soeben seine Frau mit dieser Hand schlägt.

Geschäfte VII: Lilofe. Eingestürzte Gemeinsamkeiten

Als Lilofe aus der Kölner Klinik zurückkam, ließ sie das Obergeschoß des Hauses so umbauen, daß sie dort über eine abgeschlossene Wohnung mit Außentreppe verfügte, und sie legte Wert auf ein eigenes Namensschild mit Klingelknopf.

In der Klinik war die Patientin Margot Liliane in Nachthemd und Morgenmantel verschiedene künftige Lilofes gewesen: Eines Morgens war sie in Nachthemd und Morgenmantel in eine hochgeschossige Wohnanlage in Köln gezogen. Sie war froh, wieder in dieser Stadt zu sein, sie hatte am Fenster gesessen und lange auf den Rhein geblickt. Dann aber war ein Teil von ihr in Nachthemd und Morgenmantel in den obersten Stock der Anlage gefahren, er schwingt sich über die Brüstung und fällt. Alles verläuft ohne Zögern, ohne Hindernis, es bleibt kein Schrei von ihr zurück, sie springt nicht, sie fällt nur, dabei geht ihr der Mund auf wie im Schlaf, und angenehm dringen der Aufwind des Hochhauses und der Wind des eigenen Falles in sie ein.

Mit wenig Kraft hatte sie bislang schüchtern nur gegen den Tod gelebt. Es war gerade genug Kraft gewesen, um sich in der Schwebe zu halten, still und eigentlich untätig neben einem Mann, der sie nur brauchte, um ganz für sich sein zu können. Und neben Kindern hatte sie gelebt, die längst ihren Abschied genommen hatten, die eine sehr laut, der andere eher still. Jetzt war der Fall in den Aufwind des Hochhauses eine Fortsetzung des Todes, den sie die ganzen Jahre schon gestorben war.

Im Nachthemd, im Morgenmantel war sie in ihrem Klinikzimmer in das St. Josef Altenheim in Köln gegangen, dessen Leiterin sie kannte. Ihr hatte sie ehrenamtliche Mitarbeit bei der Pflege der alten Frauen und der wenigen

Männer angedient, deren klinische Vergeßlichkeit, deren mildes Ausgelöschtsein hier versorgt wurden. In diesem Heim hatte sie mehrfach eine ehemalige Nachbarin besucht (KELLWIGS FRISCHE KÖLNER LEBERWÜRSTCHEN), deren Gedächtnis schon früh begonnen hatte, sich selbst auszulöschen. Frau Kellwig trug jetzt einen Sturzhelm. Sie hatte vergessen, daß Türen in der Regel vor dem Durchschreiten geöffnet werden müssen, und wie das Gleichgewicht auf einer Treppe zu verlagern ist, die abwärts führt. So ging sie geradeaus ein Stück durch die Luft.

Aber nach einigem Nachdenken im Nachthemd, im Morgenmantel fürchtete Lilofe, sich bald selbst nicht mehr von jenen unterscheiden zu können oder zu wollen, die sie pflegen sollte. Oder zu handeln wie jener peruanische Dichter, von dem ich ihr eines Tages erzählt hatte. Der hatte an der Pforte der staatlichen Psychiatrie geklingelt und Einlaß auf Dauer verlangt. Er wußte, wie grauenhaft es hinter der Tür zuging. Aber er verlangte Einlaß, weil er draußen, in der Stadt Lima, in der Höllenwelt dieser Stadt, verrückt würde. Er verbrachte vierzig Jahre auf diesem Gelände. Hier schrieb er in der größten Ruhe seiner Verwirrung seine Gedichte über die Hölle der Stadt Lima, und sie waren schön. Es waren die schönsten Gedichte über Lima, die je geschrieben wurden, denn er liebte diese Stadt und die Menschen in der Hölle dieser Stadt.

Und außerdem fürchtete Lilofe sich vor der gelösten Heiterkeit, der sie in diesem Altenheim immer wieder begegnet war: die hatte sie noch nicht verdient, glaubte sie.

Und im Nachthemd, im Morgenmantel stellte sie sich in allen möglichen Handlangerdiensten vor für ihre Tochter, ihren Stiefsohn, aber schon am ersten Tag reichte sie ihnen zur falschen Zeit die falschen Gegenstände. Sie reizte sie mit Fürsorge und mit Nachsicht. Sie war durcheinander mit allen ihren Gefühlen, als lebte sie plötzlich in einer fremden Stadt mit einem anderen Volk, das auf den Händen spazierenging und mit den Füßen arbeitete, und natürlich verständigten sich die Menschen hier in einer Sprache, die sie nicht verstand.

Aber dann fand sie im Nachthemd, im Morgenmantel doch etwas, das ihr verläßlich schien. Denn wenn sie jetzt im Nachthemd ganz still auf ihrem Bett liegenblieb, dann verspürte sie nicht etwa einen ähnlichen Stich im Kopf, wie Ludwig ihn oft zu spüren behauptete, aber sie konnte doch Bildern in ihrem Kopf nachgehen. Das wenigstens hatte sie von seiner Einsamkeit gelernt. Wenigstens das konnte sie in ihrer Verlassenheit der Tausend-Betten-Klinik ungestört vervollkommnen.

Wieder saß sie auf der LKW-Pritsche des Schwarzhändlers und Hehlers Alois Kelch und bewachte den Tauschwert-Schatz in der Kiste unter sich. Wieder tauschte sie im väterlichen Lagerschuppen in Köln-Nippes Tabak gegen schon damals antike Leuchter und seltenes Porzellan, Siegelringe und kleine, reich geschnitzte Kästchen aus ihr fremdem Holz, das duftete und in vielen Inselsprachen redete, denn ihr Vater Alois kannte sich nicht bloß mit den Nikotinsüchtigen aus, er legte auch großen Wert darauf, als weitsichtig zu gelten und Tauschwerte für eine Zukunft zu schaffen, in der es Tabak gäbe wie Heu.

Auf diese Weise sah sie auch wieder die Lilofe von einst. So konnte sie ein kleines Stück Weges abmessen zwischen jetzt und einst: den Weg einer ausgehaltenen Entsagung. Den einer mißbrauchten Liebe. Und wenn nicht Liebe – denn hier regte sie sich wieder auf, am Jochbogen begann die Haut zu klopfen und bald hatte sie erneut Bläschen auf den Lippen: wenn nicht Liebe, dann doch eben ausdauernde Bereitschaft. Ja, vielleicht war es überhaupt ihre ausdauernde Bereitschaft gewesen, die sie bislang am Leben gehalten hatte?

An Ludwig mit seinen Dämonen eines blinden Malers oder tauben Komponisten wollte sie jetzt nicht denken. Auch nicht an seine Art, die Fingernägel in die Kopfhaut zu graben, um ein frisches Bild wie ein junges Reh zu zerlegen. Und nicht an seine dann flackernden, gelben Augen, mit denen er versuchte, einen Gesprächspartner zu lähmen. Und kurz vor dem Ziel, das hatte sie oft genug beobachtet und an sich selbst erlebt, wurden die Augen ganz ruhig und flach. Ganz ruhig waren sie auf den Gesprächspartner geheftet einen Wimpernschlag lang: es waren die Augen eines Jägers, der zielt und dann vernichtet. Es waren die Augen eines Scharfschützen.

Und jetzt wurde sie im Nachthemd auf ihrem Klinikbett sogar ein wenig froh. Etwas stolz. Sie kicherte in sich hinein. Sie wurde unternehmungslustig. Sie wurde entschlußfreudig. Doch, bald würde sie aufstehen und aus der Klinik fortgehen, sie würde einen Laden eröffnen mit jetzt noch um ihre eigene Lebenszeit antiker gewordenen antiken Leuchtern und noch seltener gewordenem Porzellan und kleinen, reich geschnitzten Kästchen aus Holz, die zusätzlich zum Regenwald nach ihrer eigenen Jugend dufteten, und sie würde in dem Laden ihrer eigenen Jugend zusehen, wenn sie morgens die einzelnen Teile staubwischte und neu aufstellte und die verdeckten Preisschildchen memorierte und dann auf das Glockenzeichen erster Kundschaft am Eingang wartete und sich dabei sagen konnte, sieh mal, du kleines Luder, bist doch ein bißchen erwachsener geworden. Hast einen Niederschlag erlitten, und lebst immer noch.

Als Ludwig und Lilofe sich wieder trafen, lagen die eingestürzten Gemeinsamkeiten zwischen ihnen. Gelegentlich redeten sie miteinander, aber sie hörten sich nicht zu.

Geschäfte VIII: Land unter – Der Mann, der den Computer erfunden und den Verrat gekostet hat

— *Dieser Wecker im Kölner Kaufhof hätte mich fast geschafft,* sagt Ludwig und entschuldigt sich vor den wenigen, vor denen er es für angebracht hält.

— *Das ist der Osten in mir. Dieses langsame Schlesien. Immer wenn ich müde werde, habe ich Sehnsucht nach der Langsamkeit. Das ist die Langsamkeit von Rübenäckern und Kartoffeln. Von genudelten Gänsen. Von Quarktaschen. Von Plumpsklosetts. Von fetten Sommerfliegen in Plumpsklosetts. Von Pferdeärschen. Das Blut ist eine späte Rache meiner Mutter an mir. Das ist der Fluch von damals: diese Sehnsucht nach der Langsamkeit und Sorgfalt.*

Es stimmt: Angemessen ist für mich die Höchstgeschwindigkeit einer Motorfräse, hinter der ein Mann durch die Pflanzenreihen geht. Das sind dreikommafünf Stundenkilometer.

Früher habe ich die Zeit verschlungen. Die Tage waren wehrlos. Ich konnte mit ihnen machen, was ich wollte. Und jetzt immer wieder diese Sehnsucht nach der Langsamkeit und Sorgfalt. Das Blut ist mir dann wie dicke Jauche. Und übrigens haben sie die Zeit verstellt: eine Stunde ist nur noch eine halbe. Und der Mann hinter der Motorfräse geht auch schneller als erlaubt.

Manchmal möchte er jetzt alles mit einem Federstrich verkaufen: die Baumschulen, den Fuhrpark, die Düngemittel und Giftspritzen, die Heckenscheren, das Mäusegift, die Arbeiter gleich mit, die jetzt Fotozellen vor die scharfen Kreissägen verlangen, die jungen Angestellten mit ihren Frisuren wie gestürzter Pudding, und bei einem Schnupfen schon bleiben sie zu Haus.

Manchmal sind die Arbeiter jetzt wie Stechfliegen. Es gibt Aufrührer darunter. Früher gab es nie Aufrührer darunter. Manchmal möchte er einen nehmen und einfach zerquetschen wie eine Fliege.

Dann möchte er doch wieder alles verkaufen mit diesem einen Federstrich. Nie in seinem Leben war er an der See. Er möchte mit dem Rücken zur tosenden See stehen und mit einem guten Fernglas zusehen, wie das Land vor ihm untergeht.

Jetzt ist er sicher: das Land wird untergehen. Es lebt nicht langsam genug. Keine Spur von Sorgfalt, nirgendwo. Es wird sich verschlucken wie ein Trinker, ersticken und untergehen. Gut, daß er dann noch eine Weile die See in seinem Rücken hat. Von da aus wird er zusehen. Ohne Genuß. Aber immerhin wird es seine letzte Bestätigung sein. Es wird untergehen, dieses Land. Im Müll. In der Hast einstürzender Bauten. Und nirgendwo wird er Menschen hören, als hätte es sie nie gegeben. Tagelang nur diese ungeheuren Geräusche von Mechanik, die sich selbst zerquetscht.

Ludwig liegt in seiner Hängematte im Treibhaus. Das ist noch immer der sicherste Ort, vor allem in einem untergehenden Land. In einer Barkasse treibt er zwischen gewaltigen Pecherrey-Fischen, Kaimanen und gestürzten Baumstämmen den Amazonas hinunter auf die brasilianische Grenze bei Belen zu. Bei ihrer motorlosen Fahrt hält die Barkasse fast genau die Strömungsgeschwindigkeit. Diese ruhige und doch schnelle, diese gewaltige, aber nicht gewalttätige, diese bislang nie besiegte Geschwindigkeit des Stromes entspricht so exakt der Geschwindigkeit seines Blutes (diesem wie Jauche schweren, schlesischen Blut, das endlich wieder frei ist vom schnellen Gift der Tabletten), daß er sich hier auf dem Wasser ganz zu Hause fühlt.

Nur den beiden Papageien mit dem schnelleren Schlag ihrer kleinen und gierigen Herzen Gefangener wird es langweilig. Sie kennen die abendliche Lebensgeschwindigkeit ihres Halters und die Strömungsgeschwindigkeit des Amazonas zur Genüge. Eine Fuge dieses verrückten Johann Sebastian Bach täte ihnen jetzt gut, eine schwindelnde Höhe und ein sausender Absturz dieses Mannes, der schließlich seine Kunst führte wie ein großes Familienunternehmen, während ihr Chef seine Unternehmen führen will wie die Kunst, langsam und sorgfältig, frei vom Schmutz der Familie, und frei vom Schmutz der Zeit.

Bei diesem gewaltigen, aber nicht gewalttätigen Treiben auf dem großmäuligen Strom sticht Ludwig doch plötzlich etwas, wie schon so oft, und er faßt sich an die linke Schläfe. Sieh da, ein Bild ist es, ein kleines Foto dieses Mal: Das Foto eines Mannes aus einer Zeitschrift für Elektronik, in der er kürzlich geblättert hat, das Foto eines auch schon älteren, weißhaarigen Mannes, der kippt.

Wie, der kippt?

Also das ist ein Porträtfoto, das aus der gewohnten, behördlich erwarteten Eindeutigkeit herausfällt. Ein aufmerksamer Erkennungsdienstler würde sich sogar einen Aktenvermerk machen. Denn dieser Mann steht nicht einmal für sein eigenes Porträtfoto still, ja er kippt unaufhörlich weiter, obwohl er merkwürdigerweise gar nicht auf der Flucht ist.

Dieser Mann hält es nicht für nötig, für dieses Porträtfoto seine beständige Wanderung zu unterbrechen, und so macht es ihm zwischendurch auch nichts aus, als der Spion, der Gegenspion oder Doppelspion zu gelten, der er ist oder auch nicht.

Dieser Mann bewegt sich unablässig zwischen der Freude eines Erfinders (der gerade erfunden hat) und der ungebändigten Lust eines Schelmen (der gerade eine Erfindung verraten hat), und obendrein scheint er noch ein kleiner, spitzbübischer Faun zu sein und einer, der gern überraschend furzt, rülpst, etwas Ferkelhaftes sagt oder sogar ungeniert tut.

Ein Mann auch scheint es zu sein, der vor irgend etwas Großem und Kaltem zurückgeschreckt ist, durch das er vernichtet worden wäre, wenn er nicht soeben diesen spitzbübischen Verrat begangen hätte. Und noch ist er etwas traurig darüber. Und enttäuscht über sich selbst. Aber schon ist er ruhig. Und etwas weise, ja schon zunehmend heiter, dieser Mann, der wandert und kippt.

Ludwig ahnt, daß dieser Mann ihm in seinem Leiden helfen kann. Was tut dieser Mann?

Dieser Mann erfindet, sieht Ludwig. Und zwar mit der ganzen Kraft seiner Sinne. Und trotz seiner anerzogenen Scheu vor Körperlichem sieht er, daß auch die Kraft seiner Hoden dahintersteckt und die seiner hochsensiblen Eichel, die noch dazu piepsen kann wie eine Maus.

Wer, um Gottes Willen, ist dieser Mann?

Dieser Mann heißt X., wenn er erfindet. Denn ein Erfinder, der gerade erfindet, sagt X. in dieser Zeitschrift für Elektronik, muß frei sein von den Niederungen seiner amtlichen Biographie. In diesen amtlichen Niederungen verschwände er derart, sagt X., daß er sich allenfalls mit einer Verbesserung des Rasenmähers beschäftigen könne, aber nicht mit einer Erfindung.

Wenn X. nicht erfindet, ist er ein kleiner Fabrikant mit einem auswechselbaren Namen. Des Nachrechnens müde in seinem Betrieb, hat er die Rechenmaschine erfunden. Und verkauft und verraten an IBM. Das wurde der Computer – eine Erfindung von der Größenordnung der Mausefalle, des Streichholzes, des Automobils und des Flugzeuges zusammengenommen, und das ist noch etwas untertrieben.

Und Ludwig vermutet: das ist mein Mann. Und springt auf und ruft noch aus dem Treibhaus nach Goschinsky:

— *Morgen früh um sieben fahren wir ab, einen Mann zu suchen. Wir suchen den Mann, der den Computer erfunden und den Verrat gekostet hat.*

Pünktlich fuhren sie ab. Aber schon am nächsten Tag kam Goschinsky allein zurück und war beleidigt. Er war aufgelöst und schien wirres Zeug zu reden. Er behauptete, zwei alte Männer mit Namen X. und Kowalski hätten von einem mehrtägigen Abenteuer- und Bildungsurlaub gesprochen. Sie hätten ihn losgeschickt, einen großen, detailliert von ihnen beschriebenen Proviantkorb im Delikateßladen von … zu kaufen und sich damit in der kleinen Villa dieses X. in … eingeschlossen. Und dieser X. habe ihn, Goschinsky, mit einer heftigen, ja entwürdigenden Armbewegung ausgesperrt. Das mußte stimmen, stand Goschinsky doch endlich einmal unter dem Zwang, etwas zu sagen. Er mußte die Beleidigung wegerzählen, als habe sie während der ganzen Fahrt zurück als ein Stück verdorbenen Fleisches auf seiner Zunge gelegen.

Dieser X. erwies sich in den paar Tagen als ein ausgesprochen genußsüchtiger Mensch. Er lehnte es rundheraus ab, einer Idee auch nur oberflächlich, gewissermaßen nebenbei nachzugehen, ohne dabei größere Mengen an Delikatessen zu verspachteln und Weinflaschen zu knacken.

Ludwig wollte sich gar nicht vorstellen, was dieser Mann wohl alles verzehrt hatte bei der Erfindung seiner ersten Rechenmaschine, das Baby immerhin der jetzigen Computer. Kaum hatte er einen Gedanken erwischt, belohnte er sich dafür. Er aß mit den Fingern, kleckerte auf das Hemd und schleckte sich wie eine Katze.

— *Also, das ist ja alles Quatsch, was Sie da sagen,* sagte X. zwischendurch, *Einsamkeit und Unmenschlichkeit des Denkens. Was soll bloß eine Erfindung ohne Verrat? Ja, der Verrat ist doch schon Teil des Erfindens, verstehen Sie denn nicht? Eine gute Erfindung, die muß natürlich wie ein Fohlen sein. Und gleichzeitig muß sie doch etwas von einer verhurten Stute an sich haben. Wir leben doch alle wie die Würmer in der Scheiße. Was wollen Sie denn bloß.*

Er sagte: *Also sehen Sie mal, das ist doch so: Eine wirklich reine, also ganz und gar vollkommene Erfindung ist natürlich gar nicht zu denken. Kurz vorher schon zerplatzt jedem Erfinder das Hirn. Also muß er schon beim Denken Schmutz mit aufnehmen, damit das nicht geschieht. Das ist doch das A und O der Erkenntnistheorie: wer nicht endlichen Schmutz denkt, der zerplatzt. Um Ihnen nur ein letztes Beispiel zu geben, und dann gehen wir beiden alten Säcke endlich zu den Mädchen in die Stadt: Wenn es einem Erfinder gelänge, die Unendlichkeit des Universums zu denken, zerplatzte ihm selbstverständlich der endliche Kopf. Und was hätte er davon? Also denkt er nur die Hälfte, und verrät den Rest.*

Er sagte: *Ich bin ein fauler Mensch. Ich wollte nicht mehr so viel im Kopf rechnen müssen, das fand ich widerlich. Deswegen habe ich die erste Schnattermaschine gebaut, mit einfachen Walzen. Dann habe ich eine größere gebaut. Und dann habe ich die Erfindung bald verraten und verkauft. Natürlich wird damit viel Unsinn gemacht. Die Daten wachsen, und die Daten sind längst das Geld. Arm ist, wer keine Daten hat. Also wird es Kriege geben von Daten mit Daten um Daten, klarer Fall.*

Aber jetzt stellen Sie erst mal Ihr eigenes System auf: bald werden Sie merken, daß ich natürlich auch meinen Verrat wieder verraten habe. Und diesen Verrat wieder. Und den auch. Und so weiter, so daß wir uns einer kleinen Unendlichkeit an Verrat nähern, verstehen Sie mich noch? Aber so essen Sie doch endlich.

Er sagte: *Das ist mein Triumph: der Verrat. Der Wurm in der Scheiße. Der Fehler. Ein Virus im System. Wahrscheinlich könnte ein einziger Virus unendlich viele Gegensysteme schaffen, wenn wir nicht alle bald abstürzen würden, endgültig, in diesen endlichen Tod. Aber sicher ist es nicht, daß er endlich ist, sicher ist es natürlich nicht.*

Wie wäre es zum Beispiel, wenn sich in diesem Wort «endlich» nur ein weiterer Verrat versteckt hätte?

Bei der Rückkehr sagte Ludwig: *Wer sich als Geschäftsmann auf diesen X. einläßt, der kann ein Vermögen machen mit Verrat und Gegenverrat und mit diesen ganzen neuen Kriegen.*

Jetzt sagte er: *Aber wer sich als Mensch auf den einläßt, was ist mit dem?*

Und sagte jetzt: *Es ist ja wirklich nicht sehr viel, was wir so schaffen können. Erkenntnismäßig. Würmer in der Scheiße. Ach, wäre ich doch so ein kleines Briefträgerchen geworden, wie mein Vater es wollte. Das Leben wäre übersichtlicher verlaufen. Jetzt hätte ich schon eine kleine Pension.*

Früher war Ludwig jedem Gedanken geschäftig, ja geizig nachgegangen, selbst den Embryos und Spuren erst von Gedanken. Jetzt wurde er geizig mit der Zeit. Er ließ manchen Gedanken fallen und verkümmern; außerdem hatte er Angst, es könnte ein schlechter, ein Gedanke des Verrates daruntersein, der bald krebsartig wüchse und sein ganzes Gedankengefüge durcheinanderbrächte, so daß er bald als hilflose Person allein auf einer Straße stände, deren Namen er nicht erinnerte; nicht einmal jenen der Stadt, durch die sie führte.

Was nur sollte einer wie er tun, der alt geworden war und jetzt zu erfrieren drohte im Eis? Nie hätte er gedacht, daß er sich ein Mehr an Wärme als Termin auf den Kalender schreiben müßte. Außerdem war er doch so langsam und so gründlich. Die Kräfte ließen nach, die Nieren auch. Manchmal stieg der Zuckerspiegel bedenklich.

— *Es ist eben so, die Zeit hat mich ausgefressen,* sagte Ludwig und meinte auch:

Die Arbeit.

Die Arbeit gegen die Arbeit der anderen. Der malvenfarbene Wind.

Die Konkurrenzen von Piranhas.

Der Verrat durch die Frauen.

Kinder, die mit abweisenden Gesichtern in Richtung Köln laufen.

Und Freunde? Nein, Freunde nirgendwo.

Es war die Aufgabe für ein noch langes Leben. An diesem Punkt wurde er bitter. Es war absolut ungerecht, daß ein Mann wie er dafür keine Zeit mehr haben sollte. Er hatte gehaushaltet und gerackert, er hatte gelebt wie ein Puritaner, er hatte sich gequält und entzogen, er hatte die Schmach gekostet und die Schande, er hatte den Hochmut erkannt und die Schadenfreude gemieden – und schien doch vorbeigelebt zu haben an einem Ziel, das ihn im Alter wärmte?

Mit den Tabletten hatte er versucht, das enge Sauerland und die Zeit zu weiten, aber sie hatten ihm nur das Herz ruiniert. Jetzt ließ er, um Zeit zu sparen, containerweise Luftfracht aus den USA einfliegen und Techniker gleich mit dazu.

In weißen Kitteln und breitestem Texanisch standen sie in seinen Baumschulen, Lagern, Schachtelbetrieben herum, verstanden kein Wort Sauerländisch (das mit den harten Knacklauten und den Wörtern wie kleine Fäuste), warfen die mechanischen Schreib- und Rechenmaschinen, Registraturen, Ablagen auf den Müll, benahmen sich wieder einmal wie Amerikaner in einem besetzten Land, und rüsteten Ludwigs Betriebe als erste ihrer Art vollständig um auf diese schnelle, neue Sprache, die X. erfunden und gleich an die amerikanische IBM verraten hatte.

Ludwig wollte Zeit gewinnen bei seinem Bemühen um Weite und Wärme, und dabei nahm er Verletzungen in Kauf: ältere Buchhalter zerbrachen verzweifelt ihre Bleistifte; andere kündigten empört und verkümmerten als langfristig Arbeitslose in ihren kleinen, noch lange verschuldeten Eigenheimen.

Oft noch kollabierte das System. Komponenten wurden ausgetauscht, andere Teile ausprobiert wie neue Gefechtsköpfe in einem ganz neuen Krieg. Gefangene wurden gemacht und Saboteure gestellt, denn längst nicht alle konnten sich schnell genug an die neue Schnellsprache gewöhnen und fütterten das System aus Angst, auffällig zu werden, mit purem Unsinn: mit den alten Legenden des Sauerlandes, den Heimatgeschichten, mit den Daten ihrer Geburt, mit Ränken und Zoten von einst.

Als das System endlich lief, gab es eines der zentralen Terminals im Treibhaus – aus dem Sauerland ein Auge in die Welt.

Zunächst versuchten die Papageien, das grüne Licht des Monitors mit ihren Schnäbeln zu töten, dann kackten sie auf die Tastatur. Aber bald piepsten sie ähnlich wie das Terminal selbst, sobald Ludwig es anstellte und in den Tagebüchern seiner Pflanzen und Mitarbeiter und Konten blätterte. Er ließ das Terminal halb zuwachsen mit Lianen und Misteln und natürlich Orchideen, so daß die grüne Phantastik des Terminals in das phantastische Grün des Urwaldes wuchs und der dampfende Regenwald in das nasse Grün des Systems.

Hier tauchte er wie ein Nachttier unter. Endlich verfügte er über eine Methode, die in seinen Kopf eingravierten Bilder nicht nur zu entziffern, sondern auch zu archivieren, sich überlagern zu lassen, sie miteinander zu kreuzen. Auch mußte er sie jetzt, um sie anderen verständlich zu machen, nicht länger umständlich in Handlungen übertragen, und immer hatten diese zwangsläufig groben Handlungen doch viele der Feinheiten zerstört. Es genügte jetzt, wenn er sie bloß skizzierte und manche anderen, besonders fruchtbaren, einfach pärchenweise allein ließ mit sich selbst.

Er konnte viel leichter in seinen Kopf eintauchen und gleichzeitig per Knopfdruck dem Sauerland entfliehen. Er ging in New York und Tokio spazieren. Er konnte die hängenden Gärten der Welt bereisen, ohne das Treibhaus verlassen zu müssen. Er konnte Entwürfe chinesischer Gärtner aus der letzten Kaiserzeit mit den eiligen und harschen der chinesischen Jetztzeit vergleichen. Er verglich den Wert der kalifornischen Weintrauben mit jenen der Erdbeeren aus dem Süden Mexikos. Und natürlich konnte er auch Einbrüche begehen und in anderen Köpfen stehlen. Er lebte auf einem schönen, neuen Stern. Und wieder hatte er die Menschen für eine Weile vergessen.

In der Nacht von Mittwoch auf Donnerstag holte X. ihn erstmals ein.

Auf dem Monitor erschienen Auszüge aus der Personalakte Hans J. Klein. Das war Ludwigs erster Buchhalter gewesen, der ihn an die Hand genommen und ihm die Grundrechenarten des Plus und Minus der Geschäftigkeit beigebracht hatte. Jetzt, kurz vor dem Rentenalter, war er noch die graue Eminenz der Buchhaltung. Er inspizierte und beriet, er verbeugte sich vor Besuchern gern wie ein Mann, dem eigentlich alles gehört, der aber zu fein ist, es so deutlich zu sagen.

Im Garten seines Hauses stand eine Schattenmorelle, und das war ein gesprächiger Baum. Hans J. Klein hatte dieser Schattenmorelle mit jahrelanger Zärtlichkeit Tiroler Süßkirschen und japanische Zierkirschen aufgepfropft, oft hatte er Wunden gepflegt und Fieber gemessen, er hatte mit dem Baum geredet, und sie hatten sich verstanden in der ruhigen Art solcher Bäume. Mit diesem Baum hatte er verschiedene Preise gewonnen wie mit einem Rennpferd. Oft hatte Ludwig mit ihm unter diesem Baum gesessen, und sie hatten immer wieder über die Zeiten des Anfangs geredet. Stolz hatten sie auf die Anfänge zurückgeblickt wie auf die Streiche unartiger, aber äußerst begabter Kinder, und sie hatten geglaubt, über alles miteinander reden zu können.

Jetzt aber teilte der Monitor mit, daß sich Hans J. Klein in eben dieser Schattenmorelle aufgehängt hatte. Er hatte die neue Schnellsprache nicht mehr verstanden. Er hatte sich von Ludwig verraten gefühlt. Und er hatte niemanden gefunden, dem er sein Elend hätte erzählen wollen.

Kaum hatte Ludwig sich davon erholt und Hans J. Klein angemessen bestattet, entdeckte er X. an ganz anderer Stelle im System.

Dieses Mal hatte er sich eingelagert in die Warenterminbörse Singapur und die Grüne Woche in Berlin, auf einen scheinbar leeren Platz im System, auf dem Ludwig sich gerade versuchsweise in die Zukunft spinnen wollte. Hier plötzlich stieß Ludwig auf einen Fleck. Dieser Fleck duftete nach Himbeeren.

Ludwig war immer prüde gewesen. Nie hatte er während seiner Ehe – obwohl sie doch nur aus einem kleinen Anfang und dann aus einem langgestreckten Ende bestanden hatte –, nicht ein einziges Mal hatte er in dieser Ehe genascht. Aber still und keusch sie verlangend, hatte er doch die Sauerländerinnen bewundert und immer wieder von neuem ihr Altern verfolgt: die schinkengesättigte, buttermilchgetränkte, nach Himbeeren duftende Haut junger Mädchen mit ihrem Ton rosafarbener Malven, die sie bis über das erste Kind hinaus beibehalten.

Erst dann wirken sich der Regen aus, die schiefergedeckte Enge der Dörfer, die Abgeschiedenheit, die Männer mit ihrem nach Jägerschweiß riechenden Loden. Der Duft ihrer Haut verliert sich nach und nach in der Bratenschwitze, dem fetten Essen. Die Haut wechselt von dem Ton rosafarbener Malven zu einem nervösen Schweinchenrosa und endet schließlich in dem überall auffindbaren, gemeinen Frischluftrot von Waschfrauen, das noch dazu von dem ungesunden Blau hervorgetretener Adern durchzogen ist und weiß gepunktet von bereits schlecht durchbluteten Stellen wie von Flechten einer Krankheit.

Oft hatte er so ihr Altern verfolgt, und es hatte ihm immer weh getan, denn es war eine nie ausgesprochene und nie erfüllte Liebe zu diesen Frauen gewesen, die eines Tages ihre Erscheinung verändert hatte und schließlich gestorben war.

Und jetzt plötzlich atmete er aus dem Monitor wieder den gleichen Himbeerduft ein, den er bei seinen ersten jugendlichen, noch ganz und gar ungestümen Erkundungen im Sauerland wahrgenommen hatte.

Er atmete den Duft ein, und dann hörte er ihre Stimmen auch aus dem Lautsprecher des Terminals: sie unterhielten sich tuschelnd, tauschten sich aus, trafen Verabredungen, streichelten sich zaghaft, verliebten sich ineinander, gestanden sich erstmals ihre Liebe mit den Wörtern dieser neuen, von X. in der Villa in … erfundenen Zärtlichkeit, ja benutzten schon seine Erfindung wie ihr erstes eigenes Haus, in dem sie spielten und sich voreinander versteckten und in dem sie sich so wohl fühlten, daß sie sich völlig unentdeckt wähnten wie junge Eichhörnchen in ihrem Kober, fast benutzten sie es nicht nur zu einem Flirt von Bürotisch zu Verpackungstisch zu Betrieb zu Nebenbetrieb in dem von Ludwig ersonnenen, steuerbegünstigten, alle Nachforschungen verdunkelnden Schachtelsystem, das er nach dem Prinzip der Puppe in der Puppe angelegt hatte, fast paarten sie sich auch in diesem System und stöhnten und quietschten:

denn es waren die jüngsten Mitarbeiter, die Mädchen und Jungen, die Sechzehnjährigen am Beginn ihrer Ausbildung, jene mit der noch ganz frischen Himbeerhaut.

Kaum war dieses neue System installiert, gerade erst hatte sein Buchhalter das Leben weggeworfen, weil er die Jugend dieses Systems nicht verstand, kaum erst hatte Ludwig selbst mit diesem System zu arbeiten begonnen und sich entrückt und selbstherrlich gefühlt wie auf einem Stern – schon nisteten sie darin, ein Schwarm wilder Bienen.

Deutlicher und schmerzhafter noch als vor kurzem in dieser Villa in ... leuchtete ihm jetzt der Abgrund von Verrat des X. ein. Dieser alte Lüstling hatte also die Klarheit der Polkappen verraten, weil er auch im Alter die Wärme nicht missen wollte. Also war Verrat nicht nur der Schlüssel zu Behaglichkeit, er war auch der zu einem gewissen Maß an Weisheit?

Das hatte er sich so nicht vorgestellt, dachte er bitter. Also war er ein alt gewordener Mann, der kurz vor dem Greisenalter feststellen mußte, doch nur ein geiziges, vereinsamtes Kind geblieben zu sein? Verdammt bitter, dachte er, verdammt bitter.

Dreißig Jahre lang hatte er sich abgegrenzt gegen den Bequemlichkeitsverrat und die Gedankenhurerei, die in den Mittelstandsvereinigungen und Bundesverbänden und Parteien und Gewerkschaften und Landtagen und Bundestagen und Räten und Fraktionen und Clubs und Sekten und monolithischen Großfirmen und eisbergartigen Krakenkonzernen betrieben wurden. Und von Jahr zu Jahr hatte er schärfer gelästert über das, was nachwuchs.

Da hatte er die Jugend seines Sohnes verworfen, weil die sich mit zwanzig für welterfahrene Revolutionäre hielten und weil sie ihn als Feind ablehnten ohne Anhörung.

Da hatte er die nachfolgende Jugend gleich noch entschiedener verworfen: Die lehnten nichts mehr ab, die steckten alles ein wie Taschendiebe und verzehrten heimlich die Beute, jeder für sich allein. Es war nur noch Schrott geboren worden, morbides junges und schon uraltes Gerümpel, das mit achtzehn ein BMW-Cabriolet mit sechs Zylindern fahren wollte.

Jetzt hätte er gerne vor dem Monitor geweint, aber es gelang ihm schon lange nicht mehr.

Aber was denn, um Gottes Willen, was denn war, wenn sich diese Generation aus rostfreiem Schrott nur verstellte? Wenn sie sich mit ihrem glatten, geräuscharmen und zumeist fehlerfreien Funktionieren nur tarnte, um unterirdisch, in dieser geheimen X.-Kammer seines Systems ungehindert zu phantasieren, zu toben, sich zu verzweigen, ja zu erfinden womöglich, schmatzend auch sich zu lieben, ganz für sich und ungestört massenweise allein?

Was denn war, wenn diese Jugend, die er für unfähig und stumpf hielt, hier in seinem neuen System sich auf Anhieb ein neues Glück erfunden hatte – ein unfähiges und stumpfes Glück vielleicht, aber doch ein Glück, das nur sie allein sich erfinden konnte?

Dieser Gedanke regte ihn so auf, daß er einen Augenblick um sein Herz fürchtete.

Jetzt war es klar: Der Wind der Steppe stand ihm bevor – ihm, der immer nur für eine kommende, reiche Zeit gelebt hatte. Das war bisher sein Lebensziel gewesen. Nie war er dabei auf den anspruchslosen Gedanken gekommen, das Leben könnte aus einer Kette von Gegenwarten bestehen. Und jetzt hatte ihm schlagartig diese zwitschernde und schnäbelnde, ja vergnügt sich paarende Liebesecke in seinem System mit dem schon fast vergessenen Duft der Himbeerhaut klargemacht: seine Sinne waren dabei zu verdorren. Er war allein. Er war ein uralter Mann. Er war umsonst und hochmütig und immer fast verdurstend durch die Wüste gerannt und hatte dafür sein Leben hergegeben. Und zuletzt hatte seine verdammte Mutter doch recht gehabt, ihn vor dem habgierigen Marsch in den Aufbau des Westens zu warnen.

Bloß gut jetzt, daß diese Mutter längst tot war, dieses nässende Monster.

Nachtrag IV: Wegen Goschinsky – jetzt sondert er doch eine kleine Geschichte ab: die Geschichte einer Verpuffung

Der weiße Lastwagen mit dem vierblättrigen Kleeblatt LUKO – DEIN BESTER GARTENFREUND wurde kaum je von den Zöllnern kontrolliert. Sie kannten ihn als pünktliches Weberschiff zwischen Köln und den Tulpenfeldern des Königreiches der Niederlande. Und sie wußten, daß der Fahrer unflätig auf kölsch und längst auch schon auf niederländisch fluchte, wenn er aussteigen mußte, denn er hatte ein steifes Bein. Richtig, es war Alois Kelch, lange schon haben wir ihn nicht mehr gesehen.

Neben ihm saß bei dieser einen Fahrt an diesem Freitag um 15.10 Uhr einer, den wir zwischendurch öfter gesehen haben: richtig, das ist Goschinsky.

Sie hatten Tulpenzwiebeln und schlummernde Dahlienknollen geladen, Taxus, Wacholder, gedrechselte Feigenbirken, Bonsai, der auf die neue Enge städtischen Wohnraumes gekrüppelt war, Pfennigbäumchen und palettenweise Stiefmütterchen und Eisblumen. Unter dieser Gartenfreude lagen vier Maschinenpistolen, drei Revolver, zwei Pistolen, zwei Kisten mit dazugehöriger Munition aus tschechoslowakischer Produktion. Unter der Sitzbank der Fahrerkabine lagerten schätzungsweise zwanzig Kilo Sprengstoff, zusammengemischt und sachgerecht verpackt ebenfalls in der Tschechoslowakei.

Ausgelöst wurde die Explosion durch einen Kurzschluß in der elektrischen Anlage des LKW. Die Fahrerkabine zerstäubte. Metallsplitter schlugen in die angrenzenden Bäume und zwei andere Lastwagen ein wie Granaten. Von Alois Kelch und von Kurt Goschinsky wurde nicht mehr gefunden als der Inhalt einer Tüte: Reste verbrannten Fleisches, Zähne, eine Brille, bewegliche Teile einer Beinprothese, eine Schädeldecke, Schuhe, einzelne Knochen, ein Koppelschloß, wie es einst in der Deutschen Wehrmacht getragen worden war und in das die Buchstaben K.G. eingraviert waren. Alles andere war zerstäubt.

Es hatte sich gehoben und mit einsetzendem Nieselregen gesenkt, wie sich der Abrieb der Reifen hebt und wieder senkt, wie sich die Schwaden der Verbrennungsmotoren heben und wieder senken.

Ludwig war klug genug, das nötige Maß an Bestürzung über das Schicksal beider Männer zu bekunden; schließlich war der eine jahrelang sein Fahrer, Hausmeister und Handlanger gewesen, und der andere noch länger sein Schwiegervater.

Er übte sich noch einmal in öffentlicher Entrüstung über ihr bisher geheimes Tun, als auf dem Grundstück des Alois Kelch in Köln-Nippes gefunden wurden: ein VW-Kübelwagen der Deutschen Wehrmacht, auf den ein altes, aber funktionsfähiges Maschinengewehr montiert war; eine Sammlung alter, sorgfältig geölter und eingefetteter Sturmgewehre; Munition; neunzehn Handgranaten; Kampfanzüge, Stiefel, Helme, Messer, Tornister, Notverpflegungen und Sanitätskoffer – genug, um mit einer mittleren Wehrsportgruppe ins Sauerland zu ziehen und es an einem Wochenende, da die Kölner sich an den Talsperren erholen, kriegerisch zu besetzen.

Kelch und Goschinsky und eine Reihe anderer spurlos Abgetauchter hatten noch immer eine Idee, mit der sie überall wie mit einem Zielfernrohr den Feind ausmachten. Manchmal hatte sich der Feind als Telefonzelle getarnt, und sie zerschlugen den Feind. Manchmal hatten sie Feindberührung mit einem Papierkorb, und sie zündeten ihn an. Gelegentlich fanden sie auch einen richtig ausgewachsenen Feind, der sich als Türke und als Arbeiter der Endmontage von FORD-NIEHL verkleidet hatte und noch dazu behauptete, sie nicht zu verstehen, und sie traten mit ihren Springerstiefeln auf ihn wie auf einen Wurm.

Sie waren nicht sonderlich viele, nein, das waren sie nicht, aber das war ihnen recht so. Die anderen vielen, die sie täglich auf den Straßen sahen und gegen die sie bald ihren Krieg führten, waren ihnen ohnehin zu viel. Sie versammelten sich im Tanzsaal eines griechischen Lokals in Köln-Nippes. Über dem Tresen hingen gerahmte Porträtaufnahmen der griechischen Obristen, die damals in Athen die Macht besetzt hielten und die Strafkolonien auf den Inseln füllten. Sie waren bekannt bei den Mitarbeitern des griechischen Geheimdienstes, die nachts zu zweit ihre Runden in den griechischen Kneipen, Imbißstuben und Eßlokalen Kölns drehten.

Ihr Versammlungsort und das Anwesen des Alois Kelch lagen fünfzehn Fußminuten entfernt von der gewaltigen Zentrale des Bundesamtes für Verfassungsschutz, dem sie unbekannt waren.

Und Ludwig war klug genug, bei verschiedenen Nachfragen, die jetzt verspätet kamen, auskunftsfreudig zu sein. Wahrscheinlich hatte er wirklich nichts zu verbergen; er war tatsächlich bestürzt. Er hatte nur bei Goschinsky nie nachgefragt, wenn der überraschend verschwand. Das war offensichtlich Teil ihrer nie detailliert getroffenen Vereinbarung gewesen, die aus gegenseitigem Schweigen bestand.

Es fragte ihn auch niemand nach diesem Schweigen, wie ihn auch niemand nach seiner möglichen Erleichterung fragte, ja nach seiner wachsenden Freude über den Vorfall auf der Autobahn am Niederrhein, bei dem doch ein letztes Stück seiner fleischgewordenen Vergangenheit in der Luft zerstäubt und schnell vom einsetzenden Regen in die Böschung gewaschen worden war.

Ein paar Tage wunderte er sich darüber, bis er begriff: die Älteren fragten nicht, weil sie noch auf ihrem eigenen Schweigen saßen; und für die Jüngeren und Jungen, die er gern als Schrott verleumdete und als eine Generation verwöhnter Taschendiebe, hatte alles das überhaupt keine Bedeutung. Sie wahrten, so jung sie auch waren, bereits ihr eigenes erwachsenes Schweigen.

Und damit fühlte er sich jetzt freier als je zuvor.

Was immer die Vergangenheit noch für ihn alles gewesen war: es war Schuld und Verstrickung gewesen.

Es war nichtgelebtes Leben gewesen.

Es war eigene Großartigkeit gewesen, die er nicht hatte leben können und die sich, da ungelebt, einfach verflüchtigte wie eine chemische Substanz.

Es war der Abschied von einem Land gewesen, dessen schwere Süße und dessen klobige Zärtlichkeit er hatte lassen müssen unter einem letzten, kilometerlangen Fluch.

Es waren Beleidigungen gewesen, Zurücksetzungen, Verweigerungen durch Vater und Bruder, die er zuletzt wie Geschwüre alle an seine unförmige Mutter geheftet hatte, die im Gang einer Baracke zwischen Etagenbetten saß und still unter sich näßte, wenn sie sich nicht gerade straffte, um ein letztes Mal seine eigene Zukunft unter den Hammerschlägen des Aufbaues im Westen zu verdammen.

Es war das Verschweigen gewesen und das Sichverschließen gegenüber einer zu jungen, zu unschuldigen Kindfrau und gegenüber Kindern, die ihm entwachsen waren, bevor er Gelegenheit gefunden hatte, sie über der Anstrengung des Aufbaues zu beachten.

Und es war schließlich das eisige und verrohte Schweigen von Mittätern oder zumindest Mitwissern einer Vergangenheit gewesen, die sich jetzt dreißig Jahre lang geweigert hatten, an der Gegenwart anders teilzunehmen als mit der ständigen Drohung, die Vergangenheit als das Gift aus sich herauszulassen, das sie gewesen war – und ihn so endlich doch noch zu vergiften.

Vorbereitungen zu einem Fest – Der Gnom Miguel Alva Orlandini

Ja wirklich, jetzt war er freier als je zuvor. Und er überlegte, wie er diesen Zustand noch größerer Freiheit feiern könnte.

Unter dem Vorwand irgendeines Jahrestages könnte er EIN GROSSES FRESSEN im Garten veranstalten: einen Schlachter bestellen, zwei Schweine hausschlachten lassen und die rotgesichtigen, rundköpfigen Sauerländer zwei Tage lang mit Kesselsuppe, Wellfleisch, warmer, majorangewürzter Leber- und Blutwurst, mit Geschmortem, Gebratenem und natürlich auch mit ihrem unvermeidlichen Steinhäger verwöhnen.

So hatte sein Vater in Schlesien gefeiert, wenn er den Zuschlag für ein öffentliches Gebäude brauchte: Er hatte die Herren vom Bauamt, dem Bau- und Schulausschuß zwei Tage lang unter Strom gesetzt, bis sie vor Erschöpfung weinten.

Warum jetzt nicht ein schlesisches Fest im Sauerland, in dem er doch angekommen war? Und nie zuvor hatte er gefeiert. Er hatte bloß gearbeitet, gemäßigt intrigiert, eben: aufgebaut. Und vielleicht könnte er bei diesem großen Fressen, der Feier einer Befreiung, die er nicht zu erwähnen brauchte, auch ganz nebenbei seine ängstliche Abneigung gegen dieses untergegangene Schlesien loswerden. Er könnte endlich wieder Zuneigung zulassen und Sehnsucht und sich vielleicht sogar vornehmen, dieses traurige Schrecknis von einem untergegangenen Land noch einmal zu besuchen mit der Gelassenheit eines Fremden.

Aber wenn er genauer darüber nachdachte, wurde ihm das alles zu groß, und es kam ihm zu nahe. Es würde ihn noch tagelang danach weiter beschäftigen, während die Sauerländer schon längst wieder unbeschadet in ihren schiefergedeckten kleinen Häusern darüber nachsännen, wie sie ihn weiter verleumden könnten als Eindringling,

Landräuber, Mann einer ihm entflogenen Frau, Vater einer nymphomanischen Tochter und eines Sohnes, der als verstockt bekannt war.

Oder aber er gäbe ein kleines Exotenfest. Das wäre schließlich weit genug entfernt von diesem nachhaltigen Heimatgeruch und der Gewalt, die Goschinsky hinterlassen hatte. Auch könnte er so gleich seinen neuen Fahrer und jetzigen Bewohner der Blockhütte einführen, aus der inzwischen die Städtewappen und die Schrift über dem Eingang HEIMAT SCHLESIEN verschwunden waren. Der Neue hatte sie durch Rinderfelle ersetzt, ein paar hölzerne Steigbügel und den bitteren Geruch des Mate-Tees, den dieser kleine Mensch unablässig aus Kürbisschalen suckelte, wobei er schmatzte wie ein Igel: das war Miguel Alva Orlandini. Ein langhaariger Indio-Mischling aus Argentinien. Eine Rarität im Sauerland. Auch er ein Flüchtling, aber von der anderen Hälfte der Erde. Zu ihm hatte Ludwig ja gesagt, weil er ein findiger Mechaniker und guter Fahrer war und weil er aus einem Land kam, das Tausende Kilometer entfernt von jener Vergangenheit lag, deren endgültige Verpuffung es jetzt zu feiern galt.

Miguel Alva hatte an das Tor der Bundesrepublik geklopft und Asyl gefordert, kurz nachdem sich wieder einmal in seinem Land Militärs an die Macht geputscht hatten. Dieses Mal gaben sie sich mit dem Segen der Kirche als die Retter des blonden, weißen argentinischen Abendlandes aus. Sie verfolgten die Abweichenden, und darunter fielen natürlich auch die Kleinwüchsigen. Die Mischlinge. Die Trinker von Mate-Tee und Zuckerrohrschnaps. Die Einäugigen und die sonstwie Auffälligen, von denen sie binnen kurzem dreißigtausend verschwinden ließen. Nur wenige von ihnen, die sie mit Hubschraubern aufs offene Meer geflogen und dort hatten fallen lassen, wurden wieder im Mündungsdelta des Rio de la Plata angetrieben.

Miguel Alva montierte Autoscheinwerfer in einem Montagewerk. Er schraubte genau an jenem geräumigen und spurtstarken FORD-FALCON-Modell, das die uniformierten und die zivilen Greifer ohne Nummernschilder benutzten, wenn sie in den Straßen von Buenos Aires auf Jagd waren. Dann fuhren sie die Bürgersteige hoch und griffen sich jemanden, der eine Brille trug und ein Buch unter dem Arm.

In seinem Bandabschnitt war Miguel Alva der Sprecher der Metallarbeitergewerkschaft. Allein das hätte gereicht. Aber das Genick brach ihm seine Kleinwüchsigkeit. Um sie zu verdrängen, um sich Kraft und Größe zu bestätigen, rannte er jeder großgewachsenen Frau hinterher, und wenn sie noch dazu blond war, wurde er rasend vor Begierde. So war er kurz nach dem Putsch an die Frau eines Offiziers geraten. Die Sache war bald entdeckt worden, und so hatte er ganz schnell, über Nacht, im Schlafanzug fast, und fast noch mit tropfendem Glied, verschwinden müssen.

Miguel Alva hatte Glück und wurde der Stadt Köln zugewiesen. Aber wenn er am Rhein spazierenging zwischen Dom und Zoobrücke etwa, träumte er gehend vom Rio de la Plata. Und schnell verwechselte er die Kölner Mädchen und Frauen dann mit Argentinierinnen. Und wieder würgte ihn seine Kleinwüchsigkeit so gefährlich, daß er fürchten mußte, ganz schnell ein elementares Gastgebot zu verletzen, das da lautet: *und leg weder Hand noch Glied an die minderjährige Tochter dessen, der dir als erster Brot und Salz gegeben.* So war er in seiner Not ins Sauerland geflüchtet – nicht etwa, weil die Sauerländerinnen beruhigend häßlich waren, keineswegs, aber das nasse Land insgesamt beruhigte ihn. Das Land war eine fremdere Fremde als die Stadt.

Ludwig griff zu, denn er spekulierte: dieser Miguel Alva kann mir helfen, wenn ich hilflos mit Motorausfall auf dem Amazonas treibe oder träumend ein Züchter von Orchideen bin und das Quechua oder Aimara der Indios nicht verstehe. Er mochte diesen langhaarigen Gnom, der nicht viel redete. Aber es war nicht das beredte Mitwisserschweigen eines Goschinsky. Miguel Alva schwieg gern, weil ihm ohnehin überall zuviel geredet wurde. Zwar hatte er in der Zehn-Millionen-Wabe Buenos Aires gelebt, randvoll angefüllt mit unendlichem Geschnatter, aber doch immer die Wochenenden und alle Ferien auf der Rinderfarm von Freunden verbracht. Hier hatte er eine Hütte, ein Pferd, die Rinder, die Pampa und den Wind. Manchmal sprachen nur seine Augen in diesem blatternarbigen Gesicht mit der zu großen Nase.

— *Ein Gesicht hat er wie ein Esel,* dachte Ludwig oft, *ein Gesicht wie ein Esel, das ist schon wahr.*

Miguel Alva lebte mit den Augen. In die fiel hinein, wen er länger ansah. Es waren Augen, die sein Gegenüber süchtig machten, bereit zum Fallen, zum Sichloslassen, ähnlich den Augen von Christian Pieske, dem sie gebrochen worden waren.

Die ohnehin blickscheuen Hunde hielten seine Augen nicht aus, aber sie liefen ihm hinterher. Die Kühe kamen dicht an den Weidezaun und blieben bei ihm stehen. Als Ludwig ihn zum ersten Mal mit in das Treibhaus nahm, mit ihm den Mate kostete und ähnlich zu suckeln und zu schmatzen versuchte wie der Gnom selbst, da waren die beiden Papageien aufgeregt wie selten zuvor. Sie saßen Miguel Alva auf den Schultern, schnäbelten ihn, zwickten ihn vorsichtig in die Ohren und erzählten ihm mit hohen Fiepslauten Geschichten, die Ludwig nicht verstand: ein Dialekt aus dem Amazonasbecken wahrscheinlich, dachte er, wie weit die Welt doch ist und wie schön. Hätte ich das früher gewußt, dachte er, und war in diesem schnäbelnden und tschilpenden Krach bald so friedlich, daß er einzuschlafen drohte. Ach, wie er das genoß: ein wenig Schönheit um sich herum!

— *Vielleicht werde ich doch noch ein ganz guter Mensch,* dachte er vorsichtig. Er dachte es so vorsichtig, weil er Angst hatte, diesen Gedanken zu zerbrechen.

Also könnte jetzt Miguel Alva, den die Gewerkschaftsarbeit, sein Drang nach großgewachsenen Frauen und die FORD FALCON ins Sauerland verschlagen hatten – also könnte dieser wundersam bei ihm gelandete Gnom ein argentinisches Frühlingsfest ausrichten mit einem, sagen wir, Siebenmonatstier am Spieß, mit verzweifelten Tangos, großgewachsenen Frauen und einer langen Tafel, die sich bog unter Fleisch und Reis und Mais und den Forellen des Sauerlandes und den Früchten des Amazonas oder eben des Rio de la Plata, und geschmückt wäre die Tafel mit den kleinen, fiepsenden Schreien von Orchideen, ihren Nachtschreien, denn natürlich schreien Orchideen nur in der Nacht wie die Nachttiere – und er selbst, Ludwig, würde damit einerseits zeigen, daß er hier im Sauerland doch nie wirklich angekommen war, daß er dieses Land ja nur wohltätig und friedlich als Landschaftspfleger besetzt hielt, und andererseits würde er Miguel Alva, den Emigranten und anerkannten Asylanten, der vor gehörnten Beischläfern großgewachsener Frauen geflohen war und vor den Besatzungen dunkelgrüner Ford Falcon, hier im Sauerland festigen mit seiner die Hunde und Kühe und Papageien betörenden Häßlichkeit von der Art eines Esels und der Schönheit seiner Augen von der Art lüsterner Grotten – und das aus dem Gestein dieser Grotten sickernde Wasser ist ein feuchtes Versprechen für Glück.

Und die Sauerländer würden wenigstens einmal eine Nacht lang in die Welt sehen? Und übernächtigt zwar, aber verwandelt kehrten sie in den Morgenstunden auf ihre Höfe zurück, in ihre Rathäuser und Pfarreien, denn eine ganze Nacht lang wären sie in der Welt gewesen? Und gar lieben würden sie ihn dafür, vielleicht, ein wenig, ein bißchen?

Aber ach, jetzt sah er sie doch schon wieder, diese altbekannten Gesichter von Ballonfliegern. Diese Rund-und-rot-Gesichter der Sauerländer, wie sie sich mißgünstig durch das Tor schieben.

Bei der Herfahrt haben sie sich eine verkleidete Beleidigung, eine Herabsetzung zumindest, wenigstens eine Würdigung zurechtgelegt, die mit einem Widerhaken versehen wäre. Und wieder stellte er fest (und bedauerte es, und bedauerte sich), daß sie sich noch immer gegenseitig ablehnten: die Sauerländer ihn, den Schlesier, der sich wie ein reicher Ölfleck in ihrem Land armer Leute ausgebreitet hatte, und er die Sauerländer, deren karges Land er besetzt hielt doch auch zu ihrem Wohl.

Nein, sie ständen doch wieder nur gebuckelt an der sich biegenden Tafel herum. Mit kleinen, eifrigen Bissen würden sie Filetstücke und Lachs verzehren und natürlich auch hamsterartig einzelne Stücke in mitgebrachten Beuteln verschwinden lassen. Und der eine oder die andere besonders Hellsichtige würde natürlich nach seinen beiden Kindern fragen und nach seiner davongeflogenen Frau. Und zwei oder drei würden eine angespitzte Bemerkung machen über den ganz schwarzen Schatten eines Mannes. Dieser Mann besaß ein Blumenkohlohr und trug Gold im Mund.

Ist dieser Mann mit dem Blumenkohlohr jetzt etwa, nach dem übersonnenhellen Licht auf der Autobahn, ein Mann ohne Schatten? So werden sie ihn verschlüsselt fragen, vermutet er, und wird jetzt mitten in dieser schönen Schläfrigkeit in der Hängematte doch wieder unruhig. Auch stören ihn jetzt die beiden Papageien, die noch immer an den Eselsohren Miguel Alvas herumschnäbeln. *(Wirklich,* denkt er, *nicht nur das Gesicht eines Esels hat er, nein, er hat tatsächlich auch noch die Ohren eines Esels.)* Und dann werden sie auf seinem Grundstück prüfend auf und ab gehen.

Sie werden dabei so tun, als müßten sie ganz behutsam auftreten, als könnten sie jeden Augenblick in einen geheimen Stollen sinken, in einen Bunker einbrechen, in dem er seine geheimen Umtriebe hortet.

Doch, es war nicht zu ändern, Liebe hin und Schönheit her, er kam ihnen nicht näher. Außerdem war er seit Jahren bereits der bessere Sauerländer. Er war grundbesitzender als die meisten. Er war weltoffener als viele, auch wenn er nicht die Welt bereiste. Er verreiste ja in der Hängematte zwischen den nachts schreienden Orchideen und den Fugen Bachs. Aber die Rundköpfe und die Rotgesichtigen hielten ihn noch immer für einen aus dem Osten Verstoßenen, der sie bloß in einem Augenblick der Wirrnis und der Unachtsamkeit, der nachkriegsbedingten Tölpelhaftigkeit übervorteilt hatte mit seinen Pflanzlöchern, und den doch zuvor selbst seine eigene Mutter mit einem kilometerlangen Fluch verstoßen haben solle.

Er liebte sie doch alle, diese Menschen. Aber längst lebten sie in Dörfern, die zu oft geflickte Gebisse waren. Die Zweithäuser der Steuerberater und Ärzte aus dem Ruhrgebiet, aus Düsseldorf und Köln hatten sich in die Lücken der Fäulnis geschoben. Aus Bauernhäusern waren ländliche Bordelle geworden, aus den Scheunen waren die Fledermäuse geflüchtet, der Duft von Heu und Häcksel, und jetzt tobten Spielhallen in ihnen und die ersten Videotheken. Längst war die Jugend geflüchtet. Nur das Alter harrte noch aus mit zerschlissenen Bandscheiben, aber dafür um so unnachgiebiger und immer wieder erpicht darauf, ihn in einem Augenblick der Unachtsamkeit zu verletzen.

Schnell beschloß er, daß es auch kein argentinisches Freudenfest gäbe. Der schöne Schmerz und die Erlösung der Tangos waren dem Sauerland gestrichen. Der Siebenmonatstier bliebe am Leben. Es gäbe keine hochgewachsenen Frauen, keine geräucherten Forellenfilets und keinen gedünsteten Mais, und schon überhaupt nicht die Nachtschreie der Orchideen: denn jede Sache für sich wäre zu schade für dieses Sauerland, das er auch so beherrschte. Es war eben doch sein armes Königreich.

Aber wohin dann mit seiner Freude? Er hatte doch Anrecht auf Freude. Mit der jahrelangen Angst hatte er sich doch Anrecht erworben!

Jetzt brauchte er Luft unter seine Flügel. Eine überraschende, sehr hohe Gutschrift auf einem seiner Konten wäre ihm jetzt lieb gewesen. Ein Aktiengewinn in jener besonderen Höhe, die ihm lange noch dieses eine Jahr erinnert hätte. Oder wenigstens die weithin schmetternde Pleite eines Konkurrenten.

Oder allerwenigstens eine neue Geschäftsidee, ein Virus, das ihn plötzlich gestochen hätte. Wieder einmal hätte seine Nase gejuckt, der Kopf wäre angeschwollen. Er hätte die Fingerspitzen mit dem langen Nagel des kleinen Fingers in die Kopfhaut gegraben. Das Virus wäre durch das Herz in den Magen gerutscht, er spürt die Steine in der rechten Niere, als er darüber hinwegplätschert wie ein Gebirgsbach. Sein Genital juckt. Das Gehänge des zwar unwilligen, aber auch unterschätzten Vaters meldet sich und prickelt. Und endlich zuckt eine seiner Zehen, und noch immer ist es eine andere.

Und wieder einmal wäre eine seiner sinnlichen Geschäftsideen durch ihn hindurchgegangen, und morgen schon könnte er das Sauerland erschrecken mit ihrer Verwirklichung. Wieder einmal erlebte er dann das gereizte Staunen jener, die dieses Virus nicht verspürt hatten; das niedrigstirnige Muffeln dieser anderen, die sich weigerten, die Idee auszuführen aus Angst vor einer kleinen Veränderung in ihrem Leben.

Und wieder einmal kostete er am letzten Tag enttäuschte Liebe. Seine Begeisterung schlüge dann um in Reue und röche scharf nach der Bitterkeit von Mandeln, weil sich doch die schönsten Viren unter diesen Widrigkeiten überhaupt nur kurz betrachten, nie aber zähmen und nutzen ließen wie ein Pferd. Ja, sie zerfielen wieder schnell in ihre eigenen Welten, kamen nie zurück, waren ihrerseits beleidigt, hauten in den Sack und ließen ihren Erfinder allein mit der Bitternis eines Verratenen, der zu gut ist für diese Welt – aber ach, augenblicklich war doch sowieso keine Geschäftsidee in Sicht, es war gerade eine ideenlose Zeit!

Und er rief Rüdiger F. an, den Seniorchef der benachbarten Metallwerke – Leichtmetallfelgen, hochwertige Flugzeugteile aus Triton, geheimdienstlich sensibel, aber auch Massenschrott wie Firmenembleme …

Sie waren nicht befreundet, aber sie waren auch nicht verfeindet. Rüdiger F. achtete Ludwig wegen der besonderen Qualität mancher seiner Ideen, weil sie ihn immer wieder an eine einzige große Idee erinnerten, die er in seiner Jugend gehabt haben wollte und von der er noch immer zehrte. Ludwig dagegen achtete Rüdiger F., ja verehrte ihn unausgesprochen wegen eben dieser einen jugendlichen, noch immer anhaltenden Idee, die dieser ÜBERLEBENSGROSS MEIN SOHN nannte und einst einem kleinen, aber findigen Unternehmer (Bierflaschen-Schnappverschlüsse, Kartoffelschäler, Pfeffermühlen) im Protektorat Böhmen und Mähren der Tschechoslowakei gestohlen hatte. Ludwig wußte von diesem Diebstahl, er hatte eigens unter Sudetendeutschen nachforschen lassen, er achtete Rüdiger F. dafür, daß er sein Diebesgut genährt und großgezogen hatte wie den eigenen Sohn, und Rüdiger F. ahnte nicht, daß Ludwig das Familiengeheimnis kannte.

Geschäfte IX: Überlebensgroß mein Sohn

Überlebensgroß mein Sohn. Rüdiger F., Klaus Behrend und Ludwig Kowalski haben sich zur Entenjagd verkleidet, und das sieht so aus:

vier Stunden lang sitzen die drei schon auf spartanischen, in die Oberschenkel und die Altmännerhintern schneidenden Jägerstühlchen und halten die Schrotflinten schräg in die Luft. Sie sitzen an auf Enten auf einer Insel, die der Senior Rüdiger F. in einem Teich seiner Jagd hat anschütten, mit Weiden und Sträuchern als Natur hat tarnen lassen. Vier Stunden warten sie jetzt schon auf einen Schof Enten oder einen Zug Gänse. Längst sind der übergewichtige Klaus Behrend und Ludwig so bescheiden geworden in ihren nassen Socken, der feuchten Unterwäsche und den klammen Pullovern unter dem Jägerloden, daß sie schon mit einem einzigen Sonderling zufrieden wären, einem kränklichen Einzelflieger wenigstens, eben dem VEREINZELTEN HÄSSLICHEN ENTLEIN, auf das sie einmal fehlschießen und dann endlich die Jagd für beendet erklären könnten. Denn beide finden Entenjagden ausgesprochen peinlich. Bei beiden lösen sie doch ähnliche Erinnerungen an Kriegsvergangenheiten aus, die sie weg haben wollen: einer von ihnen war schließlich Bordfunker bei der Luftwaffe, er hat Leichen mit verursacht und überflogen wieder und wieder, und der andere war Scharfschütze und wollte kein Gewehr mehr anfassen.

Nur der Jagdpächter selbst, der diebische Senior Rüdiger F., genießt die Jagd.

Er weiß als einziger zu würdigen, daß diszipliniertes Warten und der Kampf gegen die Blöße der Vergeblichkeit bereits dreiviertel der Jagd sind. Außerdem kann er sich an der steigenden Wut der anderen weiden, an ihren eingeschnittenen Hintern, dem Rauchverbot und der klammen Unterwäsche, denn schließlich wollten sie eingeladen werden. Sie wollten etwas von ihm. Und außerdem will der eine noch etwas vom anderen, natürlich weiß er auch das, und so sollen sie gefälligst still sein und dulden und ihn seine griemelnde Schadenfreude genießen lassen.

Mit listigen, altersfeuchten Perlmuttaugen sieht er ihnen zu und freut sich. Nie hat er etwas ausgelassen in seinem Leben. Er hat gern gesündigt: Der Cognac. Die Frauen. Die Jagd. Teure Autos. Die Macht. Er war Hitlers jüngster Wehrwirtschaftsführer. Mit seinen jetzt abgekauten gelben Zähnen hat er sich zum Schluß noch durch alle Delikateßläden des Sauerlandes und des angrenzenden Ruhrgebietes geknabbert, so einer war er auch. Er konnte immer genießen, gern, und es gab wenig, das ihm verwehrt blieb, er war ja nie undankbar. Nur ein einziger Kummer ist ihm geblieben, und mit dem wird er sterben, das ist ÜBERLEBENSGROSS MEIN SOHN. Aber das kann er niemandem sagen. Das macht den Kummer nicht kleiner, das ist bereits ein Teil des Kummers.

Was ist das? Das ist jene berauschende Idee aus seiner Jugendzeit. Im letzten großen Krieg hat er sie einem kleinen Unternehmer, einem Winzling von Erfinder in der Tschechoslowakei gestohlen. Niemand hat den Diebstahl bemerkt. Und so war es sofort und unangefochten für immer seine Idee. Kaum hatte er die Metallwerke von seinem Vater übernommen, hat er mit dieser Idee alles umgekrempelt: Das Werk. Die Arbeit. Die Arbeiter hat er bis in ihre von ihm gebauten Mietwohnungen hinein umgekrempelt, ja das Leben der gesamten Gemeinde hat er umgebaut. MITBESTIMMUNG VON UNTEN hat er später seine Idee genannt, im Gegensatz zur MITBESTIMMUNG VON OBEN, die den Arbeitern wider Willen von der Gewerkschaftsdiktatur aufgedrückt wird.

— *Denn in jedem aufgeweckten und mit Erwerbssinn ausgestatteten Menschen schlummern schließlich unternehmerische Eigenschaften, die es zutage zu fördern gilt,* hat er immer wieder gesagt. Und dabei war sein Zeigefinger, den erst später die Gicht krümmte, aufgerichtet hinein in diesen Wind aus Westsüdwest, der die Hammerschläge des Aufbaues weithin durchs Land trug.

Dazu hat er, wiewohl keineswegs bibelfest, im bibelsüchtigen Sauerland aus der Heiligen Schrift zitiert und auch passende Stellen erfunden. Er hat nachdenklich geredet, brüchig und milde. Er hat die Faulenzer zusammengekehrt. Die Aufwiegler hat er zur Ruhe bestochen. Er hat aus seinem Büro die Gemeindevertretung gemacht. Was im Gemeinderat beschlossen wurde, war zuvor in diesem Büro entschieden worden. Eine Zeitlang hatte er Zuträger überall. Einer allein war zuständig für die öffentlichen Abfallkörbe: denn immer wieder wird unterschätzt, welch genaues Barometer sie sind für das öffentliche, uns bedrohende Bewußtsein, hat er doziert. Aus den Zigaretten- und Biermarken, der klebrigen Limonade, den zerrissenen Formularen, den Umschlägen, die eine Kündigung enthalten haben von Arbeit oder Liebe oder Wohnraum, aus denen lese ich heraus, wie sicher ich sein kann; ob ich morgen der König sein werde der Gemeinde oder ihr Bettler.

Und was war das nun genauer?

Genauer war das: Er zerschnitt die Belegschaft in kleine, fast autonome Arbeitseinheiten, die sich fast selbst verwalten konnten und ganz selbst disziplinieren mußten. Mit soundsoviel Material und Händen und Zeit (also Geld) produzierten sie soundsoviel Felgen oder Teile für den Flugzeugbau (also Gewinn) – und was sie mehr produzierten an Felgen oder Teilen (also mehr Gewinn), wurde geteilt: ein Drittel dieses Mehr für ihn, der mit damals schon perlmuttfarbenen Augen listig, griemelnd und mürbe wie ein Vater durch die Hallen ging, und zwei Drittel für die geteilten, die fast selbständigen und sich ganz selbst disziplinierenden Arbeiter, deren Maschinen jeweils schon liefen, bevor die Tarifzeit begann und die untereinander sehr laut wurden, wenn einer mit Ausfall wegen Krankheit drohte. Und wirklich verdienten diese geteilten Arbeiter, die er wie eine Torte zerschnitten hatte, besser als alle anderen, nicht geteilten Arbeiter im Sauerland.

Und in den Wohnungen, die er ihnen zu Zeiten der großen Wohnungsnot nach dem Großen Krieg hatte bauen lassen, disziplinierten die ebenfalls geteilten Frauen ihre geteilten Männer. Und die anfänglich noch ganzheitlichen Kinder teilten sich ebenfalls bald und disziplinierten ihre geteilten Mütter und Väter. Und er selbst disziplinierte den mehrfach und besonders geteilten Gemeinderat, sofern der überhaupt noch zusammentrat und sich nicht gleich mit wenigen entsandten Vertretern in seinem Büro versammelte, denn selbstverständlich waren sie alle von Jahr zu Jahr abhängiger von ihm, von den vertraulichen Zugeständnissen, dem schnell nicht mehr entflechtbaren Gewirk aus Verdienst und Versäumnis und auch Schuld, ja auch Schuld.

Bald konnte Rüdiger F. den großen Zeigefinger des Moses im Werk und in der Gemeinde herunternehmen, so gut und selbsttätig entwickelte sich seine einstmals in der Tschechoslowakei gestohlene Idee. Er mußte lediglich aufpassen.

So konnte er jetzt auch seine frühere Härte ablegen, seine Kampfbereitschaft, seinen Willen und seine Kraft alles zu vernichten, was seiner Idee eines Moses entgegenstand. Er konnte diesen Rüdiger F. ganz aufteilen auf die verschiedenen eingekauften Könner in diesen schlagkräftigen Disziplinen, eben auf Spezialisten der Härte und des Kampfes und der Vernichtung. Er selbst konnte mehr und mehr zu dieser Idee der väterlichen Teilung und des gegenseitig sich Fütterns werden. Er konnte sich mit dem Mürbeteig der Milde und Nachsicht umgeben. Er konnte verzeihen und zu- und abraten. Jetzt konnte er seiner niedlichen und etwas dummen Frau ihre Sammlung von Mineralien aus fünf Kontinenten nachsehen, mit der sie die Villa verstopfte und die ihn ein Vermögen kostete, über dessen Verlust er früher getobt hätte. Und sogar seinem einzigen Sohn konnte er die Dummheit und Willfährigkeit nachsehen, denn er nahm an, dieser Sohn sei in früher Jugend schon von seiner Idee erdrückt worden. Er tat alles, was der Vater wollte und was die Idee brauchte; aber er begriff nur den mechanischen Teil ihres Innenlebens, die chemischen Prozesse ihrer Verdauung und Umwandlung, und er begriff nicht, daß diese Idee eine umfassende Ordnung der Arbeit der Menschen und ihres Lebens, ihres Glückes, ihrer Scham und ihrer Schande auch, ihres Versagens und ihrer kleinen Siege darstellte. Nein, er begriff einfach nicht Überlebensgross mein Sohn, dieser natürliche und liebe, dieser pflegeleichte Dummkopf von Sohn, aber er sorgte gewissenhaft und klug studiert für ihr Funktionieren, und so konnte Rüdiger F. wenigstens nach außen hin guten Gewissens so tun, als führe er ein zufriedenstellendes Familienleben.

Lange schon war nicht mehr die Rede davon (nicht einmal mehr mit einem noch so kleinen, wie ein unbrauchbarer Zahnstocher zersplitterten Wort), daß er einst der jüngste Wehrwirtschaftsführer Hitlers gewesen war. Oder daß er nur mit knapper Not und aus Sorge um die Arbeitsplätze einer bösen Verurteilung wegen Mittäterschaft entgangen war – eine Zeit, die er versteckt in seiner Jagdhütte bei den Wildschweinen und Rehen abgewartet hatte wie ein langes Unwetter.

In diesem jahrelang andauernden Wind aus Westsüdwest war die Idee schnell geschlechtsreif geworden. Bald war sie eine schwer geladene Frau, die sich prächtig über die Grenzen der Gemeinde hinaus vermehren wollte.

Rüdiger F. gehörte zu den wenigen, die Ludwig gelegentlich besuchte. Der grüne Papst, der kleine König der Setzlinge und Stauden, der neuen Autobahnböschungen und Talsperren fuhr dann abends zu Überlebensgross mein Sohn, der mit einer gestohlenen Idee zur Ordnung der Arbeit der Menschen und ihres Lebens ein ganzes Gemeindereich bis hin zum regelmäßig kontrollierten Inhalt der städtischen Abfallkörbe regierte und der von sich sagte, alle seien glücklich, und er selbst natürlich auch.

Dann saßen die beiden am Kamin und tauschten sich aus. Staatsbesuch. Ludwig erzählte von einem seiner letzten Mückenstiche, und längst kreuzte er bei diesen Erzählungen verschiedene Mückenstiche miteinander. Er häkelte Kreuzstichmuster, strich ein besonders gut dechiffriertes Virus ellenlang heraus, ja plusterte sich mit ihm auf wie eine seiner Amazonen bei Luftzug im Gewächshaus; denn gerade vor Rüdiger F. wollte er nicht kleiner sein als nötig, dieser war ihm ohnehin schon zu groß. Er beneidete ihn. Immer liefen doch diese Staatsbesuche am Kamin nach denselben Selbsterhöhungsmustern und Demütigungsmustern dieses listigen Eierdiebes Rüdiger F. ab:

listig und gelassen griemelte Rüdiger F. mit seinen inzwischen feuchten Altersaugen (Perlmutt) in die Glut. Er nippte an einem Cognac. Immer rannen ihm dabei ein paar Tropfen aus dem Mund. Ein früher Nachtfrost des Alters hatte die Unterlippe gestreift. Wieder tischte er dann seinem Nachbarn Ludwig Kowalski (den er gern bei den Wühlmäusen, Engerlingen und sonstigen Schädlingen des Pflanzenreiches ansiedelte) neue Varianten der Erfolgsgeschichte seines Virus ÜBERLEBENSGROSS MEIN SOHN auf. Mal waren es die Wirtschaftsminister Erhard und Schiller, die das Virus besucht und neidisch begutachtet hatten. Dann war es der Vorstandsvorsitzende von MANNESMANN, der sich vor Neid nicht hatte lassen können. Dann war es das Bundesverdienstkreuz Erster Klasse, das ihn ereilt hatte. Dann wieder der Bau einer Stadthalle mit seinem Namen.

Er war dabei klug genug, Ludwig nicht beleidigend klein zu machen, aber doch schwenkte er diesen kleineren Nachbarn gern durch seinen Erfolg, wie er den Cognac im Glas schwenkte.

Ludwig beneidete ihn, weil er selbst mit einer Vielzahl kleinerer Viren lebte. Schmerzhaft ließ er sich stechen, versuchte zu dechiffrieren und umzusetzen in Vorgänge, die ihm oft in ganz verschiedene und sich widersprechende, ja durchaus sich bekriegende Interessen auseinanderliefen. Gelegentlich fochten die Interessen mörderisch sich beißende Konkurrenzen in seinem Kopf aus, so daß er doch wieder versucht war, in den Tablettenschrank zu greifen.

Rüdiger F. dagegen hatte sein ganzes Leben, das Metallwerk, die Gemeinde, ja die Herzen der Frauen und ihre Mutterkuchen, ja die Abhängigkeit der Männer und ihre Samenstränge auf ein einziges, noch dazu in der Tschechoslowakei geraubtes Virus aufgebaut, und alles war in sich stimmig und geschlossen, vollständig, ja es war eine der möglichen Ordnungen der Menschen und ihres Lebens. Es ordnete auch ihre Liebe und Wärme, ihren Haß ebenso. Und ihren Tod. Und es war gleichzeitig ein Schlüssel dazu, sie zu verstehen. Er hingegen, Ludwig, war immer nur ein allenfalls mittelnder Hersteller und Vertreiber, es hätten auch Staubsauger sein können oder Radkappen, ja, natürlich, auch Präservative hätten es sein können, mein Gott, welche Bitternis!

Und Rüdiger F. verstand es, sich selbst und sein vollkommenes Ei zu genießen, das war das Unerträglichste an ihm. Längst hatte ihn der Tod gestreift, aber noch immer sah er froh in die Zukunft. Wohingegen er, Ludwig, doch zwischendurch immer wieder das Gefühl durchlitt, eigentlich ein glückloser und vor allem unnützer Mensch zu sein, von dessen Lebenswerk nichts bliebe: Grundstücke würden verkauft, wenn nicht gar atemlos verscherbelt; Büros und Lagerhallen würden von Gebrauchtwagenhändlern genutzt, Baumärkten und ländlichen Bordellen; Beteiligungen gingen verloren, Aktien fielen, Kontoauszüge wären bald nurmehr ein Notizzettel für die undankbaren Erben, seine verlorenen Kinder.

Den Genuß hatte er nie gewonnen. Immer hatte er sich nur schmerzhaft stechen lassen. Er hatte den Stich durch seinen Körper hindurch ausgetragen, manchen darunter wie eine Dreizehnmonatsgeburt, und er hatte auf das nächste Virus gewartet. Wohingegen dieser räudige Eierdieb von Rüdiger F. zu seinem übervollen Glück noch eine Familie hatte, die zu ihm hielt, auch wenn er sie oft genug in seiner Jagdhütte betrog. Auch wenn die Frau unerträglich war mit ihren inzwischen dreiundsiebzigmal gelifteten Gesichtern und ihrer Mineraliensammlung aus fünf teuren Kontinenten; gewiß hätte Ludwig sie längst mit einem Lavabrocken von einem der Vulkane des indonesischen Archipels erschlagen. Und auch wenn der Sohn so glatt und beflissen und dumm roch, daß sich ihm nie eine Mücke auf Sichtweite nähern würde: sie waren doch da, dieser Sohn und diese Frau. Ja, welch verdammte Bitternis!

— *Ach herrje, wenn mein Sohn doch bloß so ein ganz kleines Briefträgerchen wäre, was könnte ich alles für ihn tun,* stöhnte Ludwig hier vor sich hin, ganz leise freilich, damit Rüdiger F. es nicht hörte.

Und dann schlug er ihm auch an diesem Abend wieder einmal die Hochzeit der Sauerländer Elefanten oder Seekühe vor. Die unterschiedlichen kleinen Königreiche der Stauden, Setzlinge, Äcker, Baugrundstücke vereinten sich mit dem einen großen der Metalle. Aus zwei Königreichen würde ein kleines Imperium.

Eine Doppelkönigschaft hätten sie, Ludwig I. und Rüdiger I., unabsetzbar, gefestigt auf Lebenszeit, und nach Ablauf ihrer beider Leben würden sie noch eine Weile still weiterleben im Gedächtnis der Menschen und schließlich noch viel länger in den Sammlungen der Heimat- und Landeskunde, und auch dann kämen noch Experten von weither gereist, studierte Männer, um ihre Hinterlassenschaften zu besichtigen wie die Reste einer untergegangenen Kultur.

Und wieder an diesem Abend vor der Entenjagd lehnte Rüdiger F. den Vorschlag nicht rundweg ab, nein, wieder einmal wich er griemelnd und mit dem Kaminfeuer beschäftigt aus. Sicher hatte er sich oft genug auch über sich selbst Illusionen gemacht, aber immer war er listig geblieben: er hatte sich nie mit sich selbst verheiratet. Immer war Rüdiger F. dem Rüdiger F. fremd geblieben. Und so hatte der eine Rüdiger F. immer zu dem anderen ungestraft sagen können: du kleiner, unbegabter Eierdieb. Zu gut wußte dieser eine Rüdiger F. doch, daß der andere nie eine eigene Idee gehabt hatte. Und dieser Kowalski hier neben ihm am Kamin, dieser nicht kleine, aber eben sehr viel kleinere Nachbar war doch einer, dessen Kopf noch immer von Ideen wimmelte wie von Bienen. Ein gefährlicher Mann also. Zu genau wußte doch dieser Rüdiger F., was Ludwig Kowalski wollte:

er wollte bloß in sein schön geschlossenes, weil vollkommenes und völlig von ihm, Rüdiger F., ausgefülltes Ei. Dem Kowalski fehlte die Vollkommenheit, die ihm selbst der diebische Zufall beschert hatte. Kowalski hatte sich mühsam in Ideen verzetteln müssen, wie das Leben so spielt, ihm dagegen hatte das Leben dieses vollkommene Ei geschenkt wie ein einmaliges Kunstwerk. Und dieser Kowalski würde sein Ei ganz schnell köpfen. Er würde es auslöffeln in seiner Gier nach Vollkommenheit. Er würde es zerstören mit seiner Angst, ein unvollkommener, ja ein unnützer Mensch zu bleiben, ein Händler, ein Krämer, nicht mehr.

So dachte er an diesem Abend still in sich hinein und wich wieder einmal auf die gemeinsame Entenjagd am nächsten Tag aus, denn er wußte, wie Kowalski diese Entenjagden haßte.

Spät abends fuhr Ludwig nach Hause und fluchte über den verdorbenen Knallkopf Rüdiger F. Da er sexuell prüde bis verklemmt war (eher aus Mangel an lässiger Praxis – über Jahrzehnte hinweg hatten doch die Mückenstiche und Viren alle seine Kräfte gebunden, und so hatte er auch seine ganze Lust und Lüsternheit mit in diesen großen Mutterkuchen der Virologie gerührt, weil er eines wollte: alles), wünschte er seinem genießerischen Mitkönig jetzt, er möge endlich einmal an seiner eigenen Spucke ersticken. Und zwar gerade dann, wenn er wieder einmal die Scheide einer minderjährigen Sekretärin in seiner Jagdhütte einspeichelte. Und als er sehr früh am nächsten Morgen zu dieser Entenjagd fuhr, da wünschte er ihm gleich noch ein zweites Mal diesen nassen Tod, aber wohler wurde ihm dabei auch nicht.

Das hatte er jetzt von seinem neuen Versuch, die beiden kleinen Reiche zu vereinen: seit vier Stunden klamme Unterwäsche. Und neben sich den verfetteten Klaus Behrend aus dem Bergischen Land, KUNSTSTOFF SPRITZGUSS KG, ein Mann, der mindestens so schwer zu ertragen war wie die Entenjagd selbst.

Dieser Mann war auf eine sehr flache Art besessen von einer ganz flachen Idee (ach, nicht einmal das: allenfalls der Hohlkopf einer Idee): Plastik.

In seinem Kunststoff-Spritzgußwerk im Bergischen Land, das von Joghurtbechern, Flaschen für Schmierseife und Lokusreiniger lebte mit zweihundert selbsttätig tukkernden Automaten, saß er nächtelang in einem besonders gesicherten Keller und entwarf sich seine Wunschwelt aus Plastik pur: Küchen natürlich. Möbel. Autos selbstverständlich. Aber seit einiger Zeit auch Körperteile. Bald verstiege sich dieser Mensch wahrscheinlich sogar zu plastikfarbenen, lindgrünen, in ihren Scharnieren quietschenden Gefühlen und Gefühlsausbrüchen und würde schließlich Kinder bauen wollen, deren Einzelteile seine Spritzguß-Automaten ausspucken sollten, fehlerfreie, genormte Plastikkinder in zwölf lieferbaren Farben und Größen und besonderen Eigenschaften. Doch, Behrend war ein Flachling ganz besonderer Art. Von der Art waren Ludwig in letzter Zeit schon einige begegnet. Es mußte eine neue Grippe sein, eine Form der Kinderlähmung oder Hirnstaupe, so hatte dieser Wahn einer Plastikidee (die doch allenfalls der Hohlkopf einer Idee war) schon um sich gegriffen.

Und jetzt hatte er schon seit vier Stunden diesen Menschen neben sich. Allein die Gemeinsamkeit, daß sie beide in klammer Unterwäsche saßen und Läufe ihrer Schrotflinten in einen leeren Himmel hielten, war ihm zuviel. Er haßte selten bis zu dem Punkt, daß ihm jemand körperlich unerträglich war, aber dieser Möchtegern-Ideenträger war es. Die Beschränktheit seines Wahns war so schlimm. Er war nichts als ein völlig unfähiger Zuhälter und Hehler einer Idee, die kleiner und vertrockneter war als eine Rosine. Dagegen waren ja diese anderen Zuhälter und Hehler jenseits der deutsch-deutschen Grenze, mit denen er jetzt schon seit Jahren sächselnden Geschäftsumgang pflegte und die ebenfalls vom Wahn einer Idee, nämlich von der ihres Menschenexperiments, besessen waren, noch Ausbünde an Phantasie und gleichzeitig Lebensnähe und deswegen wahrscheinlich doch irgendwann heilbar: denn nicht alle, aber manche gaben ihm zu verstehen, daß sie selbst gar nicht an die Idee glaubten, für die sie lebten: den neuen Menschen.

Nur dieser kleine, nasse Fettfleck hier, dem der Hintern über das Jägerstühlchen quoll, nahm seine winzige Idee ganz ernst. Keinen Funken Humor hatte der Mann. Auch nicht einen Anflug von Spieltrieb oder wenigstens Zynismus, der ihn etwas geleichtert hätte.

Die Dummheit und Besessenheit machte ihn so unerträglich schwer, und die Faulheit seines Denkens obendrein.

Jetzt war Ludwig ein schon langes Altmännerleben mit Ideen umgegangen. Von früher Kindheit an hatte er sie erlitten, dann erforscht, schließlich gehegt und gezüchtet, mit Drogen behandelt, mit Heilkräutem belegt. Er hatte sie gesalbt und parfümiert. Er hatte sie miteinander gekreuzt, Ableger von ihnen gezüchtet und andere, eingeschlossen in Kästchen duftenden Holzes aus Brasilien, in trockenen Kellergewölben jahrelang lagern lassen, bis er sie schließlich wieder einmal probiert, geschmeckt, dann noch einmal hatte lagern lassen, um sie endlich, ganz mit sich und mit ihnen zufrieden, freizugeben für ein Geschäft.

Ein Schmied war er oft gewesen, der ein glühendes Roheisen schlägt. Ein Handwerker war er dann nächtelang gewesen, der ein Werkstück feilt und schleift. Wie oft hatte er verworfen und alle Mühsal wieder eingeschmolzen, und wie oft hatte er dabei gezweifelt an sich selbst, bis er dann schließlich doch einmal mit einem Stück seiner Ideenkunst zufrieden war und es am liebsten behalten hätte für sich allein.

Aber diese Menschen wie Behrends, denen er jetzt immer

öfter begegnete, diese Menschen voller atemloser Gier, ach, sie brachen das geduldige Handwerk doch schon nach den ersten Stunden ab und erklärten sich am Ziel.

Andere scheiterten genauso kläglich, weil sie zu früh nicht auf Gewinn, sondern auf die blanke Lust aus waren. Das hatte auch die Gebrüder Schlumpf aus dem Elsaß zu ihm getrieben. Kindlich hatten die beiden im Sauerland um Hilfe gebettelt: die Arbeiter würden ihnen sonst ihr Lebenswerk zerstören.

Diese beiden Kinder gebliebenen Glatzköpfe ähnelten sich wie Zwillinge. Sie hatten ihr ganzes Leben zusammen verbracht. Immer hatten sie zusammen in der Badewanne gesessen. Sie hatten denselben Schneider und denselben Arzt, einer war des anderen Mann.

Sie besaßen eine wunderschöne Fabrik für Beleuchtungskörper, und sie hatten sich aus ihrer Jugend einen schönen Spleen erhalten, der sie weiterhin jung erhielt: sie sammelten Autos. Und waren lange Zeit damit glücklich wie im Märchen. Aber der Spleen wuchs zum Wahn. Es wurde ein Riesen-Babywahn, gefräßig und maßlos.

Er fraß die wunderschöne Fabrik auf, die Lohnkonten der Arbeiter, die Sozialversicherung, die sie nicht mehr abführten, so daß sie schließlich unter den Drohgebärden der Arbeiter um ihr nacktes Kinderleben rennen mußten in die Schweiz – unter Zurücklassung ihres Lebenswerkes: neunhundert gesammelte Rennwagen, Cabriolets, Staatslimousinen, denen sie allen Namen gegeben hatten wie Söhnen und Töchtern.

Gerade eben hatte Behrends über den Lauf seines Schrotgewehres hinweg seinen Vorschlag dringlich wiederholt. Es war derselbe Vorschlag, den er jetzt schon seit Monaten telefonisch und schriftlich, in Begleitung teurer Zigarrenkisten und erlesener Weine mit der Besessenheit eines Ertrinkenden machte:

Ludwig möge sich doch an den Kosten für Entwicklung, Produktion und weltweiten Vertrieb seines Hydraulikriesen beteiligen, einer Art gigantischen Wagenhebers aus, dieses Mal, fleischfarbenem Plastik. Ludwig dagegen wußte von einem seiner zahlreichen Spitzel in den Betrieben des Sauerlandes und des nach Köln hin angrenzenden Bergischen Landes gut genug, daß oft Teile dieses Riesen, der

Schiffe und Häuser heben sollte, schon unterhalb der Belastungsgrenze weggebrochen waren wie verfaulte Zähne.

Und gleichzeitig wußte Ludwig, daß der Senior Rüdiger F., der wieder einmal und noch immer zu seinem eigenen Vorschlag schwieg, ihrer beider Königreiche zu vereinen, in Wirklichkeit nur so tat, als suche er jetzt schon vier Stunden lang den einwandfrei leeren Himmel nach Enten ab.

Tatsächlich interessierten auch ihn die Enten nicht. Sie waren bloß der Vorwand, der Behälter für seine Lust. So genoß er, wie ungewohnt seinen Gästen die klamme Unterwäsche war, in der sie wie bestrafte Bettnässer hockten. Er genoß, daß er Ludwig Kowalski wieder einmal an eine Entscheidung gehängt hatte, und daß er ihn daran hin- und herschaukeln konnte. Er genoß die Not eines Mannes, der im Wahn einer zu engen Idee erstickte, und er genoß Ludwigs Wut auf diesen Mann. Er genoß seine Macht und wieder einmal seine eigene, große Idee, und er traute Ludwig Kowalski zu, daß der die einzelnen Stufen dieses vielstufigen Genusses genau überschaute. Und auch das genoß er, dieser schlaue, süchtige Mann.

Wenn Ludwig jetzt nicht doch noch eine leichte Hoffnung gehabt hätte, Rüdiger F. entschiede sich für die Einheit, sie könnten endlich aufbrechen und das Vereinte Königreich in der Jagdhütte feiern, dann hätte er jetzt Schluß gemacht. Längst war er sicher, daß nicht einmal ein noch so häßliches kleines Entlein käme. Er hätte diese Bulldogge von Klaus Behrend im Aufstehen vom Jägerstuhl gekippt, wie aus Versehen, wäre an Land gerudert und nach Hause gefahren. Aber nein, noch immer wartete er.

— *Natürlich ist das mein Wahn,* sagte er sich, *vielleicht ist das meine eigene enge Idee, die Idee dieser Einheit, und nach und nach stürze ich in den Wahn dieser engen Altmänneridee wie Klaus Behrend schon früher in den wahnwitzigen Abgrund seiner Plastikidee gestürzt ist.*

Und diese fragliche Einsicht tat ihm überhaupt nicht gut, denn sie minderte seinen Haß auf Klaus Behrend. Das ärgerte ihn. Da er sich aber nicht ärgern wollte, empfand er plötzlich Mitleid mit diesem Behrend, und das wiederum fand er völlig unangebracht, und der Ärger begann von neuem.

Aber auch der Genuß von Rüdiger F. hatte seine Tücken.

Eben noch hatte er die abgekauten kleinen Zähne genießerisch aufeinandergerieben, sich mit der Zunge am Zahnstein entlanggetastet, an ein paar kleinere Delikateßläden im Sauerland gedacht, dann an eine Frau (nackt war sie, Mulattin war sie, eine fast schon überreife Schönheit von gut fünfunddreißig Jahren), schließlich an einen Schof Enten, der endlich doch käme. Aber jetzt fühlte er sich erschöpft. Der langandauernde, ununterbrochene Genuß und die Warterei hatten ihn erschöpft. Außerdem tat ihm das linke Ei weh; auch ihm machte neuerdings die Feuchtigkeit der Entenjagd zu schaffen.

Gewiß, auch er hätte gerne die beiden Königreiche vereint – mit den noch immer sprießenden Ideen dieses Kowalski (deren Reichtum in ihrer Unvorhersehbarkeit und Tücke bestand und von denen er früher gern eine oder gleich zwei gestohlen hätte), mit dessen Landflächen und Baugrundstücken und Immobilien und mit seinen eigenen Gießereien und Pressen und Werkzeugmaschinen und Männern und Spitzeln und bis in die Eierstöcke hinein ausgespähten Müttern würden sie doch ein gleichgewichtiges, unschlagbares Brüderpaar.

Aber sein Problem lag doch auf einem ganz anderen Gebiet. Und je älter er wurde, je öfter ihn die undichte Lippe an den Tod gemahnte, um so mehr bedrückte ihn dieses Problem. Es war ein gewissermaßen sehr intimes und zunächst kleines Problem, ein Problem des Innenlebens, der inneren Organe gewissermaßen, ja der Weichteile und nicht eines der Einstellung oder des Reichtums oder des allgemeinen, systemverankerten Wettbewerbes der Gesellschaften.

Sein Sohn ÜBERLEBENSGROSS MEIN SOHN nämlich war unfruchtbar. Er hatte taube Eier. Seine Idee, diese kostbare, wundervolle, einst (fast) unbemerkt in der Tschechoslowakei gestohlene Idee war zeugungsunfähig. Das verdarb ihm auch jetzt wieder den kindlichen und gleichzeitig väterlichen Genuß an dieser ansonsten wunderbaren Idee, die mit ihm sterben würde. Auch die Wirtschaftsminister Erhard und Schiller und kurz darauf der Vorstandsvorsitzende von MANNESMANN hatten ihm bestätigt, wie wunderbar er gewachsen war, sein Sohn ÜBERLEBENSGROSS MEIN SOHN – und gleichzeitig hatten sie ihn doch mit freundlichen und grausamen Folgerungen vernichtet, indem alle drei feststellten, daß diese Idee nicht fortpflanzungsfähig sei.

Das hatte er bislang diesem Kowalski nicht verraten, und von sich aus darauf gekommen war dieser politische Abstinenzler nicht. Wenn er es jetzt täte, dann wäre Rüdiger F. vernichtet. Dieser Kowalski war inzwischen zwar auch ein alter Mann, aber mit seinen Ideen war er doch immer noch voller Spielfreude wie ein Faun, und springwütig war er damit noch wie ein junger Satyr. Von ihm, Rüdiger F., bliebe dann im Sauerland nichts mehr übrig außer einer großen Traurigkeit.

War also alles ein Geburtsfehler seines Sohnes Überlebensgross mein Sohn?

Nein, und nochmals nein.

War es eine Materialermüdung, ein Verschleiß, eine Versteppung oder Verkarstung von Fruchtbarkeiten, die sich erst im Laufe der letzten Jahrzehnte durch irgendeine Klimaverschiebung in der Kölner Bucht ergeben hatte?

Nochmals nein.

Beruhte alles auf einem Denkfehler von Anfang an? War er selbst, Rüdiger F., etwa zu sorglos oder zu aufgeregt gewesen beim Stehlen und Abtransportieren dieser Idee? Hatte er ein wichtiges Teil übersehen oder bei der Überführung des Diebesgutes von der Tschechoslowakei ins Sauerland irgendwo liegengelassen, eine Handvoll Drüsen, eine Schachtel voller Keimzellen?

Wiederum nein.

Auch das war nicht der Grund dafür, daß sein Sohn Überlebensgross mein Sohn unfruchtbar war wie ein Maulesel.

Nein, hatten ihm auch die Wirtschaftsminister Erhard und Schiller bedauernd bestätigt, und ebenso der Vorstandsvorsitzende von Mannesmann: es lag einfach an der Zeit, der immer verdammten. Es lag an dieser Nachkriegszeit, gegen die auch sie völlig machtlos waren.

Denn Überlebensgross mein Sohn hatte einzig in den wenigen Monaten nach dem Großen Krieg wachsen können. Nur damals hatte das geraubte Samenkorn aufgehen können in seinem vom Vater ererbten Metallwerk, in dieser von Flüchtlingen überquellenden Gemeinde, der die

Wohnungen fehlten. Es fehlten noch die Gewerkschaften mit ihren Ordnungsvorstellungen. Noch fehlten die Parteien mit ihren Interessen. Es war damals eine große, windstille Leere in der Gemeinde gewesen: es hatten die Löffel gefehlt und die Suppenteller, die Betten, die Arbeit und alle Vorstellungen, die zu einem organisierten Leben gehören. So, und nur hier hatte er sein schließlich vollkommenes Königreich ÜBERLEBENSGROSS MEIN SOHN errichten können, in dem das Leben bis in die von ihm gebauten Wohnungen der Arbeiter und Gemeindemitglieder hinein, bis in ihre Köpfe und Bäuche und Ausscheidungen hinein organisiert war von ÜBERLEBENSGROSS MEIN SOHN – ein Königreich war es geworden im werdenden Bundesland NORDRHEIN-WESTFALEN. Ein Fürstentum in der werdenden BUNDESREPUBLIK DEUTSCHLAND. Groß genug war es, um im Sauerland uneinnehmbar zu sein, und doch war es wiederum zu klein, als daß sich später die Gewerkschaften und Parteien den beträchtlichen Ärger aufhalsen wollten, es wieder zu vernichten – nur, zugelassen hatten sie es an keinem anderen Ort, denn diese Art vollkommener Ordnung machte schließlich alle ihre eigenen Ordnungen überflüssig.

Böswillige Späher hatten sie ihm dafür über die Grenzen geschickt, Verleumder und Hetzer auch. Und einmal sogar eine Abordnung von Frauen in Hosen und mit gefärbten Bubiköpfen. Da hatte er die große Wut bekommen. Einzig da hatte er geschäumt. Denn diese Mannweiber hatten ihm vorgeworfen, daß er in seinem Königreich die Macht hätte, die Frauen bis in ihre Eierstöcke und Mutterkuchen hinein zu organisieren und so mit ihnen das zu vollenden, was die Nazis erst zögernd begonnen hätten: eben die Arbeit bis in die Eierstöcke und Mutterkuchen der Frauen hinein zu organisieren.

Denen hatte er sofort Haus- und Werksverbot erteilt. Was wollten die von ihm. Zwar war er nicht weltfremd, aber er wollte doch gar nicht weltläufig sein und die Welt mit einer neuen Ordnung verändern, er war doch bloß ein Sauerländer. An diesem Abend hatte er seit seiner Kindheit zum ersten Mal wieder geweint. Denn schließlich hatten sie einfach abgelehnt, ihn zu verstehen. Er dagegen hätte ihren Haß verstehen sollen. Mit harten Augen hatten sie die ganze Zeit an ihm vorbeigesehen wie an einer großen, besonders häßlichen Schabe.

Wenn er jetzt an diesen Abend zurückdachte, jetzt und hier auf seinem Jägerstühlchen und mit seinem schmerzenden Ei, war ihm fast wieder nach Tränen zumute; denn in Wirklichkeit hatte er schon damals geahnt, aber das hatte er ganz schnell und dann über Jahre hinweg tief in sich versteckt: daß nämlich sein Sohn tatsächlich unfruchtbar war wie ein Maulesel.

Dieses jahrelange Verstecken war auch der Grund für seinen ersten, gottlob noch kleinen Schlaganfall gewesen, das wußte er inzwischen.

Der nächste Schlaganfall würde ihn hinwegfegen. Oder er würde ihn als einen alten Mann mit zerstörtem Hirn zurücklassen, der Tag und Nacht schrie.

Jetzt brauchte er dringend Ablenkung. Er drängte auf sofortigen Aufbruch, denn wieder einmal hätten sich die Enten, irritiert vom Funkfeuer des Flughafens Köln-Wahn, allesamt in der Kölner Bucht verflogen.

Rüdiger F., Klaus Behrend, Ludwig Kowalski und die schnapssüchtige Altersgeliebte Dorothea Vielenbacher wartete in der Jagdhütte auf knusprig gebratene, diabolisch gewürzte, gefüllte Wildenten, die der Jagdaufseher vorsorglich eingekauft und angebraten hatte, denn natürlich kannte auch er seit langem die Flugtücken der Kölner Bucht.

— *Also gut, wenigstens ein schöner Entenbraten,* denkt Ludwig und streckt die nassen Socken gegen das Kaminfeuer, *wenn schon nicht die Einheit des Reiches dann wenigstens eine Völlerei,* denkt er.

— *Wenigstens werde ich jetzt die nassen Socken los,* denkt Klaus Behrend am Ende dieses wieder einmal abschüssigen Tages, an dem er sich ein Stück mehr dem Abgrund seines Wahnes genähert hat, *und auf dem Lokus zieh' ich mir die nasse Unterhose aus, mein Gott mein Sack ist schon ganz klamm, nicht gesund ist das nein nicht gesund, und wenn er schon nicht vorsorgen kann für seine Gäste die sich doch Hämorrhoiden holen und Schwanzgrippe dann stopf' ich ihm die Unterhose einfach in den Lokus, ja und dann nix wie essen ich will jetzt nix wie essen und dann endlich eine gute*

Zigarre und nicht mehr an diesen Hundsfott von Kowalski denken, der tötet mich noch ach herrjeh mein Herz die Stiche die Querschläger diese ewigen Stiche ins Herz.

Ein Mann muß schließlich ein Lebenswerk haben sonst bleibt er ein Männlein, denkt er, jetzt zu allem entschlossen und mutig, ja selbstmörderisch tapfer, *und der Hydraulikriese ist schließlich mein Lebenswerk denn mein Lebenswerk ist ja nicht meine Frau die mich betrügt und die ich betrüge, und das sind nicht meine Kinder die mich hassen und die ich nicht mag, mein Vermächtnis ist doch der Hydraulikriese weiß Gott soviel Riese wie er nun mal ist,* denkt er sich auf den Abgrund seines Wahnes zu.

— *Er ist eben wirklich taub wie ein Maulesel, das ist doch das fürchterliche Kreuz, das ich trage,* denkt Rüdiger F., und wieder läuft ihm etwas Cognac übers Kinn, den er jetzt aus einer geschliffenen Karaffe reihum ausgeschenkt hat, *wenn ich diesem Bauern von Kowalski das sage, diesem groben, aber verschlagenen Menschen, dann bin ich erledigt, dann ist mein Lebenswerk geschrumpft auf die Größe von Liliput, dann kommt der große Schlaganfall, vor dem ich schon seit Jahren zittere, dann kommt der Tag, an dem ich vor innerem Schmerz schreie ohne Pause,* denkt Rüdiger F. wieder.

— *Er sieht wieder schlecht aus, die Feuchtigkeit bekommt ihm nicht mehr, er verträgt die Entenjagd nicht mehr, dieses dämliche Jägerstühlchen nicht mehr nicht mehr,* denkt Dorothea Vielenbacher, die Altersgeliebte und geschwätzige Schnapsdrossel, die im Bergischen Land mit ihrem Mann ein Taxi- und Reisebus-Unternehmen aufgebaut hat, Tankstelle rund um die Uhr und Werkstatt, und längst hat sie ihn ins Grab geredet, ihren Mann, und ins Grab betrogen und getrunken hat sie ihn obendrein, und längst haben ihr die vielen Schnäpschen auch diesen Sprach-Hahnentritt in den Kopf gedrückt, und sie glaubt ihren eigenen Wörtern nur, wenn sie die selbst wiederholt.

— *Also mein Schnuckelbärchen muß ich jetzt noch ein bißchen aufmuntern, so vergrämt wie der aussieht wie der aussieht,* denkt Dorothea Vielenbacher, die inzwischen ziemlich zerfurchte, sonnenbankbraune Aphrodite des Bergischen Landes. Aber noch immer ist sie adrett und kokett, noch immer ist sie ein Farbrausch im Frühling: rote Haare, grüner Hut, gelbe Bluse, roter Rock, schwarze

Stöckelschuhe. So ist sie, schnatternd und oft leicht angetrunken, eine Person, die in keinem der Täler des Bergischen Landes verlorengehen kann: jeder kennt sie und bringt sie notfalls zurück; und jeder weiß, daß sie nur auf Grund eines großen, überlaufenden Herzens so viel trinkt, weil sie immer auf so viel enge und trockene Herzen stößt. Nur einer erkennt das nicht, denkt sie immer wieder, nämlich ihr Schwiegersohn Klaus Behrend, *also warum lädt er ihn auch immer wieder ein meinen dämlichen Schwiegersohn,* denkt sie jetzt laut-leise auf einer anderen Tonspur ihres Denkapparates vor sich hin, *den lad' ich doch schon seit Jahren nicht mehr ein, und wenn er Blumen schickt, werf' ich sie in den Müll, das ist ein Raubfisch ein verdickter Piranha ist das aber kein Mann, au weh meine arme Tochter au weh meine Hüfte die ist auch schon kaputt na ja auch schon kaputt wie meine Tochter von diesem Mann der überhaupt kein Mann ist sondern ein wahnwitziger Wahnling, ach herrjeh das ist gut wahnwitziger Wahnling,* denkt sie *und dieser Kowalski den er eingeladen hat der ist auch nicht viel besser, aber wenigstens abgründig ist er huch das ist ein Abgrund von Mann interessant ein Abgrund von Mann na sowas und das mir,* denkt sie, *hart und geschlossen wie eine Paranuß,* denkt sie, *also den knack' ich mir noch mal,* denkt sie, *na ja wenn ich ein bißchen jünger wär, also jünger wär ...*

Und denkt Ludwig auf seiner laut-leisen Tonspur des Denkens, *ein toller Tag fürwahr, der Tag ist futsch, der Tag ist gleich dreifach hin: weil es keine Enten gab, weil es die Einheit wieder nicht gab, und ist jetzt endgültig hin, weil es Dorothea Vielenbacher gibt, diese ewig angetrunkene bergische Schnapsdrossel, dafür bekannt, daß sie auch noch das Gerücht eines Betriebsgeheimnisses verrät ...*

Und denke ich selbst in meiner Wohnung am Rhein, in der wir noch immer jeden Nachmittag sitzen und uns ein Buch erzählen, in dem ELIZABETH ARDEN nie vorkommt, *also ich weiß ja nicht, ob das seine Richtigkeit hat, vielleicht denken die Leute hier einfach zuviel, und wahrscheinlich ist unser ganzes so mit Mühe beladenes Erzähl-Unternehmen auch bloß eine der vielen widerlichen Arten des falschen Denkens, wie jenes der Zuhälter und Hehler des Menschenexperimentes, oder wie das des Rüdiger F., der doch geglaubt hatte, eine zeugungsfähige Männeridee geklaut zu haben, oder wie das von Ludwig, der plötzlich glaubt, die Menschen in seinen Geschäftsideen suchen zu müssen, weil er so vereinsamt ist, oder wie das des verfetteten Klaus Behrend, der bald schluchzend und auf den Knien rutschend um eine Beteiligung an seinem unbrauchbaren Hydraulikriesen betteln wird, weil ihn sonst das Gewicht dieser einzigen Idee seines Lebens zerquetscht wie eine Filzlaus ...*

Aber jetzt macht Dorothea Vielenbacher diesem allseitigen, diesem zermürbenden und viel zu vielen Denken ganz schnell ein Ende.

Natürlich hat sie sofort gemerkt, daß alle diese Falschdenker sich gleich wieder, jeder für sich und alle gegeneinander, in den Stollen einer neuen, immer alten Wahnidee eingraben und daß es daher für sie ein unerfreulicher, ihr großes Herz entwürdigender Nachmittag werden wird – wenn sie nicht sofort etwas dagegen unternimmt.

Nie ist Dorothea eine wirklich schöne Frau gewesen. Sie leidet unter ihren groben Zügen, die schnell so eindeutig aussehen, wie sie wirklich nicht immer ist. Ein Übermaß an Leben hat ihr Furchen ins Gesicht gegraben. Die inneren Organe sind erschlafft, der Bewegungsapparat hat Ausfälle, ein Hüftgelenk ist ersetzt, das zweite müßte bald erneuert werden, aber jetzt, in eben diesem Augenblick, ist sie wirklich einmal eine schöne Frau:

in einem Laden der Kölner Innenstadt hat sie sich eigens einkleiden lassen für die Jagdgelüste des Rüdiger F. mit schwarzen Stiefelchen, mit Loden, mit Seide, mit einer Brosche aus Hirschgrandeln und einer kompliziert und fein mit Edelweiß bestickten Bluse. Damit macht sie jetzt eine der vielen geschickten, kleinen Wendungen ihres Lebens und sitzt dem Senior Rüdiger F. auf dem Schoß. Und ist, einzig in diesem entschlossenen Augenblick, wirklich schön wie eine Neunzehnjährige: eine gespannte, diesen drei traurigen, viel zu eng denkenden Männern überlegene Feder ist sie, eine unangreifbare Feder der Jugend und der Kraft und der das Alter besiegenden Herrlichkeit, und sollte jetzt einer dieser traurigen Männer doch noch versuchen, sie kleinzukriegen, dann wird sie ihn vernichten mit der Erfahrung ihres langen, trickreichen Lebens und mit der Geschwätzigkeit einer alten Plaudertasche obendrein.

Ihr Schwiegersohn Klaus Behrend hat es schon länger geahnt. Er hat dieser Fehlfarbe von einer Schwiegermutter sowieso schon immer alles zugetraut, und jetzt macht sie ihm natürlich auch noch seinen letzten möglichen Vorstoß in Sachen Hydraulikriese kaputt.

Denn natürlich kann diese Dorothea, diese Vollblutmischung aus mannstoller Minderjähriger und Schnapsdrossel im Rentenalter, nicht still sein, ihrem Altersgeliebten, dem Senior Rüdiger F. den Cognacschwenker abnehmen und ihn schweigend leeren – natürlich muß sie schon, noch während sie ihn leert, lachen und glucksen und sich deswegen an dem Cognac verschlucken und sich schließlich auf die Schenkel hauen, natürlich muß sie sofort über das gute Dutzend wieder einmal von dieser illustren Jagdgesellschaft der traurigen Männer nicht geschossener und wieder einmal nicht vom Jagdaufseher gerupfter und ausgenommener, gewaschener und geölter, gesalbter, gewürzter, gefüllter und schließlich knusprig gebratener Enten lachen und lästern und schäkern und noch dazu eine absichtslose Hand auf den Hosenschlitz des Seniors fallen lassen, sie ist also, wie immer, nicht zum Aushalten, diese schnapssüchtige Drossel, und damit besiegt sie alle drei in ihrer engen Traurigkeit.

— *Ich bin ja bloß froh daß du kein Opel-Manta-Fahrer bist. Ich bin ja so froh daß du diese Flotte von Range-Rovern hast,* prustet sie und züngelt dabei dem Senior mit ihrer langen, erfahrenen Zunge zwischen die abgekauten Zähne.

Und Klaus Behrend schlägt mit Mühe einen Schenkel über den anderen, mit Mühe, weil sie doch so dick sind und weil der Stoff feucht ist. Und Ludwig überlegt einen Augenblick, ob es jetzt angesichts dieser absichtslosen Hand und der züngelnden Zunge nicht doch angebracht wäre, pikiert zu sein.

Selbstkritisch, wie er gelegentlich sein kann, horcht er eine Weile in sich hinein: ist das seine alte, tatsächlich vorhandene Prüderie, oder melden sich auch hier seine so merkwürdig vergrabenen Sinne, wie sie sich bei der Entdeckung der Liebesspielecke im Netzwerk der Computer bei ihm gemeldet haben als eine Kette unaufhaltsamer, schmerzvoller Schluckauf?

— *Stell dir bloß mal vor, auch du wärst ein* OPEL-MANTA-FAHRER *und ich hätte dich so finden müssen mit deinem kleinen Bammel zwischen den Zähnen,* lacht und schäkert und kollert Dorothea jetzt wieder.

Der Senior liest seit langem nur noch WILD UND HUND und den Wirtschaftsteil der einschlägigen Tageszeitung. Jetzt ist er neugierig geworden auf die Schmutzseite des Lokalen. Und Dorothea schildert ihm in vielen Einzelheiten, die so schillernd sind wie ihr bisheriges Leben geschillert hat, den Fall eines offensichtlichen Ritualmordes, über den seit Tagen berichtet wird. Eine schauerliche Einzelheit reiht sich an die nächste, und Vermutungen werden angestellt kilometerweit:

denn auf einem Waldweg, der an einem der zahlreichen Grundstücke des hier sitzenden Herrn Ludwig Kowalski vorbeiführt, ist frühmorgens von einem Angestellten dieses Herrn Kowalski ein OPEL MANTA entdeckt worden, zugelassen im Hochsauerlandkreis. Der Fahrer und ausweislich der Papiere auch der Halter saß noch hinter dem Lenkrad. Sauber war er mit zwei Schüssen aus einem Revolver durchs Herz getötet worden. Der oder die Täter hatten ihm die Hose aufgeschnitten und das Genital abgetrennt. Sie hatten ihm das Genital in den Mund gesteckt. So saß er frühmorgens hinter dem Lenkrad, sein eigenes Genital im Mund, und sauber zweimal durchs Herz geschossen.

Was war die Botschaft?

Dieser OPEL MANTA mit den Rallyestreifen war der Schreck der Hühner und Dackel in den umliegenden Dörfern gewesen. Sein Fahrer, ein Heizungsmonteur, war in den Kneipen als rüde bekannt, und gefürchtet für seine genauen Handkantenschläge auf die Halsschlagader. Auch war er wiederholt nachts einem der müden Streifenwagen davongefahren. Aber allein damit ließ sich noch nicht die Botschaft eines Ritualmordes lesen.

Wie also lautete sie?

Gerade erst fand sich die nötige Gemengelage aus Wissen und Gerücht, aus Unterstellung und Bosheit und möglicher Wahrheit zusammen. Und Dorothea Vielenbacher, die sich vergnügt auf den Knien des Seniors schaukelte und ihm den Altmännerbauch abdrückte, sie stieß jetzt ihre lange, erfahrene Zunge in das Gerücht. Sie speichelte das Gerücht ein, machte es glitschig.

Ihre Zunge näßte zunächst den hochfrisierten Tourenwagen dieses Unglücksfahrers, denn mit Autos dieser Art kannte sie sich doch seit Jahren aus.

Wie oft schon hatte die Bergungsmannschaft der Firma Dorothea Vielenbacher Wwe. die öltropfenden Reste eines schnellen Schlittens von der Autobahn auf den Hof geschleppt. Und schon waren andere Jugendliche damit beschäftigt, aus diesem gefallenen Christus ihren Christus II zu bauen: sie schweißten und transplantierten, sie legten ihn tiefer, sie vergrößerten ihm die Herzkammer und die Lungenflügel, und wenn sie ihm schließlich den Darmausgang erweitert hatten zu einem röhrenden Loch, fuhren sie davon. Und jedes Mal, wenn diese Kinder des Windes vom Hof preschten, wenn Christus II sie wieder auf die Autobahn trug, sah Dorothea ihnen ahnungsvoll hinterher, ein Glas Martini in der Hand und die Augen voller kleiner Tränen, denn sie sah ihren jugendlichen Tod.

Und jetzt speichelte Dorothea den Fahrer ein, der zwei großkalibrige Schüsse im Herzen trug, diesen Heizungsmonteur, den Spezialisten für Handkantenschläge auf die Halsschlagader: war nicht er einer der letzten Liebhaber von Sonja Kowalski gewesen?

Dieser Sonja Kowalski, die sich mit der Verzweiflung einer Ertrinkenden an Frittenbuden und Tankstellen, in Diskotheken, Kneipen, auf Sportplätzen und in Schwimmbädern an Männern festhielt, dieses Mädchen, das Männer gefressen hatte wie eine Spinne, weil sie ihren eigenen Vater zu sich zwingen wollte wieder und wieder; dieses Mädchen, das im Sauerland mit ihrem Unterleib gewütet hatte wie selten eine zuvor und das seit geraumer Zeit verschwunden war, niemand wußte wohin: war sie eine berufsmäßige Sprinterin geworden in Köln, war sie ins Rauschgift Belgiens oder der Niederlande abgestürzt oder war sie zwecks Läuterung verbannt worden in ein Kloster des Bayerischen Waldes, und wenn, von wem denn wohl?

Die lange, erfahrene Zunge Dorotheas speichelte jetzt daran herum, daß dieser MANTA-FAHRER überhaupt ihr letzter und längster Beischläfer, das allerletzte Werkzeug ihrer Wut gewesen war.

Und war dieser Gnom, dieser blatternarbige, eselsgesichtige Zwerg, der neue Schatten des Herrn Ludwig Kowalski nicht aus Argentinien, diesem Land der so häufig gemordeten Männer und Frauen, deren Geschlechtsteile so oft drapiert werden wie sprechende Blumen, und ihre Sprache muß nur gedeutet werden, um den Mörder zu erkennen, der gleichzeitig ein zeitversetzter Selbstmörder ist, denn auf Umwegen will er ja als Mörder erkannt werden?

Und saß er nicht mit seinem Chef, diesem VERRÜCKTEN VOM BERG, dieser Paranuß von einem den Frauen abtrünnigen Mann, nächtelang in einem Treibhaus, Tee suckelnd mit sonderbar geformten Silberschnäbeln aus Kürbissen, und hatte dieser Gnom nicht zuvor die Silberschnäbel und auch die Kürbisse besprochen, denn war nicht ein unablässiges Gemurmel zu hören dabei, das keiner der versteckten Lauscher je verstand, das aber eindeutig klang, als erzählten die Indiokürbisse schnatternd die in sie geritzten Bildergeschichten, Geschichten von anderen Morden und Opferriten und Verwünschungen? Und war nicht der erste, der jahrelange, dieser Goschinsky-Schatten des Verrückten vom Berg gerade in einer verwunschenen, zirkusreifen Verpuffung verschwunden am Niederrhein? Und was wäre, wenn?

Dorothea Vielenbacher sprach mit ihrer erfahrenen Zunge nichts aus. Mit mehreren tausend Schnäpschen war diese Zunge im Laufe der Jahrzehnte gebrüht worden, und mehrere zehntausend Zigaretten hatten sie gegerbt, oft genug war sie gestolpert über dahingeplapperte Wahrheiten, bis sie sich endlich in die wahre List, die List der bloß möglichen Wahrheit gebogen hatte: jetzt speichelte sie das Gerücht nur ein. Sie machte es auf der Vorderseite schlüpfrig und auf der Rückseite klebrig. Sie leckte genießerisch daran. Dann ließ sie erste Teile davon als Kostproben fallen. Und natürlich deuteten die Vermutungen auf inszenierte Rache, auf Auftragserteilung auch, auf die wahnwitzige Allmacht eines Vermögenden schließlich – aber mildern tat sie alles gleich wieder mit neuen Vermutungen, die sie auch gehört haben wollte und jetzt mit in den Kotball des Gerüchtes einspeichelte. Und da war sogar von einem ziemlichen Maß an Verständnis die Rede. Von Achtung gegenüber zugefügten Wunden auch. Und ganz am Schluß und verhalten leise erst wieder von Verdammnis und Schuld. Und noch leiser und langsamer wurde sie, um dieser Paranuß vor sich in der Jagdhütte endlich die Öffnung zu ermöglichen, und fast hätte sie es auch geschafft, meinte sie, wenn er jetzt nicht ganz plötzlich im letzten Augenblick aufgebrochen, wenn er nicht endgültig auf die Vereinigung der beiden Königreiche verzichtet und mit seinen nassen Socken abgefahren wäre, grußlos, Türen schlagend.

Und erst bei der Rückfahrt im Wagen ging diese Paranuß auf. Da explodierte Ludwig. Er schlug mit der Faust gegen das Armaturenbrett und brüllte, so daß der Fahrer eines ihm zufällig folgenden Streifenwagens schon nach dem Mikrophon fingerte — *diese verdammten Schweine von Sauerländern. Jetzt wollen sie mich nicht bloß mit einem weiteren Ritualmord erledigen, jetzt wollen sie mich damit auch noch adeln. Mit dem schwachsinnigen Christian Pieske hat er sein verrutschtes Gesellenstück geliefert, werden sie sagen, aber mit diesem* MANTA-FAHRER *sein Meisterstück. Sie wollen mich erledigen damit und gleichzeitig noch adeln.*

Sie wollen mich eingemeinden mit diesem Ritterschlag und schweigen, wenn ich schweige über sie.

Ludwig konnte rasend werden, wenn er in Abhängigkeit geriet: ja ja, der Vater, der alle drei Tage abends sein untreues Ei inspizieren kam; ja ja, der Bruder, der ihm die einzige Freundin zerlegen hatte; ja ja, die Kellnerin mit den behaarten Beinen; ja ja, die unter sich nässende Mutter mit ihrem kilometerlangen Fluch, mit dem sie ihn in den Aufbau des Westens verstoßen hatte. Jetzt versuchten die Sauerländer ihn festzuhalten mit dem Kotball eines Gerüchtes, und also tobte er noch den ganzen nächsten Tag.

Nun gut, den Traum von der Vereinigung der beiden Königreiche könnte er jetzt ohnehin vergessen; seit gestern hätte Rüdiger F. den besten Vorwand, nicht einmal mehr *nein* sagen zu müssen mit seinem cognacnassen Mund. Und betteln als gerüchtebehangener Schuldiger käme für keinen Kowalski in Frage. Besser dann noch, Geld in diesen unfähigen Klaus Behrend zu stecken und ihn einen Superhydraulikriesen bauen zu lassen, der mit einem einzigen Biß seiner gewaltigen Kiefer gleich die ganze Gemeinde zerquetschte mitsamt aller schäbigen Gerüchte.

Er beruhigte sich erst wieder, als ihm eine ganze Woche lang nicht mehr dieses Gerücht begegnet war. Und lachte erst, dann aber übertrieben schallend wie ein eben noch vom Ersticken Bedrohter, als er nach dieser Woche erstmals wieder mit Miguel Alva ins Treibhaus ging: da saß der Papagei Johann Sebastian nackt auf der Stange. Auch er war beleidigt worden. Er hatte sich mit Wolfgang Amadeus blutig gestritten. Einer dieser neurotischen, schwerhörigen Papageien-Künstlerstreits war es gewesen, und er hatte sich die Federn ausgerupft, weil kein Ludwig Kowalski gekommen war, die ganze Woche nicht, ihm in diesem harten Gefecht beizustehen.

Vorbereitungen zu einem Fest II

— *Jetzt behaupten sie, Miguel Alva müsse es gewesen sein. Der habe diesen Heizungsmonteur erschossen, ihm den Schnippel abgetrennt und in den Mund gesteckt, denn das sei typisch für Indios aus Argentinien, die ins Sauerland kommen und um Asyl betteln,* sagte Ludwig im Laden von Lilofe. Nur selten betrat er diesen Laden, nie klingelte er an ihrer Wohnungstür. Er wollte sich nicht in seine Vergangenheit bücken. Wenn er schon den Laden betrat, hatte er einen besonders guten Vorwand. Jetzt hatte er ihn: ein abgetrenntes Genital.

— *Sie sehen zuviel fern. Sie vertragen die Kulturfilme in den dritten Programmen nicht. Abends sehen sie etwas über Afrika oder Indonesien, und wenn sie morgens zu mir in den Laden kommen, werfen sie alle Stammesriten durcheinander,* sagte Lilofe.

— *Komm doch einfach mal zum Essen zu uns,* sagte er.

— *Ich bin nicht mehr so einfach,* sagte sie.

— *Wir machen eine kleine Feier,* sagte er.

— *Wer ist wir?* sagte sie.

— *Mein kleiner Miguel Alva und ich und du,* sagte er.

— *Warum ich,* sagte sie.

— *Einfach so,* sagte er.

— *Und warum Feier,* sagte sie.

— *Es gibt so wenig Freude,* sagte er.

— *So?* sagte sie

— *Ja,* sagte er.

— *Wann?* sagte sie.

— *Wann du willst,* sagte er.

— *Auch das noch,* sagte sie.

— *Also kommst du?* sagte er.

— *Wegen deinem kleinen Miguel Alva,* sagte sie.

So richtete der Gnom Miguel Alva, Esel, Indio und Asylant, der vor großen und blonden Frauen aus Argentinien nach Köln geflüchtet war und vor großen und blonden Kölnerinnen ins Sauerland, wo die Frauen nur geringfügig kleiner, aber oft kompakter sind, ein Festessen in seinem Blockhaus aus.

Endlich einmal wollte Ludwig feiern. Da es keinen Anlaß gab, zusammen mit den Sauerländern zu feiern, würden sie eben zu dritt feiern, starrköpfige Insulaner. Und gleich stellte sich Ludwig, der jetzt Jahrzehnte lang mit der Quiz-Frage gelebt hatte: WAS BRINGT MIR DAS, ein Fest- und Freudenessen mit seiner davongerückten Frau vor, ein Wiederannäherungs- und Versöhnungsessen, spätere Wiedervereinigung nicht ausgeschlossen.

Vor einiger Zeit noch hätte er sich selbst den Gedanken daran als entwürdigend verboten. Inzwischen aber war er kleiner geworden. Jetzt wäre er sehr vorsichtig mit ihr. Er nähme sich äußerste Behutsamkeit vor. Er bereute die Härte und die Eigensucht vergangener Zeiten, die ihn so einsam gemacht hatten, daß er manchmal im Treibhaus, zwischen den Streithähnen Johann Sebastian und Wolfgang Amadeus, versucht gewesen war, den neuerworbenen Miguel Alva zu umarmen, ja eine Träne auf seine Schulter zu weinen über sein vertrocknetes Leben. Einmal hätte er es sogar fast getan. Zurückgehalten hatte ihn schließlich nur, daß dieser Miguel Alva so klein war. Seine Schulter war so sandkastenweit unten, Ludwig hätte sich bücken müssen wie zu einem Kind, seinem Sohn als Kind etwa, und das ging doch überhaupt nicht, das wäre ein doppeltes sich Bücken gewesen, ein Salto mortale schon.

Lilofe dagegen hatte jetzt seit Jahren nicht mehr das Blockhaus betreten. Goschinsky, der schwarze, aus dem Mund blinkende, inzwischen gnädig (wenn auch ein wenig zirkushaft) verpuffte Goschinsky mit seiner kälteunempfindlichen Frau hatte sie immer erzittern lassen. Er war der Schatten ihres Mannes gewesen, eine vergröberte, krebsartige Wucherung dessen, was ihr an ihm Furcht einflößte. Wenn sie Goschinsky im Garten lauern und aus dem Mund blinken sah (dem kein Wort entwich, nicht einmal ein Fluch: er würdigte sie, die Kindfrau Lilofe, nicht einmal eines Fluches), dann vergaß sie, was sie an ihrem Mann einst geliebt hatte. Und wenn Goschinskys Weib an einem frostigen Wintertag mit bloßen Metzgerarmen mit dem

Fahrrad in die Gemeinde fuhr, da empfand sie doch jeden ihrer Tritte in die Pedale als einen Tritt gegen sich. Nur ein einziges Mal hatte sie sich gegen die beiden gewehrt: nachts hatte sie die schwarzen Tulpen im Garten mit einem langen Stock geköpft, weil sie ihr in den Träumen schon als pestschwarze, nässende Schwären auf ihrem Körper erschienen waren: Schwären um die Höfe der Brustwarzen herum, eiternde Schwären auf den Schamlippen.

Seit dem Streit mit dem Beinahe-Totschlag am Kamin war Ludwig erstmals wieder länger mit ihr zusammen. Sicher war ihm nicht entgangen, daß sie inzwischen eine andere war. Aber er, der vom Lufthauch eines einzelnen, nur flüchtig gesprochenen Wortes zu Beleidigende, war doch kein anderer geworden.

Sicher war er an diesem Abend ganz besonders vorsichtig; gewiß auch hatte er zwischendurch wieder ganze Kolonien von Mückenstichen erlitten, eindringende Viren verspürt und gespeichert und dann zu entziffern versucht, sie vielleicht als unbrauchbaren Virenschrott verworfen oder in einem Probelauf erneut durch seinen Körper geschickt bis hinunter zu der schließlich einen, zuckenden Zehe, und wieder hatte er viel gelernt von seinen weiter sich verzweigenden organischen Ideen, seinen Geschäften und kriegerischen Ausfällen, mit denen er inzwischen ja auch noch die Menschlichkeit besetzen wollte, die ihm längst abhanden gekommen war – aber wieder hatte er doch nichts über die Frauen und ihre Kinder gelernt; wie denn hätte er auch können, er ging doch gar nicht mit ihnen um. Allenfalls waren sie Objekt einer Sehnsucht. Ja, inzwischen ging er bloß noch mit einer Sehnsucht um.

Luftaufnahmen mexikanischer Hochplateaus hatte er wiederholt betrachtet, dabei hatte er sich wiedererkannt: zwischen den Steinen, der unfruchtbaren, harten Erde, den Agaven, über denen einzelne Hühnergeier kreisen, irgendwo dort war er zu finden. Die Entdeckung, daß seine Sinne vertrocknet waren, hatte ihm weh getan. Aber immer war er der Mann, der nicht über seine Hilfsbedürftigkeit redete.

Und Lilofe war an diesem Abend ohnehin nicht gekommen, ihm zu helfen. Die bloße Vorstellung von erneuter Gemeinsamkeit bedrückte sie. Aber sie war neugierig auf

Miguel Alva, Gnom und blatternarbiger Esel, auf dessen ohnehin von einem leichten Scheuermann gekrümmten Rücken jetzt noch die Kotkugel eines Gerüchtes lastete.

An die Wände des Blockhauses hatte er braungefleckte Rinderfelle genagelt; natürlich Buntvieh aus dem Sauerland, aber es waren Rinder, und sie dienten ihm dazu, sich Stechfliegen und Zecken vorzustellen, Bullenpeitschen, Brandzeichen, die Sonne, den Staub auf den Zähnen, das verkrustete Blut, die Rufe und Schreie Ausgesetzter und Verlorener in der Pampa, wenn er sich nachts darunter schlafen legte und den linken Arm ausstreckte, um Argentinien zu liebkosen, das nicht da war.

Ein Pferdehalter war für ihn eine brauchbare Orientierung in dieser Pampa. Eine Charanga hing an der Wand mit einem gebrochenen Saitensteg, aber gelegentlich sah er wieder das Gürteltier hinter dem Holzverschlag von Osvaldos Tankstelle nach Termiten graben, dann hörte er es schmatzen. Eine Gitarre mit einer letzten Saite. Eine doppelstöckige Bambusflöte, die zu spielen er fast verlernt hatte: seine Lippenmuskeln hatten sich zurückgebildet. Er hatte zu wenig an Kalebassen genuckelt, zu wenig gebratenes Fleisch mit Zähnen und Lippen vom Spieß gerissen, zu wenig und nicht weit genug gespuckt, zu selten weithin hallend gegen den Wind gepfiffen, zu wenig geküßt auf die wilde, hungrige Art von einst, ja, lange schon entlockte er seiner Bambusflöte nur noch klägliche Stöhner, die klangen, als kämen sie aus einem Folterkeller.

Auch schaukelte dieses Blockhaus dann im Wind wie ein Rettungsboot auf den harten Atlantikwellen, kurze Schläge ins Genick waren diese Wellen auf der Höhe der Azoren, seine Arche Noah, sein unvollkommenes Zuhause, sein geborgtes Haus, seine als Heimstatt getarnte Unterkunft, eine Verstellung mehr, eine Theaterprobe bloß, ein Kriegszustand mit diesem anderen Land, das er verlassen hatte *— was willst du, ist eben mein Land, von der Jungfrau Maria mit ihrer unbefleckten Empfängnis gesegnet und von den Schergen verflucht, aber von den Rindern und Geiern zugeschissen, aber mit den Leichen der Verschwundenen gedüngt, ja, ist eben mein fruchtbares Vaterland,* sagte er.

— Ach mein Gott, Mariä unbefleckte Empfängnis! – Wir Frauen liegen doch sowieso immer in der Pfütze, sagte Lilofe,

die kleine, zarte, lila gekleidete, einstige Kindfrau Lilofe gleich zu Beginn dieses Abends. Und Miguel Alva verstand zunächst das Wort PFÜTZE nicht. Und sie übersetzte es mit LACHE, dann mit FLECK, dann mit SCHAND- UND SCHMANDFLECK. Und SCHMAND endlich verstand er. Natürlich, SCHMAND. Und da lachte er so schallend, wie er zuletzt, vor langer Zeit, in einem anderen Land gelacht hatte, in dieser Rinderpampa, bis ihm der Rotwein hochgekommen war mit sauren Rülpsern.

Ludwig drohte gleich zu Beginn des Abends beleidigt zu sein, zumindest hatte ihn der kalte Wind einer ersten Beleidigung gestreift. Denn diese Frau hier, die so etwas sagte, das war nicht Lilofe. Er wurde betrogen. Jemand hatte sie vertauscht.

Aber seinem neuen Schatten Miguel Alva, der sich nachts mit einem Fluch und gleich darauf mit Tränen unter seine sauerländischen Rinderfelle legte, war diese Frau sofort vertraut. Auch mußte er vor dieser kleinen lila Frau überhaupt keine Angst haben, denn sie war nicht groß und auch nicht blond. Sie würde also auch später am Abend, zur Stunde der Begierden, bei ihm gar nicht erst das Verlangen wecken, sie umzureißen wie einen großen Baum, um über seiner Größe und Wucht seine eigene Kleinwüchsigkeit zu vergessen.

Wie von Funk und Fernsehen und aus gewissen illustrierten Blättern bekannt, haben Indios Visionen.

Es ist allgemein bekannt, daß sie nicht bloß die üblichen Tagesvisionen haben, in denen sie sich an goldbraunen Maiskolben satt essen und später friedvoll im Schatten einer Kokospalme am Meer liegen, sondern daß sie auch Nachtvisionen haben: hier würfeln sie mit grünen Backenzähnen (vom Cocablatt) mit den Geistern Verstorbener um Leben und Tod. Hier läßt sie der weiße General in Reih und Glied antreten und in Reih und Glied köpfen wie von einer Entkernungsmaschine. Aber die Götter des Mondes und der Sonne und des Maiskornes und der Nisthöhlen der Meerschweinchen haben zugesehen: Sie verleihen den geköpften Köpfen unter Donner und Blitz schnell Papageienflügel und lassen sie tief in den Regenwald hinein in Sicherheit fliegen, dorthin, wo er am allertiefsten ist, dorthin, wo noch nie ein Fremder gekommen ist bis auf einen einzigen verirrten, malariakranken und durchfallgeplagten Missionar … Ja, und natürlich hatte Miguel Alva jetzt auch seine Vision. Wieder einmal glaubte er, was er schon von der ersten Begegnung mit Lilofe an erkannt hatte, sicher und unwiderruflich: er hatte diese Frau schon einmal auf einer der Avenidas von Buenos Aires gesehen. Mit der Hartnäckigkeit einer dieser allgemein bekannten Visionen hatte er daran von der ersten Begegnung an festgehalten und sie fortan LILA FLORIDITA DE ARGENTINA genannt – lila Blümchen aus Argentinien. Und gern und zärtlich trank er sie mit den Augen, wenn er sie auch nur von ferne sah. Zärtlich und scheu trank er sie, ganz ungewohnt für einen Mann, der doch früher die großen Frauen gefällt hatte wie Bäume.

Vergeblich rechnete ihm Ludwig mehrmals vor, wie wenig sich Lilofe in ihrem Leben bewegt hatte: in verschiedenen Lungenheilanstalten des Kölner Umlandes war sie gewesen; auf vielen Kölner Schuttplätzen hatte sie auf dem Hänger des Alois Kelch gesessen und die Kiste voller Tauschwerte bewacht; nur einmal hatte er sie zur Kur in den Schwarzwald gefahren (und zur Vorbereitung auf die Ehe, *zum Abhärten,* sagte er, *zum Ausradeln,* verdeutlichte er noch, als meinte er tatsächlich den Bogen eines Schnittmusters); nur einmal hatte er sie von Köln auf die Hofstelle im Sauerland gefahren mitsamt ihrer zerkratzten Schallplatten (Negerhuren- und Negerzuhältergedöns) und Kuscheltiere und ihrer erschrockenen Tränen; und jetzt fuhr sie bloß mit ihrem kleinen LANCIA (lila) Kreise um das eigene Haus, deren Durchmesser nicht mehr als dreißig Kilometer betrugen – und er hatte sagen wollen: sie kommt nicht raus aus diesem Kreis, die kleine Frau, die Amöbe, das 0,1-Millimeter-Fädchen, in Wirklichkeit kommt sie nicht los von mir, aber das hatte er verschluckt, rechtzeitig.

Doch Miguel Alva war fortan dabei geblieben: er hatte sie in einer der Avenidas von Buenos Aires gesehen, er kam bloß nicht mehr auf den Namen dieser Avenida.

Mit der Störrischkeit des Alters (Ludwig) und der Störrischkeit des Visionärs (Miguel Alva) entwickelten Herr und Fahrer bald ein Spiel, das sie oft genug bei ihren Überlandfahrten aufnahmen.

— *Also Buenos Aires, wie?* stichelte Ludwig.

— *Ja, Buenos Aires,* sagte Miguel Alva ernst und nachdenklich, als gäbe er sich noch immer Mühe, endlich den versunkenen Namen der Avenida zu finden, in der er Lilofe getroffen hatte.

— *Und du kommst eben bloß nicht auf den Namen der Straße,* stichelte Ludwig weiter.

— *Avenida. Es war nicht irgendeine Straße, es war eine richtige Avenida.*

— *Dachte ich's mir doch. Eine Avenida. Natürlich. Und da hat sie einen Einkaufsbummel gemacht. In einem lila Kostüm.*

— *Nein, dazu war es zu heiß. Sie trug hellblaue Jeans und eine weiße Bluse.*

— *Natürlich, eine Bluse. Aber Jeans sind gestrichen. Meine Frau hat nichts in Jeans zu suchen. Und kurz darauf hast du doch Adolf Hitler gesehen auf dieser Avenida. Der machte auch einen Einkaufsbummel.*

— *Nein. Als ich ihn gesehen habe, kam er gerade aus einem Kino.*

— *Natürlich, aus einem Kino.*

— *Ja. Und er war verkleidet. Als John Wayne.*

— *Natürlich. Dschon Waüne. Wer um Gottes Willen ist dieser Dschon Waüne?*

— *Chef, du hast keine Ahnung vom wirklichen Leben.*

— *Natürlich nicht. Ich bin ja auch der Chef …*

Schon zu Beginn dieses festlichen Abends in der Blockhütte war Ludwig gereizt. Die Zärtlichkeit und die Scheu machten ihn wütend, mit der Miguel Alva seine Frau trank, die er einst als Kindfrau so rückhaltlos besessen hatte. Als kleine, hellblau-lila Flaumfeder schwamm sie in seinen Augen, schaukelte auf den Wellen seiner Zärtlichkeit und seiner Scheu und neckte ihn, diesen blatternarbigen Gnom, mit der Verheißung ihres kleinen Körpers. Und mit jeder ihrer Bewegungen zeigte sie ihm, Ludwig, daß er sie unwiederbringlich verloren hatte. Ja, natürlich war er nie sonderlich zärtlich gewesen, und scheu schon gar nicht. Mein Gott, schließlich waren die Zeiten anders gewesen, es hatte zu seiner Zeit doch überhaupt keine Zeit gegeben dafür.

Natürlich konnten jetzt die rotznäsigen, klug in Köln auf

Lehrer studierenden Söhne über diese alten Liebestölpel wie ihn lachen. Die nymphomanischen Töchter hatten ja sowieso immer gelacht. Männer wie er hatten doch einst von der Liebe nur die Motorik der Lust gelernt, und die hatten sie den Hunden und Hammeln abgucken müssen. Dann waren sie zu Bluthunden abgerichtet worden: Die sechs besten Jahre ihres Lebens waren sie damit beschäftigt gewesen, Landschaften und Menschen in verschiedenen Ländern zu zerstören. Dann hatten sie auf den Schlachtfeldern der englischen und amerikanischen Bomber wieder bewohnbare Städte bauen müssen.

Und als sie endlich erschöpft und fast schon zeugungsunfähig waren, da hatten sie noch immer nichts von der Liebe gewußt – und schon gar nichts von ihren Zwischenreichen der Zuneigung, Zärtlichkeit, der fürsorglichen Entfernung, der gewollten Entsagung und Enthaltsamkeit oder gar von der raffinierten Süße selbstgewirkter Sehnsucht, ach wo, sie waren doch erbärmliche Liebestölpel geblieben, die sich Herrenwitze erzählten. Wohingegen die jüngsten Liebenden jetzt, diese neuerdings digitalisierten Liebhaber, doch schon aus der Wiege heraus ihren Müttern und Schwestern zielgerecht an die erogenen Zonen griffen, so ein Unmaß an Wissen hatte sich in ihnen angesammelt, und wenn sie mit ihren Schnippeln von Säuglingen spielten, taten sie es schon wie erfahrene Männer!

Lila floridita de Argentina – das hatte er sich von Miguel Alva auf einer ihrer stichelnden Überlandfahrten sogar auf seinen Notizblock schreiben lassen. Abends war er damit allein ins Treibhaus gegangen und hatte immer wieder auf die Buchstaben geblickt wie auf den Spruch eines Hexers. Ein Liebestrank? Eine Virusinfektion in sein verhärtetes Herz, seinen seit längerem schon altmännerhaft schlaffen und schrumpeligen, beschäftigungslosen Penis? Ein Biß in den Hodensack mit den traurigen Wangenstreifen eines Verhungerten oder Vergessenen, eines einfach abgelegten Mannes?

Aber ach, keines der Wörter hatte ihn angerührt. Schließlich war er doch weder ein Karnickelbock noch ein Dichter. Allenfalls schmeckte er über diesen Buchstaben schlechtes, klumpiges, widerlich Süßes und kunstgefärbtes

Fruchteis auf der Zunge, wie es ihm Miguel Alva kürzlich aus einer spanischen Eisdiele in Köln ins Auto geschleppt hatte. Und dieses schlechte, überzuckerte Eis wiederum erinnerte ihn an die Osterlämmer der Sizilianer und an die Mädchenpuppen der Italiener und Spanier, diese gedrechselten und mit Rüschen und Schleifen und Miniaturkorsetts und winzigen Strumpfhaltern und winzigen Lackschuhen und mit würdevollen Küssen erstickten kleinen, fett gefütterten Mädchen der Mittelmeervölker an einem Sonntagnachmittag, wenn sie allesamt aus einem winzigen FIAT klettern, um den Kölner Dom zu besteigen. – Aber darüber hinaus tat sich bei ihm nichts. Wenn es denn also ein Hexerspruch war, LILA FLORIDITA DE ARGENTINA, eine Beschwörungsformel der Zärtlichkeit, dann galt sie nicht für ihn. Und er tröstete sich damit, daß er weder ein empfindlicher Dichter noch gar ein Indio war, denn selbstverständlich wußte er, daß beide, diese Dichter und diese verdammten, wie Karnickelböcke geilen Indios Visionen haben. Kein Wunder, daß sie in ihrem Tropenklima liebestüchtig werden, wo ihnen die Natur doch alles so reich vormacht.

Freilich gab es seit fünf Jahrhunderten diese entsetzlichen Massaker der großgewachsenen Weißen an diesen kleinen Kerlen. Gewiß gab es diese FORD FALCON in dieser Stadt Buenos Aires, vor denen sein kleiner Esel Miguel Alva bis hierher geflohen war, aber jetzt war er sich auch sicher, daß es neben den ganzen Gründen für diese Jahrhundertmassaker, die welterfahrene Kenner auflisten mochten, auch noch diesen einfachen Grund gab: das war die überragende Liebesfähigkeit dieser kleinen Kerle. Der Liebesneid.

Natürlich wurde der sparsame Weiße noch blasser, wenn er diese überall hervorschießende Fruchtbarkeit sah, unter der die Bäuche der Frauen sich immer wieder füllten wie Kalebassen; und wenn er die Rituale der Liebe (variantenreich wie der Urwald) mit den wenigen dürftigen Formen verglich, die er selbst nur kannte, ach ja, dann war doch sogar er entschuldigt, Ludwig, der Prüde, der immer ungelenke und ganz und gar plumpe, der bloß herrschsüchtige Mann.

Und in dem Maße, in dem Ludwig der Herrschaft des Weißen Mannes den Rücken stärkte, wurde der eben noch begehrte Hexerspruch LILA FLORIDITA DE ARGENTINA, den er doch gern enträtselt und für sich genutzt hätte, zu einem unverdaulichen, klebrigen, speiseeisartig pappigen, erdbeerfarbigen Kitsch, einer Erfindung tränenreicher und verschmutzter, analphabetischer Stotterer, die sich nie auch nur ihr Glied wuschen, dafür aber Visionen hatten nächtelang.

Tatsächlich hatte Miguel Alva an diesem Abend des auf drei Teilnehmer geschrumpften Festessens in seinem Blockhaus eine dieser Visionen, über die zu sprechen er sich aber hütete.

Es war diese Lilofe mit ihrem weißhaarigen Köpfchen, das schwach blau und ein wenig lila schimmerte wie die Blütenwolle mancher Kakteen im Norden seines Landes. Gerne hätte er dieses Köpfchen, das jung geblieben und keck geworden war und das jetzt befreit schnatterte wie ein Vogel nach der Mauser, in die Hände genommen. Er hätte es genommen, wie er gern das Kürbisgefäß mit dem heißen Mate-Tee mit beiden Händen umfaßte und vorsichtig und suckelnd daraus trank.

Gern hätte er sie jetzt berührt und scheu geküßt. Gern hätte er sie zusammengehalten, denn er fürchtete, sie könne jeden Augenblick zerfallen in verschiedene kostbare Teile, die für sich allein gar nicht lebensfähig waren.

Ja, wieder einmal wollte er zusammenhalten mit seiner bloßen Zärtlichkeit, was ihm so oft in den Straßen und natürlich AVENIDAS von Buenos Aires in weißen Blusen und blauen Jeans begegnet war: ZUSAMMENGESETZTE FRAUEN hatte er diese Wesen voller Wunder genannt.

Das waren die Frauen, bei denen sogar in Argentinien sein ansonsten unbezähmbarer Drang ruhte. Nur Zärtlichkeit verspürte er dann und Sorge, sie könnten auseinanderfallen. Diese Frauen waren nicht groß und auch nicht blond. Allenfalls waren sie manchmal von jenem ungeschickt und unrein gebleichten Blond der Pappe, des billigen Plastik. Das war das fleckige und strähnige, das bewölkte Blond der Vorstädte und der Bretterbuden, der Blechdächer und der einen öffentlichen Wasserstelle und der einen großen Pfütze und dem einen Rumausschank, vor dem still ein Verletzter liegt, und längst sind die Fliegen da und fressen sich satt an seinem Blut.

Zumeist waren diese Frauen schwarzhaarig und allenfalls mittelgroß, eher klein. Manche hatten den Hauch eines Bartes auf der Oberlippe. Andere Haaransatz zwischen den Brüsten und nasse Büschel unter den Armen. Immer war ihre Haut abgetönt. Es waren die gemischten Frauenfarben des Nordens und des Südens seines Landes. Selten war ihre Haut so dunkel wie seine eigene. Nie war es die weiße Haut der Herrscherfrauen, die ihn rasend machte. Sie hatten kleine, gewölbte Bauchdecken, fest noch wie Herdplatten, und Hintern wie Nüsse. Manche waren etwas krummbeinig, ohne schon häßliche Beine zu haben.

Sie hatten eben Beine der Last, der mageren Kindheit, der früh geschleppten Geschwister, der Körbe mit Wassermelonen, nasser Wäsche, Bauschutt, Schrott. Und ungebeten waren sie gezeugt worden von englischen Hurenböcken, die sich das Land mit ihren Eisenbahnen unterworfen hatten und ihm die Reichtümer auf ihren Schiffen nach London entzogen. Oder von den Nachfahren der spanischen Eindringlinge, dem General Roca und seinen Unteroffizieren. Oder von dem gesamten 10. Regiment, das sich unter Coronel Hector Benigno Varela die Frauen des aufständischen Patagonien dadurch unterwarf, daß es ihnen die Männer tötete: das waren diese ZUSAMMENGESETZTEN FRAUEN, die er auf den Straßen und Avenidas seiner Stadt Buenos Aires sah.

Zu diesen zusammengesetzten Frauen, die von ihren Müttern doch immer noch den gelben und den schwarzen Mais, die Kochbanane, die Yuccaknolle kannten, gab es dann noch die vielen ebenfalls meist kleinwüchsigen Frauen, die übers Meer in sein Land gekommen waren, um es wieder mit Fruchtbarkeit und Hoffnung zu füllen, nachdem die spanischen und englischen Eindringlinge und andere Räuber es leergeplündert hatten – und auch sie waren zusammengesetzt.

Als schiffbrüchige Kinder waren sie angekommen im alten Hafen von Buenos Aires, und große Teile von sich selbst hatten sie zurückgelassen in ihren alten Ländern, den Ländern rings um das Mittelmeer, in Kalabrien und Apulien und auf Sizilien und auf längst von den Marmorgöttern verlassenen Inseln Griechenlands, in Galizien und Andalusien, in den kalten Nächten Nordafrikas, in den nassen Steinkaten auch am Rande der Irischen See, in den verschiedenen unverständlichen slawischen Königreichen auch, in diesem Deutschland in der Mitte auch mit seinen schnellen Dampfern und diesen Menschen, die alle großgewachsene Stotterer waren, und weitere Teile von sich selbst waren ihnen noch bei der Fahrt über das Meer abhanden gekommen, zerstört vom Sinterwasser in den Bäuchen der Schiffe, zernagt von Ratten und angefressen von Kakerlaken, gestohlen von mitreisenden Huren und durchwühlt von diebischen Zöllnern, so daß sie ein gut Teil ihrer ursprünglichen Heimatländer bei der Überfahrt verloren hatten; und außerdem war noch Seewasser in ihre Erinnerungen eingedrungen und hatte sie verfälscht.

Diese Frauen waren also als erbarmungswürdige Schiffbrüchige ihrer selbst in diesem großen, leergeräumten Land hier angekommen, in dem sich weit im Süden die Eisberge stöhnend grüßten und im Nordosten die Brüllaffen entlang den warm mäandernden Flüsse tobten, sobald ein Einbaum sie still befuhr.

Damals war dieses große Land noch ziemlich in Ordnung gewesen, hatte Miguel Alvas Vater dem Sohn oft bestätigt (ein Vater, der auch kleinwüchsig war, auch er fast ein Gnom und Esel und Indio natürlich, aber nicht blatternarbig, nein, daran erinnerte sich der Sohn nicht): die Spanier erst, dann die Engländer, schließlich die einst Spanier und Engländer undsoweiter gewesenen Nordamerikaner und zuletzt noch vereinzelte internationale Diebesbanden aus China und Japan und Indien und aus dem kleinen Furz Dänemark sogar und dem mittelgroßen Deutschland auch hatten eben dieses große Land nur knapp zur Hälfte ruiniert.

Noch immer war es groß und schön und gewalttätig in seiner Schönheit. Noch immer gab es die Götter des Mondes und der Sonne und der Maiskolben. Noch immer rammelten die Meerschweinchen. Nur seine eigene Sippe, die Familie der schwarzhaarigen Gnome, hatten die Eindringlinge fast geschafft. Der verbliebene Rest kümmerte im Morast letzter Siedlungen entlang den großen Flüssen dahin oder ging täglich unter im Schnaps des Zuckerrohres, zwischen den Ratten, Kakerlaken, dem Diebes- und Hurengesindel der Randzonen des noch immer anschwellenden Buenos Aires: hier waren auch sie ZUSAMMENGESETZTE MENSCHEN, inländische Schiffbrüchige, halb Fischer noch und schon längst Schwarzfahrer in der Metro der Hauptstadt.

Miguel Alva konnte in seiner Sippe von Kleinwüchsigen in dieser Siedlung am Rio Paraná drei Großväter zurückrechnen: zwei Großväter wenige Stunden weiter flußaufwärts und einen Einzelgänger-Großvater weiter nach Westen in Richtung der großen Pampa. Miguel Alva hatte die Siedlung eines Tages verlassen, weil er nicht mit untergehen wollte an dem sterbenden Fluß, den Goldsucher mit Quecksilber vergifteten und in dem mehr und mehr Schrott trieb und Klopapier und tote Tiere, und hier und dann die Leiche eines fremden Mannes, und früher hatten sie ihre Toten immer gekannt.

In der Riesenwabe Buenos Aires dagegen war er allein. Ein Schiffbrüchiger seines eigenen Landes. Ein Überlebender der eigenen Vergangenheit, so selten geworden, daß er fast schon eine Ausstellung wert war.

Und wenn er sich in der Stadt unter den großgewachsenen Weißen bewegte, war er in der Menge viel einsamer, als wenn er tagelang allein durch die unbewohnte Pampa gelaufen wäre. Einzig wenn er in den Randzonen der Stadt auf die Mischlingsfrauen traf, deren Haut ihm von den eigenen Flüssen erzählte und gleichzeitig von den Engländern, von den Küsten Afrikas auch und von den Spaniern, oder wenn er auf die über das Meer gekommenen Frauen traf mit ihren jenseits des Meeres versunkenen Ländern und ihren vom Seewasser zerfressenen Erinnerungen daran (und ihrem Erinnerungsgepäck, das mitreisende Huren und diebische Zöllner vor der Landung geplündert hatten) – dann fühlte er sich ein wenig heimisch.

Sie waren ihm vertraut. Bei ihrem bloßen Anblick fühlte er sich verstanden, weil auch sie ratlos waren. Diese Seefrauen etwa hatten kürzlich ihr geplündertes Gepäck ratlos an Land geschleppt. Und jetzt waren sie noch immer ziemlich ratlos damit beschäftigt, sich NEU ZUSAMMENZUSETZEN – sie suchten also ihre schadhaften, wie kleine Tiere sehr schreckhaft gewordenen Erinnerungen zusammen, säuberten sie vom Dreck der See und klopften sie ab wie bereits einmal vermauerte Ziegelsteine. Nach und nach stellten sie die Fertigteile dieses neuen, großen, ihnen fremden Landes darauf, das sie ängstigte und doch gleichzeitig berauschte. Nissenhütten bauten sie erst in ihren Köpfen und Herzen, strichen sie in den satten Farben der Mittelmeerländer azurblau, stierblutrot und mit dem satten Grün einer Hoffnung, ein Tango zog bald von Hütte zu Hütte im alten Hafen und schützte sie vor dem naßkalten Wind des ersten Winters. Später verstärkten sie die Wände mit Pappe und Holz, noch später zogen sie Mauern aus Adobesteinen. Wenn jetzt ein frecher Eindringling kam, dann schürzten sie bereits die Lippen, und ihre Augen wiesen ihn kalt ab. Bald wippten sie auch mit den Brüsten voller Spott und Hohn und Frechheit und Stolz und angelernter Überheblichkeit, als schnippten sie ihn mit ihren kleinen Zitzen weg wie ein Insekt, denn jetzt waren sie schon fast ARGENTINIERINNEN, und das heißt, so hatten sie es über diesen ganzen ersten Winter hinweg gelernt: stolze, bewaffnete Frauen.

Ach, und doch blieb es ein Stolz der Not, ein Mantel aus Flicken, der nur dürftig die Hilflosigkeit der Eingewanderten, der aus dem eigenen Land oder aus sehr fernen Ländern jenseits des Meeres Zugeflüchteten verbarg.

Die großgewachsenen Argentinier hatten Jesus Christus und die Bibel erfunden. Sie hatten das Abendland erfunden. Die christliche Seefahrt. Den Südpol. Das Hochhaus. Die Fabrik. Den Düsenjäger, die siegreiche Schlacht, den Antikommunismus, Paris, das Penizillin und die Atombombe. Darüber waren ihnen die Männerbrüste geschwollen und Bullenhoden gewachsen, und ihre blonden Frauen hatten gelernt, sehr laut mit den Fingern zu schnippen.

Für alle diese Erfindungen forderten sie den Zugeflüchteten immer wieder ihre Gesten der Hilflosigkeit ab wie einen ehrerbietigen Gruß, den sie täglich neu zu entrichten hatten. Und so blieben die Flüchtlinge unfertig und unsicher, eben ZUSAMMENGESETZT, schlecht verfugt und stets gefährdet durch Komponenten ihrer selbst, die ins Rutschen kommen, in Schräglage geraten, ja ganz aus dem Verbund sich lösen, herunterfallen und auf dem Straßenbelag zerschellen konnten.

Und immer wieder wehte der heiße Sandsturm aus der Pampa durch die Ritzen, schliff an den Kanten, ruinierte die Atemwege. Und in der tropischen Feuchte des Sommers (wenn sich der Wind voller Meer gesogen hatte und voll von den mäandernden Flüssen) wehte der Samen von Sternenmoos in sie hinein, ging sofort explosionsartig in ihnen auf und zerstörte die Ordnung, die sie sich vorläufig gegeben hatten.

Und so blieben sie brüchig und manchmal auch windschief, in den Gelenken knackend und quietschend in den provisorisch aneinandergefügten Teilen, Verletzte der Zeit und der andauernden Verschiebungen zwischen den Ländern und Meeren.

Aber Hoffnungsträger waren sie für Miguel Alva auf den Straßen dieser auch ihm fremden, einsam machenden Stadt, denn in ihnen erkannte er sich wieder. Und gleich bei der ersten Begegnung grüßten sie sich auf den Straßen, scheu die einen, zurückhaltend der andere, aber mit sofort erblühter Herzlichkeit.

Viele natürlich waren gestrauchelt. Um nicht wieder in verschiedene Teile auseinanderzufallen (in die Reste ihrer vom Seewasser zerfressenen Erinnerungen; in die Ängste vor den mitreisenden Huren und den diebischen Zöllnern, den Taranteln an Land und den neuen Seuchen der großen Stadt), hatten sie sich zu oft mit stahlhartem Stolz gekittet. So hatten sie auch versucht, ihre Angst vor dem großen, spärlich besiedelten Land auszusperren, über dem die Mondsichel auf dem Rücken lag, wenn sie ganz abgemagert war.

Allein dieser scharfe, auf dem Rücken liegende Mond hatte nächtelang ihre Träume beherrscht. Im Schlaf hatten sie eng die Schenkel gekreuzt, damit dieser harte Männermond nicht in sie eindrang. Aber in den kalten, männerlosen Nächten hatten sie sich dann doch diesen Mond geholt und mit ihm geschlafen.

Das waren auch die Frauen, die sich als erste die Haare einfärbten zu hellen, pappfarbenen Strähnen, und die über dem mangelhaften Ergebnis noch mehr verhärteten. Und die noch deutlicher von diesem neuen Land hier überzeugt waren, als sie es von ihrem alten Mittelmeerland oder von der regennassen Steinkate am Rande der Irischen See je gewesen waren. Sie waren so prall voller vorbeugendem Stolz, daß manchmal eine nur ganz geringfügige Beleidigung, eine auch bloß gedankenlose und nur scheinbare Herabwürdigung oder Infragestellung genügte, daß sie laut zerplatzten.

Miguel Alva, der vor den Resten seiner untergehenden, im Morast des Flusses und im Quecksilber und im Schnaps des Zuckerrohres versinkenden Sippe nach Buenos Aires geflohen war, liebte alle Frauen, aber die zusammengesetzten Frauen liebte er besonders. Da sie selbst voller Widersprüche steckten, fiel ihnen eine geradlinige Zurückweisung schwerer, und schnell hatte er seinen Blick für diese Frauen so geschult, daß er sie auf Anhieb in den Straßen der Stadt, in den Cafés, in der Metro, den vielen Buslinien und vor den Kinos erkannte.

Er hatte diesen einen, schnell geschulten Blick. Er trank ihr Zusammengesetztsein ähnlich schnell und gründlich mit den Augen, wie Ludwig Kowalski schnell einem Virusstich nachging und ihn entzifferte auf ein brauchbares Geschäft hin. Hierin einzig waren sich die beiden ähnlich: beide waren sie kleine Monster einer Technik. Und wenn sie sich gelegentlich im Treibhaus darüber unterhielten, dann taten sie es mit der Verschwörermiene zweier Alchimisten, die nur ihnen vertraute Techniken und Mixturen tauschten, und die sich doch gegenseitig dabei beschwindelten; denn natürlich sagt kein Alchimist dem anderen die Wahrheit.

Er liebte also viele der Frauen, die er auf Anhieb erkannte, und das tat er trotz der gebotenen Eile so zärtlich und umfassend, daß sie sich von ihm oft in den märchenhaften Urwald hineingezogen fühlten, an dessen Rand er geboren war.

Dabei war der blatternarbige Miguel Alva wirklich kein Rudolf Valentino; und er besaß keineswegs die strahlenden Zähne und schon gar nicht die Stimme des Altmeisters des Tangos Carlos Gardel, mit der dieser Fensterscheiben und Herzen zersang. Wenn das Licht mißgünstig auf ihn fiel, sah er verwachsen und ziemlich verlebt aus. Aber so sahen diese Frauen ihn nicht. Vielleicht sahen sie hauptsächlich seine Augen, mit denen er sie trank. Und gewiß sahen sie das Runde in ihm, die Reste von Vollständigkeit, die er sich noch von der Siedlung am Fluß bewahrt hatte und die sie selbst auf der anderen Seite des Meeres zurückgelassen hatten, dort, wo ihre Kindheit geblieben war. Auch sahen sie in ihm die drei Großväter, die er in dieser Siedlung am Rio Paraná hatte zurückrechnen können, die zwei Großväter wenige Stunden flußaufwärts und den einen Einzelgänger-Großvater weiter nach Westen in Richtung der großen Pampa. Und so fühlten sie sich mit ihm in den wenigen, ihren Männern gestohlenen Nächten ein wichtiges Stück Argentinierinnen mehr, eben jenes letzte Stück, das ihnen immer noch fehlte und das tagsüber ihr bitterer Stolz ersetzen mußte.

Und natürlich bekam Miguel Alva diese Liebe. Sie bekam ihm, weil es die Liebe von so vielen Frauen war. Und sie bekam ihm, weil auch er ein zusammengesetzter Mann war, in dem sich die Fundstücke der Stadt wahllos stapelten auf den Fundamenten der morastigen Siedlung, die er verlassen hatte.

Nur manchmal, wenn die großgewachsenen, mehlblonden oder rotblonden argentinischen Supermänner (deren Väter oder sogar Großväter bereits die Einzelsäuferkojen am Rande der Irischen See verlassen oder über die Grenzen der verwanzten slawischen Königreiche gekommen waren) ihn besonders damit demütigten, daß sie doch sehr viel größere Argentinier seien als er, ja daß er doch eigentlich in eine Glasvitrine gehöre in einem Museum der Frühgeschichte dieses Landes, dann rächte er sich an ihnen.

An solchen Tagen mied Miguel Alva die kleinen, zusammengesetzten, schwarzhaarigen, nur gelegentlich fleckig blond gefärbten Frauen. Dann ging er auf Jagd. Dann fand er bis zum Abend eine ihrer ebenfalls großgewachsenen, mehl- oder platinblonden Frauen, eine dieser Frauen, die gelernt hatten, mit den Fingern zu schnippen. Und dann fällte er abends eine der mehlfarbigen Herrscherfrauen. Das waren die Frauen der Direktoren, der Vertreter amerikanischer und europäischer Firmen, der Diplomaten, der Professoren, der Offiziere, und das waren die Geliebten der kirchlichen Würdenträger. Die fällte er dann, und wütend und rachsüchtig fickte er sie – so zumindest erzählte es mir Miguel Alva später. Aber wahrscheinlich war das eine sehr argentinische Rede. Denn er war ja nicht nur ein unermüdlicher und phantasievoller Liebhaber der

Frauen, er war doch auch ein Verehrer der Frauen. Und deswegen hat er wahrscheinlich auch die großen Mehlblonden immer sorgfältig und leise und nach und nach und zärtlich und vorsichtig verführt und geliebt – aber letztlich doch nicht vorsichtig genug, so daß er schließlich sein großes Land Hals über Kopf und fast noch im Schlafanzug verlassen mußte.

Ludwig dagegen hatte in seinem Leben nie wirklich etwas von den Frauen verstanden. Wahrscheinlich hatte er schon aufgegeben, sie zu verstehen, als sein eigener Bruder ihm die einzige Jugendliebe raubte, die Liebe dieser einen, einzigen Schlesierin von einst. Ihr hatte er sein Leben lang hinterhergetrauert, und die beiden Male, die er sich noch näher mit Frauen einließ (meine Mutter, Lilofe), waren eher Racheakte gewesen – nicht an seinem vom Krieg getöteten Bruder, sondern an ihnen. Und wegen seiner Prüderie lernte er natürlich auch nichts über Frauen auf dem Umweg über die Lüsternheit, die sich in einer Falle verfängt, in einer Spalte verzwickt und sich befreien will. Er lernte als einziges, daß er sie nicht verstand, daß ihm die Weiber einfach entgingen und sich von ihm wegentwickelten. Und gewiß machte ihn das so unsicher, daß er schon überhaupt nichts mehr von ihnen verstand. Und natürlich haderten auch deswegen die beiden, Fahrer und Fahrgast, Herr und Knecht, wenn sie über Land in einem der BMWs unterwegs waren und Miguel Alva von einer seiner Visionen erzählte.

Kaum sah bei diesen Überlandfahrten der eine (Miguel Alva natürlich) eine Frau, ein Mädchen mit dem an ihm schon sichtbaren Versprechen, demnächst ein Weib zu werden, begehrte er sie doch. Allerdings hatten ihn seine Flucht aus Buenos Aires Hals über Kopf sowie seine neuerliche Gefährdung bei seiner Landung im Rheinland durch die Kölner Frauen vorsichtig gemacht. Und schließlich hatte ihm der Asylvertrag mit der Bundesrepublik Deutschland nicht nur die politische Betätigung genommen, sondern fast auch die Geschlechtlichkeit – zwei Lebensformen, die er in seiner morastigen, moskitoverseuchten Siedlung am Rio Paraná doch gar nicht voneinander zu trennen gelernt hatte.

Und also verehrte er diese Mädchen und werdenden

Frauen, diese ausgereiften Frauen (und auch diese schon alten Frauen, die ihn noch mit dem Kuchengeruch erfahrener Liebe betörten, der an ihren Kleidern haftete) nur im Vorbeifahren. Das freilich laut. Woraufhin der andere (Ludwig natürlich) sofort gereizt war, denn wieder mußte er mit Sätzen rechnen, die ihm bewiesen: Du, Chef, verstehst rein gar nichts vom Wunder dieser Wesen.

Sie fuhren zu einem Acker, auf dem plötzlich großflächig die Rotbuchen-Setzlinge starben. Ludwig wollte seine immer gerötete Nase ins Wurzelwerk stecken. Er wollte die Flugschneisen Frankfurt–Düsseldorf und Berlin–Köln sehen, an den benachbarten Industrieschloten schnüffeln, Wasserproben aus einem Bach nehmen, war es eine neue Finte der Sauerländer, oder war es bloß DIE ZEIT, die Müll- und Giftzeit, die ganz und gar abfällige Endzeit, die ihn und seine Setzlinge verkümmern ließ?

Miguel Alva überholte ein Mädchen auf einem Moped und winkte. Unter dem Sturzhelm flatterte ihr Pferdeschwanz, die Füllung aus einer Astronautenpuppe.

— *Du wirst kein Glück haben mit ihr,* sagte Miguel Alva.

— *Mann, was gehn mich deine Mädchen an,* sagte Ludwig.

— *Nicht meine Mädchen. Dein Mädchen.*

— *Laß sie bloß in Ruhe.*

— *Tu ich doch.*

— *Fahr nicht so schnell.*

— *Tu ich nicht.*

— *Also gut, was ist mit ihr?*

— *Du wirst mit ihr überhaupt kein Glück mehr haben. Denn sie ist eine zusammengesetzte Frau. Jetzt hat sie sich anders zusammengesetzt als früher. Sie hat jetzt eine ganz andere Zusammensetzung.*

— *Nein, nicht schon wieder. Jetzt kommst du vielleicht noch mit Astrologie. Und das alles auf dieser Straße in Buenos Aires, ja?*

— *Avenida.*

— *Kein Wunder, daß eure Länder nicht weiterkommen. Bei der ganzen Scheiße, die ihr in den Köpfen habt.*

— *Bei der Scheiße, die ihr zu uns geschleppt habt. Angefangen mit Columbus, dem unfähigen Seefahrer.*

— *Nana,* sagte Ludwig.

— *Eben,* sagte Miguel Alva.

— Also los, erklär schon. Was ist mit ihr?

— Kann nicht. Hab' doch den Kopf voll Scheiße.

— Ach, du Hundsfott. Fahr nicht so schnell. Du bist nicht Fangio. Der einzige Argentinier, der je etwas zustande gebracht hat. Aber natürlich auf einem völlig idiotischen Gebiet.

— Ja, Chef. Nein, Chef.

— Halt da hinten auf dem Parkplatz, und erklär mir meine Frau. Los. Sonst entlass' ich dich.

— Ja, Chef.

Aber bevor der Wagen auf den Platz einbiegt, hat Ludwig schon wieder abgewunken. Die Frau, die er gar nicht mehr hat, soll er auf diesem Parkplatz mit seinem Fahrer teilen? Dieser aus Argentinien zugeflüchtete Schrumpfkopf, dieser Indio-Gnom und Esel, dieser natürlich liebe, ja prächtige Kerl (aber das sagt er ihm nicht, aber sonst hätte er ihn nicht) will ihm wieder einmal erklären, was er, Ludwig, alles nicht verstanden hat vom Leben, und von dieser besonderen Ab- und Unart des Lebens: den Frauen?

Das ist ihm zuviel Nähe. Und so fahren sie weiter zu den abgestorbenen Rotbuchen, da macht ihm dieser Gnom nichts vor, da macht ihm überhaupt keiner etwas vor, höchstens die Zeit, die vergiftete, die abtrünnige.

Schon bei der ersten Überlandfahrt hatte Miguel Alva in seinem Chef den unbegabten Liebhaber ausgemacht. Jetzt hatte er ihm wieder einmal helfen wollen, und wieder einmal war nichts damit. Er hatte ihm endlich einmal genauer seine Vision erklären wollen, denn er hatte das Gefühl, bald würde sie in ihm verderben wie ein Elfmonatskind. Wie jedermann weiß, halten auch Visionen von Indio-Gnomen nicht ewig, und diese hier wäre bald vom giftigen Pilz eines Schimmels bedeckt, und außerdem röche sie dann unerträglich nach verdorbenem Muschelfleisch.

Er hatte ihm sagen wollen, warum diese kleine lila Frau Lilofe ihm ähnlich nahe war wie die kleinwüchsigen zusammengesetzten Frauen in Buenos Aires. Deswegen hatte er diese Lilofe hier doch in jener Avenida in Buenos Aires getroffen, mehrmals, oft, bald täglich. Aber das verstand dieser Mann überhaupt nicht.

Auch diese kleine lila Frau war doch zusammengesetzt, sah er täglich. Auf die beschädigten Reste einer Kindheit (beschädigt von einem Krieg, den er sich nicht vorstellen konnte, der freilich noch grauenhafter gewesen sein mußte als der Dauerkrieg, den die Stadt Buenos Aires gegen sich selbst führte und die Argentinier gegen die Zuwanderer und die gestern Zugewanderten gegen die heute Ankommenden) – auf diese beschädigten Reste hatte sie eines Abends eine Liebe gesetzt, eine unfertige Liebe, eher schon die Vergewaltigung zu einer Liebe; die Ansprüche eines Lebens, das gar nicht ihres war; ein Älterwerden und ein Alter schließlich, denen selbst ihr Körper nur schleppend, lediglich an seinen Rändern nachkam, aber ihr Kopf und ihr Herz überhaupt nicht. Abgerutscht war sie aus der Stadt Köln mit diesem deutschen Mörderfluß, diesem Strom, der ihre Mutter gemordet hatte, und über See war sie gefahren mit einem Mann, der von einem Tag zum nächsten brutal behauptet hatte, ihr Ehemann zu sein. Und gedauert hatte die Seereise knappe hundert Landkilometer, wobei der Kompaß stur nach Osten zeigte. Und schiffbrüchig gestrandet war sie schließlich an der Küste des Sauerlandes mit diesen ihr fremden, rotgesichtigen, rundköpfigen, nicht ein Wort Kölsch sprechenden und zu barscher Bosheit neigenden Bewohnern (hatte ihr dieser neue Mann versichert). Und an eine goldene Kette mit einem für ihr Körpergewicht viel zu schweren Diamanten hatte dieser Mann sie geschmiedet. Und in eine Kiste voller Kosmetika der Hexenfrau Elizabeth Arden hatte dieser Mann sie eingeschlossen. Und ein Haus hatte er drumherum gebaut und sie bewachen lassen von einem anderen Mann, der aussah wie ein schwarzer Schäferhund …

Ja, das hatte Miguel Alva seinem unbegabten Liebhaber von Chef sagen wollen. Und auch, daß sie dann am Kamin niedergeschlagen worden war von einem ihr ganz und gar Fremden. Und daß sie in der Klinik Köln-Merheim tagelang überlegt hatte, aus dem Fenster ihres Zimmers zu springen, daß sie aber dann doch noch einen Wiederbeginn gefunden hatte, kleine Probebissen von Leben, so klein wie die von einem Nager. Ja, auch das hatte er seinem Holzkopf von Chef, von unbegabtem Liebhaber sagen wollen, ja, und daß er, Miguel Alva, sie liebte, ganz platonisch, versteht sich, und daß er sie so zärtlich achtete wie Schwester und Mutter und Großmutter zusammen.

Lilofe redete viel an diesem Abend. Früher war sie fast ganz still gewesen. Sie hatte nur mit den Augen die Gespräche der anderen verfolgt, als interessiere sie weniger das Gesagte, als die Art, in der sich die Menschen beim Reden veränderten. Vielleicht konnte sie so leichter zwischen Verstellung und Aufrichtigkeit unterscheiden und sah, nicht abgelenkt durch eigenes Reden, schon früher eine Lüge auf sich zukommen, die sie in ihrer Kindlichkeit treffen sollte?

Jetzt aber redete sie, und tat es schnell und pickend wie ein Vogel. So hielt sie die beiden Männer von sich fern, wo sie es wollte. So aber wies sie ihnen auch einen Weg zu sich selbst, schelmisch und neckend, wenn sie von hundertfünfzigjährigen Bauerntruhen aus der Eifel, den Ardennen, dem Hunsrück, dem Westerwald erzählte, die vor hundertvierzig Jahren zum ersten Mal mit einer vollständigen, steif gebügelten Aussteuer gefüllt worden waren, und jetzt fuhr sie mit ihrer alt gewordenen Kinderhand im Laden die Runen der Jahrzehnte im Holz nach, klopfte die einstigen Wohnsilos der Holzwürmer ab, ihre Werkstätten und Kneipen und Zeugungsgänge und Speisekammern und Kindergärten und ihre Luken für die Müllentsorgung und die Frischluft und befestigte einen müde-locker gewordenen Holzdübel neu mit einem Klecks Leim, einem Klecks nur, damit das Holz nicht schrie, und schützte es und streichelte es am letzten Tag noch mit Bienenwachs, und tränkte die Rinnen und Knubbel und Knubbelchen und eingewachsenen Verkapselungen des Leidens an der damaligen Zeit, als die steif gebügelte Aussteuer bald geblutet hatte und gelb sich gefärbt und Salzränder sich gebildet hatten von den Frauen- und Mütter- und Tochtertränen und auch von den verstockten Tränen der Männer, und dann schrie das Holz der einhundertvierzigjährigen Truhe doch, oder es kneterte und knarzte, es murrte zumindest, als der neue Käufer kam, ein Zahnarzt aus Meschede/Hochsauerlandkreis mit Fingern wie Mettwürste, der sie in seine Hausbar stellte, und schon schmirgelten sich die nassen Eisringe des Whiskys und des Campari Soda in das hundertvierzigjährige Holz, die Truhe war jetzt endgültig unter die Vandalen gefallen, und Lilofe war die Kuppelmutter des Holzes, vernuttet und verkloppt hatte sie es für ein paar Piepen Gewinnspanne, dem Laster der Hurerei und Geschäftigkeit war sie anheimgefallen und schämte sich mit der ihr eigenen Skrupelhaftigkeit dafür und entging ihr doch nicht, jetzt saß sie plappernd und pickend wie dieser von den Qualen der Mauser befreite Singvogel zwischen den beiden ungleichen Männern, schleuderte die winzigen Hanfkörner ihrer Wörter um sich herum, die Schalen der Fruchtkörner, hielt sich die Männer vom Leibe damit und lockte sie gleichzeitig an, manchmal zuckte die Augenbraue ein wenig nach oben, die sie sich im Kamin weggebrannt hatte, als sei sie erstaunt über sich selbst, so zuckte diese Augenbraue nach oben, Lilofes Gesicht zeigte Erstaunen darüber, wie sicher und neckisch Lilofe mit diesen beiden Männern umging, beide lockte und wieder abstieß, eine lustvolle Qual, und dabei zeigte sie dem einen, dem Herrn, in welch plumper und längst vergeblicher Absicht er hier saß, jener der Wiederannäherung und neuerlichen Vereinnahmung eben, und sie zeigte dem anderen, seinem gedungenen Knecht, daß sie seine stille Bewunderung genoß, mehr nicht.

Und sie wirbelte und pickte in den winzigen Salven der Wörter, der Körner, der Schalen, der Körner und der blaulila-weißen Flaumfedern, die sie bei diesem Wirbel verlor.

— *Doch doch, ach ja, die kleinen Dinge kommen und gehen schnell wie Blätter, wie ganz flüchtige Gäste, Kinder aus der Nachbarschaft, arme und entfernte Verwandte, Kinder von Schaustellern, von Messerschleifern, vom Wanderzirkus, nicht wahr, kleine vagabundierende Strolche also, das sind diese kleinen Dinge, die ich gern und unbelastet verkaufe, die Sammeltassen und Broschen und Silberketten, die schwarz sind vor Alter und Bitterkeit, ja, und die auf Wanderschaft gegangen sind, auf Trebe, nicht wahr, fast haben sie schon im Kücheneimer geschlafen, im Straßenmüll, und dann die einzelnen Porzellanteile, das Meissener natürlich allen voran, das sind die einst Reichen, die vom Unglück getroffenen Verwandten, ja, nicht wahr, die kommen herein, wenn sie niemand sieht, die wollen verkauft werden ohne Zeugen, die sind so leicht zu beleidigen in ihrem alten Hochmut, ja nicht wahr, also von denen trenne ich mich ganz schnell wieder zu einem guten Preis, und wenn die Kasse hinter ihnen klingelt, bin ich froh, dann lach' ich mir einen über das Geschäft mit ihrem*

Hochmut, der so zerbrechlich ist – aber ganz anders sind die Großen, die Bedächtigen, die behäbigen Stücke, die Anrichten etwa und vor allem die alten Truhen, an denen schon der Kuckuck eines Gerichtsvollziehers gehangen hat, und ich sehe noch die Klebestelle, seine Spucke sehe ich noch, und ich pflege die Wunde mit Bienenwachs und denke oft: Das ist die Wunde eines Stieres, diese dunkle Truhe kommt aus Andalusien, sie ist quer durch Europa geflüchtet, dort war sie ein Kampfstier und das hier, das ist seine tödliche Wunde, ja, nicht wahr, und ich pflege sie, diese dunkelbraune Stiertruhe, lange vielleicht, ja vielleicht lange, und irgendwann fängt dieser Stier an zu erzählen von seinem Land, in dem ich nie war, und seine Flanken riechen wieder furchtbar und schön nach Stier, und im Sommer schwitzen sie Säfte aus, und ich habe Angst, schwanger zu werden, weil ich immer Angst gehabt habe davor, als ich es noch werden konnte, ja, und dann erlöst mich eines Tages die Ladentür, sie geht klingelnd auf und läßt einen Dummdreistling aus Gummersbach ein, der handelt und ich handele, und die Truhe, der Stier, verschwindet und läßt mich beschämt zurück und allein mit dem unanständigen Gemampfe der Kasse –

oder die kleinen Kästchen aus Wurzelholz, die wie verwöhnte Kleinkinder sind. Die schreien schon, wenn sie nur Zugluft kriegen. Andere hänge ich an die Wand, und schon am nächsten Morgen sind es beleidigte Damen, die mir nie verzeihen. Ich habe Exhibitionisten, die sich plötzlich öffnen. Invaliden natürlich viel. Amputierte. Kriegsversehrte. Brandopfer. Treppenstürze und Stürze vom Balkon. Für die bin ich Unfallstation und Sozialamt in einem. Die gescheiterten Ehen kommen natürlich, die Erbstreitigkeiten, die Traurigkeit der Nachlässe, die Pfandstücke, die ich nicht nehme, das Diebesgut, der Kirchenraub, die Friedhofsschändung, also das Leben kommt an und will sich verkaufen, das Leben geht um in meinem Laden, es kommt und schürzt den Rock und will sich verkaufen, ja, und will sich verkaufen.

— *Na ja, eben das Leben, was willst du,* sagt Ludwig hier schon, bremst er probeweise ab, er fühlt sich unwohl, bedrängt von dieser neuerdings schnatternden, fernen Frau, die früher ihr gemeinsames Leben nur mit Blicken begleitet hatte, und diese Blicke konnte er übersehen, wann immer er wollte.

— *Und insofern bin ich schon ein kleiner Puff, ein Bordell des Oberbergischen Landes, ein Freudenhäuschen des Zinns und des Porzellans, der Eiche und Esche und Zeder und Kirsche und des Porzellans, und ich putze die Freudenmädchen und richte sie wieder her und verkaufe sie neu mitsamt ihren beschädigten Vergangenheiten und ihren ruinierten Lebern und ihren alten, klugen, ausgebrannten Augen, ja, ich gebe die Tellersprünge gratis dazu, und auf die Scharten gebe ich Rabatt, ja, eine Marketenderin der Lust bin ich, aber auch der Wunden im Holz, der Wut in den zu engen Ehen, des Hasses auf die Kinder, des Hasses der Kinder auf die Eltern, des Hasses der Eltern auf die Großeltern, der Traurigkeit der Verlassenen, der Vergeblichkeit eines frühen Todes, eines schön begonnenen und früh abgestürzten Lebens, der Verzweiflung des Selbstgetöteten, der zum Schluß nur noch mit dieser kleinen klirrenden Glasvitrine geredet hat, die ich jetzt endlich verkaufe, ja, er hat nur noch mit ihr geredet, denn sie hat zur Antwort wenigstens geklirrt unter seiner Rede.*

— *Na na,* sagt Ludwig wieder, bremsend wie auf Glatteis, unsicher, es wird ihm eng, aber er weiß noch gar nicht, wo ihn die Enge drückt. — *Du hast es doch so gewollt, dieses Scheißlädchen, du bist doch nicht die Seelsorge, die Caritas, das Rote Kreuz,* aber Lilofe ist gar nicht aufzuhalten, denn sie hat ein Ziel, da will sie hin, und so balanciert sie weiter, eine Mondlicht-Wanderin, schnell redet sie so somnambul und doch so überklar, als sei sie unter Tabletteneinfluß (vielleicht ist sie es) oder als schriebe sie die Wörter einzeln auf und in Großbuchstaben, hielte kleine helle Tafeln mit Wörtern in die Dunkelheit, Tafeln der Not und der Rettung zugleich.

— *Der habe ich schon die Scheiben mit Kitt verklebt, die Stimmbänder ihrer Scheiben habe ich verklebt, weil sie geantwortet haben auf meine Selbstgespräche, wie sie diesem selbstgetöteten Besitzer bis zuletzt noch geantwortet haben, und wie sie noch höhnisch geschrien hatten, wenn das Zahnwerk der Kasse angefangen hatte zu mahlen, meinen Zugewinn zwischen Selbstmörder und dreistem neuem Besitzer, dem ich ungehinderten Genuß verspreche an diesem neuen alten Vitrinenstück, wie ich mir natürlich Genuß verspreche an dem Gewinn, und natürlich habe ich Lust daran, täglich habe ich die Lust am Gewinn, die Erwartung, die Erregung, die Sehnsucht zwischendurch, die Begierde, die Süchtelei, der Seidenstrumpf, das nackte Geld, nackt wie eh und je im Seidenstrumpf, das Geld nackt wie die Hand im Seidenstrumpf, die schöne Nacktheit des Geldes, kein Fleisch ist nackter als das Fleisch des Geldes, der große nackte schöne Schein, die Hand unter der Seide, die habe ich mir genommen als Kauffrau und Marketenderin, als Zwischenwirtin und Verweserin und Mutter eines Freudenhäuschens in unserem nassen, katholischen, bedürftigen Oberbergischen Land!*

Und natürlich hätte auch hier Ludwig gern wieder stotternd auf dem Glatteis gebremst, Ludwig der Große, Ludwig der Prüde und Verklemmte, der kirchensteuerfrei Katholische, der von Zärtlichkeit peinlich Berührte, der aus ewiger Scham stets Überlegene, der hölzerne Redner, der lieber schwieg, aber er wußte einfach nicht wie. Die Enge zwickte ihn mehr und mehr. Sie nahm ihm den Rest an Phantasie, den er noch für solche Gelegenheiten hatte, solche prekären und ziemlich obszönen Gelegenheiten, bei denen die Weiber genüßlich zeigten, was sie alles mit dem hölzernen Ludwig anstellen konnten.

Lieber wäre er jetzt im Treibhaus, schwitzte die Enge aus, erzählte den Papageien fluchend von den Rüsen und Finten der modern gewendeten Weiber, die jetzt auch noch (unter Tabletteneinfluß womöglich, unter rauschhaltigen Ermutigungs- und Ertüchtigungspillen vielleicht) in obszönen Verrätselungen und Verkürzungen redeten. Früher hatte es einmal Haupt- und Nebensätze gegeben. Aussagesätze waren erlaubt gewesen, und dann und wann ein Fragesatz. Aber was zum Teufel sollten jetzt diese kleinen Knallfrösche von Sätzen, die wild hin und her hüpften und zündelten? Mal hatte er sie am Ohr, dann fuhrwerkten sie ihm plötzlich in der Hose herum, es war wirklich zum Verzweifeln für einen ernsthaften Mann!

Doch, manchmal, wenn ein wirklich guter Tag sich neigt; wenn er etwa in der weichen Abenddämmerung des September auf sein längst von den Kindern verlassenes Haus zugeht, das jetzt außerdem entschieden zweigeteilt ist; wenn er dabei beobachtet, wie die Amseln in langen Bögen aus der Gemeinde hochsteigen und in ihre Schlafbäume hinter dem Haus einfallen (auch diese empfindsamen Vögel machen also einen Bogen um das Haus); wenn er dabei erwarten muß, daß die neuerdings eingestellte Haushälterin ihm übertrieben weit die Tür öffnet mit der schlecht imitierten Geste eines englischen Butlers, die sie aus dem Fernsehen kopiert (Miss Marple und der Killer – Miss Marple und der einsame Lord – Miss Marple und der Mord am Norfolk Square) – wenn er sich aber dennoch die versöhnliche Dämmerung in sich bewahrt, dann bleibt er noch länger milde gestimmt. Dann fühlt er durchaus Anerkennung für diese sich jetzt so bienenfleißig verändernden Frauen, die, irre kleine blinde Pelztiere, plötzlich alles selbst machen wollen und allein. Und Wehmut fühlt er dann und Schwäche, weil er selbst so unveränderlich ist. Das Alter fühlt er dann in sich wie einen einzelnen, tief eindringenden, nicht lokalisierbaren Schmerz, dann ist es wieder vorbei. Aber es kommt keine Bitterkeit in ihm auf. Die Versöhnlichkeit dieser Dämmerung hält an, die milde, schon müde Luft des September. An solchen Abenden fühlt er sich ein wenig weise und wünscht sich, das hielte an.

Am nächsten Abend aber stapfte er schon wieder voller Bitternis auf die Tür zu. Diese Tür war schon der erste Feind des Abends. Andere kämen noch. Die imitierte Geste der neuen Haushälterin – eine besonders plumpe und obendrein geschwätzige Person, die von vielen Kindern geweitet schien, und selbst die Enkelkinder trieben sie noch auf, nisteten in ihrer Geschwätzigkeit und Fürsorge wie junge Raben –, diese Geste war jetzt nicht bloß fehlerhaft imitiert, sie erschien ihm eher als eine bewußt schlechte, ja boshafte Nachäffung, und er ließ diese Frau einfach grußlos stehen.

Früher war seine eigene Frau stumm gewesen, fischmäulig, gewiß, das hatte ihn auch manchen Nerv gekostet. Aber seitdem er den Fehler gemacht hatte, ihren Antiquitätenladen vorzufinanzieren, hatte sie sich gewendet. Sie saß in diesem goldenen Käfig, war aufmüpfig, plapperte wie ein neurotischer Wellensittich, erzählte von sich bis zum Überdruß, konnte nicht bloß kokett sein, war auch schon gewollt obszön, gab sich unwürdig jugendlich und hielt sich obendrein fern von ihm, als röche er nach Knoblauch, Rheumasalbe und einem nur selten gewechselten Bruchband.

An diesem Abend hier in der Blockhütte bleibt er gereizt und gespannt. Er sitzt doch mit einer Absicht hier. Er will dieses kleine, unerlaubt davongeflogene, neuerdings immer ganz in lila gewandete Luder wieder für sich gewinnen. Aber gebalzt hat er doch nie. Wie soll er das jetzt so schnell noch lernen?

Die Enge wird ihm so eng, daß ihn das Hemd an der Bauchspeckfalte knufft, unter den Achseln, am Hals. Dieses Männer-Peinlichkeitshemd, dieser Männerfinger, der unter den Kragen fährt, ja, es fällt ihm auf; wo Frauen in ähnlicher Lage allenfalls drei spitze Finger richtend in die Frisur stecken oder den Freiraum zwischen Rocksaum und Knie energisch verkleinern. Aber ach, überhaupt dieser Rock, diese vielfältigen Abstufungen eines unwürdigen Lila, dieses Brombeerlila der noch immer makellosen Beine, dieses Kleiderlila junger, unreifer Auberginen darüber, dieses kühle und noch hellere, dieses abweisende und doch immer wieder in die Augen drängende Lila der Bluse mit ihren kleinen, hüpfenden Brüsten, dieses Weiß und Blau und Lila, dieses Er-weiß-auch-nicht-Was ihres Köpfchens einer auf alt getönten Jugendlichen oder einer rätselhaft wieder gefährlich jung gewordenen Frau, und dieser Schand- und Blutfleck dann unter ihrem Rocksaum: die ihm entzogenen, makellosen Kinderschenkel und die Ahnung eines Flecks von dunklem Lilarot vor ihrem Geschlecht, und auch das wird sie wissen, auch das wird sie zynisch und verspielt und gerissen wissen, diese Ahnung von Durchblick auf ihr Geschlecht. Und sie wird natürlich auch wissen, daß dieser ahnbare dunkelrotlila Fleck seine Enge noch vergrößert, die Peinlichkeit insgesamt, die Ratlosigkeit, die Unmündigkeit schließlich dieses alt gewordenen, verlassenen Knackers, zu dem sie ihn gemacht hat, dem unfasslichen Rohling, dem Untermenschen gar, zu dem sie ihn macht, wenn sie ihn klaglos und listig ansieht und ihm die Spuren seiner Schuld jedesmal vorführt: die weggebrannte, manchmal nach oben zuckende Augenbraue; die Nasenspitze mit dem Hauttransplantat von der Bauchdecke; die Leuchtspuren am linken Augapfel, ein Wunder wirklich, daß das Auge gerettet wurde, aber gezeichnet ist es eben von diesem weiteren Krieg, diesem Dauerkrieg, diesem Allerweltskrieg, dem Frau-Mann-Krieg, gewiß doch, halt ein, möchte Ludwig ihr sagen, leise dieses Mal, laut wagt er sich doch längst nicht mehr vor bei ihr.

Und seit Monaten reizte sie ihn jetzt schon mit Dieser Farbe Lila, der Reizfarbe einer unwürdigen Mutter und lüsternen Freigängerin und bald der einer schmutzigen Greisin, die ihr zerfallendes Knochengerüst und den von Alzheimer zerstörten Kopf hinter den Lockrufen dieser Farbe Lila verbirgt.

Seit Monaten lief sie jetzt schon in Lila herum, in Lila stand sie in ihrem Laden, zeichnete im Lager Antiquitäten aus, besuchte mit einzelnen, besonders wertvollen Vasen und Schüsseln Meissener Porzellans verwöhnte Kundschaft in ihrem kleinen Lancia, den sie natürlich auch lila hatte spritzen lassen. Die Farbe Lila und ihr blauweißes Köpfchen waren bereits zu einem Markenzeichen geworden für die Antiquitäten, die sie sammelte und vertrieb.

Er selbst dagegen leistete sich nur drei Extravaganzen, wie er fand: die jährlich einmal gewechselten Tourenwagen – eine Frage seiner innerlichen Arbeitshygiene; die Abende im Treibhaus zwischen den Schlingpflanzen, den Papageien und den kühlen Fruchtsäften – eine Frage von Sehnsucht nach Poesie, die in jedem steckt, sagte er, und schließlich von müßiger Konzentration; der lange Nagel am linken kleinen Finger, den er sich beim Denken besonders gern in die Kopfhaut bohrte – gelegentlich traf er so einen Nerv, der wundersam zu einer Stelle am Bauch führte: sie juckte dann und beschwor Vergangenes, das nur ihn anging; und der Skarabäus auf diesem Nagel, ein Talisman, nun ja, ein verwunschener Käfer, und es war ihm Genugtuung genug, wenn andere über die Bedeutung rätselten und er dazu schwieg.

Er selbst bevorzugte gedeckte Töne, Anzüge in der Farbe nasser Pappe oder von hellem Tabak; die Unangreifbarkeit von Fischgrät-Mustern; die belastete Knorrigkeit von Knickerbockern. In einem blauen Overall als Arbeitsanzug hätte ihn niemand mehr erkannt: ein schlesischer Sauerländer als Weizenfarmer im Mittleren Westen der USA; tagelang sucht er dort verwirrt in seinem Ford-Pickup das Autobahnkreuz Olpe/Frankfurt. – In Dieser Farbe Lila sah er nur eine weitere unerlaubte Entfernung von sich, ein gar nicht genehmigtes Accessoire des Lebens, das er dulden mußte. Manchmal, wenn er mit Miguel Alva unterwegs war, streifte ihn dieses auffällige Lila an einer anderen Frau, und er sah schnell weg, als habe er einen Spritzer ins Auge bekommen.

Und jetzt die Schnatterhaftigkeit und Plapperei dieser entfernten Frau. Die Tablettensucht vielleicht. Oder eine ständige Trance der Geschäftigkeit. Die Trunkenheit einer neuen, natürlich übersteigerten Selbständigkeit. Oder ganz einfach eine Schraube im Kopf, die scheppert?

Sie bringt ungelenke Wörter hervor oder stößt sich von ihnen ab, hört er: von kleinen, eckig erscheinenden, ungewohnten Wörtern stößt sie sich ab, in denen Gedanken zusammengebacken sind.

In der Pfanne ausgebackene Bonbons etwa, die vieldeutige, skurrile Formen angenommen haben; Fossilien von Gedanken vielleicht, eingeschlossen in überhitzten Wörtern; Abbruchgestein, Mörteldreck, Kummernüsse, abgehende Zysten auch, allerletzte bereitgestellte Eier, verkommene Gebärmütter, auch diese kleinen Frauen sind ja vollgestopft mit schlechter Frauentechnik wie sie vollgestopft sind mit schlechter Vergangenheit, ja natürlich, auch mit seiner eigenen, auch mit der gemeinsamen, ja natürlich, zugestanden, er mag nicht mehr zuhören jetzt, hört dann aber doch wieder zu, als sie in ruhigeres Fahrwasser gerät, die Sätze länger werden und entspannter, hört, wie seine davongeflogene Frau, die er jetzt im Verdacht hat, mit Tabletten sich noch weiter von ihm entfernt zu haben, Plappertabletten, wie Lilofe schnurrt und in sich selbst blättert, wie sie Tagebücher aufzuschlagen scheint, Seiten eines Filmskripts, wie sie im Abfallkorb eines Schneideraumes wühlt, wie sie Filmsequenzen schildert, verworfene Bilder, Vermutungsmüll und Klatsch, hört wie Lilofe erzählt …

Lilofe erzählt

Ich verkaufe besser als manch größerer Laden in Köln, Bonn oder Düsseldorf. Ich mache den Umsatz nicht mit dem großen Lager der Stadt, schon gar nicht mit Expertisen, ich mache den Umsatz mit Geschichten. Eigentlich handele ich mit Geschichten, mit den Geschichten der Dinge. Das wissen meine Kunden zu schätzen. Sie kommen mit den Geschichten ihrer Großmütter zu mir und sagen: machen Sie was draus. Und ich mach' was aus dem Schrank, der Truhe, dem Fürstenberg-Service. Ich gehe ihren Geschichten nach, und flupps, schon bin ich in einer Geschichte drin und habe mich so verfangen, daß ich verstaube. Ich werde müde und mürrisch und ich fühle, wie ich zerbröckele vor lauter Geschichte, und so bin ich älter geworden. So habe ich die Krankheit meiner Kindlichkeit hinter mir gelassen, die mir kein Therapeut nehmen konnte, flupps, war sie weg, mit den staubigen Geschichten der Dinge, die ich kaufe und verkaufe …

Damals hat mich wenigstens fünfmal am Tag Dorothea Vielenbacher angerufen, unterschiedlich stark beschwipst. Sie hatte Probleme mit ihrem Schrank. Das war ein schönes Stück. Eiche, zweitürig, vielleicht hundertachtzig Jahre alt, vermutlich aus den Ardennen, ein Kleiderfach mit Holzhaken, fünf Wäschefächer, Holzdübel, geschnitzt, mehrlagig bemalt, aber immer schlechter, voller Wunden, ein Invalide, ein Wrack fast. Dieser Schrank hatte abgebrannte Höfe hinter sich, viele Kriege, er war angesengt und zerschunden, er war ohnmächtig geworden und gestürzt, er war fröhlich gewesen und hingefallen, er war auch Sanitäter gewesen und hatte sich verätzt, er hatte sehr viel Zeit hinter sich, Geschichten über Geschichten hatte er hinter sich.

Und das ist jetzt Dorotheas Problem, wenn sie davorsteht «… und die Tränen kullern mir in den Martini, und die Schminke tropft mir auf die Bluse …»

(Lilofe versucht hier, Dorotheas altes, kindlich greinendes Gesicht zu ziehen, aber es wird bloß die Karikatur eines Gesichtes, das will sie nicht, sie läßt es, schon tut es ihr leid.)

Sie steht davor, ihr Gläschen in der Hand, Dorotheas ewige Lampe, und der Schrank erdrückt sie mit seinen vielen Geschichten. Nächste Woche jährt sich zum fünfundzwanzigsten Mal das Ende ihrer größten Liebesgeschichte, und davor hat sie Angst. Nächsten Donnerstag, das ist der Tag, an dem ihr belgischer Liebhaber spurlos für immer verschwand. Sich in Luft oder Schnaps auflöste, denn er war ein heiliger Trinker. Er verschwand mit ihrem Wagen, ihrem Konto, ihrem Schmuck und mit dem Lager eines Antiquitätenladens in Köln, den sie ihm eingerichtet hatte.

Dieser Mann bekam durchscheinende Ohren auf dem Höhepunkt, sagt Dorothea, Ohren wie die Flügel einer Libelle, sagt sie, und am kleinen Finger hatte er einen langen Nagel, flötet sie am Telefon, sieh an, auch er hatte diesen langen Nagel am kleinen Finger, und damit hat er sie immer in den Himmel gebracht, «in den dreizehnten Stock», sagt Dorothea am Telefon.

Aber ach, er war versoffen, der Kerl. Ein charmanter Witwentröster und ein gewaltiger Trinker. Tagelang lief er dann in Köln in der Kluft eines Fallschirmjägers aus dem Zweiten Weltkrieg herum, mit Springerstiefeln und Messer, dieser Belgier, der ein Überläufer gewesen war. Längst war er polizeibekannt. Lokalverbot hatte er hier und da. Die Lokalverbote markierten seine nächtlichen Wanderungen, das waren die Wendemarken. Bei der Deutschen Wehrmacht war er gewesen, nach Frankreich durfte er nicht, dort stand er auf der Liste der gesuchten Kriegsverbrecher, und eines Tages war er weg. In Luft aufgelöst. In Schnaps. In einen Zugriff der Franzosen. In Vergessen. Und leben tat er nur noch in Dorotheas Sehnsucht. In ihrer Liebe. Er war der einzige Geliebte ihrer vielen Lieben gewesen, der sie in den dreizehnten Stock hatte schicken können. Und einzig diesen Schrank hatte er ihr hinterlassen, den sie jetzt nicht mehr ertrug.

Wenn er am fünfundzwanzigsten Jahrestag dieses Verrates immer noch dasteht, dann sterbe ich, hat Dorothea gesagt.

Und ich kaufe ihr diesen Invaliden von Schrank ab. Dabei ist ihr der Preis sehr wichtig. Der Schrank kostet jetzt soviel wie ein kleiner, neuer Mercedes. Die Quittung mit diesem

Betrag ist ihr sehr wichtig: das also war ihre größte Liebe, mit Zins und Zinseszins – ein kleiner, neuer Mercedes.

Und ich pflege diesen Schrank ein wenig. Der Invalide erhält verschiedene Prothesen. Er wird dem Alkohol entzogen, den dieser belgische Luftikus oder Dorothea oder beide in ihn geschüttet haben, er ruht sich aus, und bald verkaufe ich ihn an eine Frau in Köln.

Gitte ist sehr sparsam. Sie neigt zum Geiz. Erst macht mich das vorsichtig, es behindert mich. Sie ist eine Frau, die aus allem etwas macht. Ich halte sie für kleinkariert und auch für etwas schäbig. Aber dann merke ich, daß es ein Geiz der Angst ist. Sie hat Angst vor dem Leben, Angst, wieder enttäuscht und verraten zu werden. Jetzt verstehen wir uns, weil sie mit dieser Angst auch Kind geblieben ist.

Und gleichzeitig ist sie sehr mutig. Sie tötet die Spinnen in ihrer kleinen Wohnung. Sie fängt die Mäuse auf dem Balkon. Sie schlägt einen Mann, der zudringlich wird. Sie hat gelernt, den Sachen auf den Grund zu gehen. Weil sie sparsam nur mit wenigen Dingen umgeht. Weil sie Journalistin geworden ist. Weil die Angst riesengroß würde, wenn sie nicht auf alles zuginge. Sie reist viel und abenteuerlich. Sie besucht einen Mörder in Uniform in einem Land, das ich kaum auf dem Atlas finde. Sie fragt den Mann, der neuerdings in seinem Land Präsident ist, hören Sie, warum morden Sie eigentlich immer noch so viel?

Ich denke, jemand hat ihr als Kind die wenigen Spielsachen zerstört, daher läßt sie sich nur sparsam auf wenige Dinge ein.

Vielleicht halten diese wenigen Dinge ihr ganzes Leben lang, vielleicht werden auch sie wieder zerstört, aber dann sind es nur wenige Dinge, dann tut ihr der Verlust nicht so weh.

Wenn Gitte jetzt kommt und aus ihrem kleinen Auto steigt, denke ich manchmal, ich komme und steige aus meinem kleinen Auto und komme zu mir zu Besuch. Sie ist wie ich, und doch ganz anders. Das ist Gitte. Beide sind wir Frauen mit kleinen Autos.

Sie kommt jetzt oft, denn wir mögen uns, und sie zahlt den Schrank in kleinen Raten. Jedes Mal weiß sie etwas mehr über die Geschichte dieses Schrankes, sie geht wirklich allen Sachen sparsam auf den Grund, und ich weiß etwas mehr über sie. Oft bin ich sie.

Wenn ihr Vater zu seinen Frauen ging, nahm er Gitte mit. Sie sah zu, wie der Vater die Barfrauen bezahlte und mit ihnen verschwand und wiederkam. Das war der Vater, das waren die Frauen. Die Mutter wurde darüber verrückt. Meine Mutter ist in den Rhein gestiegen, vor Köln-Zündorf soll ein Schiffer eine Frau auf der Spitze einer Buhne gesehen haben – als er wieder durch sein Fernglas blickte, war sie weg. Das war meine Mutter. Rheinschiffer wissen viel.

Gitte ißt zuviel. Sie ißt sich die Frauen ihres Vaters weg, die der Vater in ihrem Beisein bezahlt. Sie ißt sich die verrückt gewordene Mutter weg, mit der ihr Vater lebt. Gitte ißt so bedrohlich viel, daß sie in eine Klinik kommt zu der Zeit, zu der ich in verschiedenen Lungensanatorien bin.

Als Gitte abgemagert zurückkehrt, erscheint sie dem Vater zu mager. Unter Schlägen zwingt er sie, einen großen Becher Sahne zu essen. Sie erbricht die Sahne auf ihr Sonntagskleid, da ist sie sechzehn. Mit siebzehn verläßt sie die Schule, den Vater, die gestörte Mutter, den Bruder, die Schwester. Sie packt einen Koffer und flieht nach Amerika.

Schon vor dem Kauf kennt sie den Schrank genau. Sie weiß, wo er knarrt und klemmt. Wo die Holzwürmer gewohnt haben, die kleinen Prothesen sitzen, wo das Holz leicht nachgearbeitet ist und anders riecht. Sie weiß, wie der Schrank von innen riecht. Dieser Schrank soll ihr Leben lang reichen, sie will nie mehr einen anderen Schrank.

Dieser Schrank kann sie nicht verraten, der Schrank macht keine laufenden Kosten, auch das ist wichtig. Irgendwann wird sie entscheiden, wem sie diesen Schrank im Fall einer frühen Katastrophe vererbt. Das wird sie möglichst noch vor dem Aufstellen in ihrer kleinen Wohnung entscheiden, dann ist auch das geregelt. Dieser Schrank kann bei ihr nicht über die Stränge schlagen, wie er das zuletzt bei Dorothea getan hat, die davorstand und trank und weinte über ihren Geliebten in der Kluft des Fallschirmjägers, den mein Vater wahrscheinlich gekannt hat.

In Amerika findet sie Arbeit im Haushalt einer reichen Familie. Das geht nicht lange gut, weil der Mann ihr hintersteigt. Sie ist ein schönes Mädchen mit ungewöhnlich großen Augen. Sie macht kleine Schritte für sich allein, immer mehr kleine Schritte. Manchmal stolpert sie, also gewöhnt sie sich an kleine, aber schnelle Schritte. Wenn sie mit einem kleinen Schritt stolpert, fängt der nächste kleine, aber schnell folgende Schritt sie wieder auf, hat sie sich überlegt, und so sehe ich sie noch heute gehen, wenn sie auf den Laden zukommt.

Sie macht in Amerika den Führerschein, sie macht einen Schulabschluß, sie besucht eine Hochschule. Sie hat Liebschaften, die enttäuschend enden. Vielleicht muß das so sein, weil sie noch nicht weiß, welchen Vater sie in den Männern sucht. Sie verliebt sich in eine Nonne. Sie liebt die Nonne. Sie wird die gelegentliche Liebe zu Frauen beibehalten. Sie verliebt sich in einen Jamaikaner, der ihr im Herzen steckenbleibt.

Als sie zurückkommt, ist es besonders kalt in Deutschland. Sie hat keinen Wintermantel, kein Geld, so fängt sie hier wieder an.

Sie ist nicht krankenversichert, sie hat auch kein Geld, sich untersuchen zu lassen. So merkt sie nicht, daß ihr der Jamaikaner nicht bloß im Herzen steckengeblieben ist. Sie läuft mit einem toten Fötus in Köln herum, der nicht abgeht. Als sie endlich operiert wird, ist sie schon gefährlich vergiftet. Von dieser Liebe wird sie ihre Liebe zu Farbigen behalten, und zu Kindern, die sie nicht mehr kriegen kann, aber Jamaika wird sie nie besuchen.

Die Geschichte des Schrankes beginnt Gitte von hinten. Oder von vorn? Dieser Schrank hat mich von Anfang an verwirrt, seine Geschichte ist hinten und vorn, sie geht durch alles hindurch: manchmal denke ich, besser ich verkaufe diesen Schrank noch schnell woandershin, dieser Schrank nimmt sonst kein Ende. Gitte geht ihm immer tiefer auf den Grund, er wird mir noch weh tun oder ihr. Das denke ich, wenn ich sie wieder mit ihren kleinen, schnellen Schritten auf den Laden zukommen sehe. Manchmal hasse ich sie jetzt.

Gitte geht eben allen Sachen auf den Grund, das macht sie so anstrengend. Deswegen lebt sie allein. Eigentlich ist das ja bewundernswert, aber manchmal tut ihr das auch weh. Kein Mann würde sie aushalten, weil sie ihm ständig auf den Grund ginge. Ich würde sie auch nicht immer aushalten wollen.

Sie hat das eben von der Pike auf gelernt. Damals bei der Rückkehr, dieser Rückkehr ohne Wintermantel und mit dem toten Fötus im Bauch, trifft sie in Köln auf einen älteren

Mann. Er nimmt sie mit in seine Zeitung. Geduldig bringt er ihr alle Tricks bei. Vielleicht ist dieser Mann der Vater gewesen, den sie nicht gehabt hat. Es war die Lokalausgabe einer Zeitung, es war alles sehr überschaubar, jeder Fehler fiel auf, und wenn jemand in einem Artikel nicht erwähnt war, rief er an.

Gitte war sofort sehr fleißig. Sie machte alles, was der Mann nicht mehr machen wollte oder zu lange schon gemacht hatte oder nicht mehr machen konnte, weil er müde war, denn es war ja ein ziemlich älterer Mann. Er freute sich, daß er sie hatte und daß sie schnell lernte und so fleißig war, und sie freute sich, daß es ihn gab. Es war ein Glück für beide. So hat sie genau gelernt, wie man vom einen zum nächsten kommt.

Sie beschäftigt sich mit Sträflingen im Jugendgefängnis der Stadt. Von den Sträflingen kommt sie zu den Eltern der Sträflinge. Von denen zu ihren Gläubigern, ihren Vermietern, ihren Chefs, ihren Richtern, ihren Sozialämtern, dem Landschaftsverband, dem Psychologen, dem Bewährungshelfer. Wenn sie alles durch hat und denkt, jetzt ist es geschafft, sitzt der Jugendliche schon wieder im Gefängnis. So kommt sie vom einen zum anderen. Ich lerne jetzt von ihr, vom einen zum anderen zu kommen und ihm nicht auszuweichen, nein, nicht mehr, von meinem Vater komme ich zu mir, von meiner Mutter, die er vor Zündorf in den Rhein getrieben hat, komme ich wieder zu mir.

Wenn der Jugendliche erneut im Gefängnis gelandet ist, steht Gitte genau wieder da, wo sie angefangen hat, und sie beginnt da von neuem. Um das auszuhalten, nimmt sie Tabletten. Starke Tabletten. Dann bleibt sie wochenlang in ihrer Wohnung. Sie will diese Anfänge nicht mehr, diese Anfänge an immer derselben Stelle. Sie muß sich behandeln lassen. Wieder ist sie ganz vergiftet. Die Behandlung dauert drei Jahre. Vielleicht sind das die mutigsten Jahre ihres Lebens, vielleicht ist sie seitdem so mutig. Hoffentlich muß sie nicht seitdem immer, unaufhörlich, Tag und Nacht so mutig und gründlich sein, denn sonst, fürchte ich oft, nimmt sie doch wieder diese Tabletten.

Als Gitte dem Antiquitätenladen dieses Belgiers auf den Grund gehen will, stellt sie fest, daß es den Laden gar nicht gegeben hat. Dorothea hat eine Lüge finanziert. Wenn sie wirklich den Laden gesehen hat, und wenn sie dabei nicht blind war vor Schnäpschen und vor Glück, dann war es der falsche Laden. Er hatte bloß einen Lagerschuppen in einem Hinterhof gemietet, und zwar in Köln-Nippes, gar nicht weit von dem Haus, dem Pferdestall, dem Kohlenschuppen meines Vaters.

Jetzt bin ich sicher, daß mein Vater ihn gekannt hat. Wenn dieser Fallschirmspringer im Suff von Wirtschaft zu Wirtschaft zog und nur um die einzelnen Lokalverbote einen Bogen machte, wird er ihn gekannt haben. Mein Vater kannte jeden Stein in Nippes, und natürlich jeden Saufaus. Jetzt bin ich sicher, denn ich kenne auch noch das Haus mit der Toreinfahrt dort, wo sich die Kempener Straße in die Neusser Straße mogelt, eine Straße mogelt sich dort unanständig in die andere, es sieht wirklich ganz unanständig aus. Dieses Haus war im Krieg stehengeblieben. Ich kenne noch die Bäckerei neben der Toreinfahrt, eine dunkle Wirtschaft daneben, eine Werkstatt für Autokühler gab es hinter der Einfahrt: die Einfahrt roch nach Rost und Säure, und mittendrin steht eines Morgens ein Mann und zeigt mir seine ganze widerliche, geschwollene Pracht.

Meine Kindheit an dieser Einfahrt roch nach Rost und Säure, sage ich zu Gitte. Als ich Kind war, stand hier dieser Mann und zeigte mir die Pracht, sage ich zu Gitte, und schon hat sie mich wieder. Diese gründliche Gitte hat mich wieder in meiner Kindlichkeit ertappt. Denn natürlich bin ich damals schon ein ausgewachsenes Mädchen, eine junge Frau, die ein Jahr später Ehefrau ist. So kommt mit dem Schrank wieder meine Kindlichkeit zu mir, die furchtbare Ängstlichkeit meines Lebens!

Inzwischen hat Gitte den Schrank nach Aachen verfolgt. Hier stand er bis neunzehnhundertsiebenundreißig in der Wohnung eines jüdischen Kaufmannes, der rechtzeitig nach New York emigriert ist. Seine Frau stirbt auf der Überfahrt. Am Anfang geht es dem Mann schlecht. Dann hat er einen Zeitungskiosk. Die Juden des Viertels machen morgens größere Umwege, um bei ihm die NEW YORK TIMES *zu kaufen. Jetzt lebt er in einer Mansarde über der Wohnung seiner Tochter. Dort besucht Gitte ihn. Er war nie mehr in Deutschland, er wollte sich einen Besuch nicht einmal vorstellen. Die Tochter weigert sich, mit Gitte zu reden. Sie will sich nicht an den Schrank erinnern, sie will von den alten Geschichten nichts wissen, eigentlich will sie auch von dem Vater nichts wissen, sie will Amerikanerin sein, nichts weiter.*

Der Mann weint und erinnert sich. Er kennt noch viele Wörter aus dem Aachener Dialekt, erzählt von einem Kaufhaus, den Nazis, den Dieben aus den umliegenden Häusern, aus den Dieben wurden keine Mörder, weil er rechtzeitig weg war mit seiner Familie. Die Nachbarn konnten nur stehlen, aber töten konnten sie nicht, sagt der Mann, denn als sie uns zum Töten freigaben, da waren wir schon weg.

Der Schrank stammt wirklich aus den Ardennen. Seine belgische Frau hat ihn mit in die Ehe gebracht. Es gab oft Streit um diesen Schrank. Schließlich haben sie ihn in das Gästezimmer gestellt, das war ein Kompromiß. Er hatte angefangen, den Schrank zu hassen, er hatte ihm eine Tür eingetreten, eigentlich war er nicht gewalttätig, sagt er, aber mit diesem Schrank hat sie ihn gereizt bis aufs Blut. Sie kam von einem großen Bauernhof aus den Ardennen. Vielleicht ist der Schrank da geboren worden. Sein Vater kam aus Warschau, seine Mutter aus Oberschlesien. Wenn es Streit gab, warf sie ihm das vor, sagt er, warum hat sie mich dann geheiratet, das kleine arische Biest, sagt er von der toten Frau. Der Schrank stand bei den Streitereien in der Mitte, bis er ins Gästezimmer rückte. In dem Schrank wurden Ersatzgeschirr und Bettwäsche für die Gäste aufbewahrt, aber sie hatten fast nie Gäste, sagt der Mann, meistens haben sie doch gestritten. Als Gitte gehen will, nimmt der Mann ihre Hand und streichelt sie. Plötzlich steckt er sich die Hand in seinen offenen Hosenlatz und drückt sie sich ans Glied. Jetzt weint Gitte. Sie weint im Fahrstuhl, auf der Straße, was nur macht sie immer falsch mit den Männern?

Der Schrank drückt mich, bei jedem ihrer Besuche kommt er mir zu nahe. Ich will, daß sie ihn abholt. Sie will ihn erst haben, wenn sie ihm ganz auf den Grund gegangen ist. Mich aber macht der Schrank krank, es ist jetzt zu viel Schrank in meinem Leben.

Dieser Schrank füllt Gitte schon den zweiten Aktenordner. Wenn Gitte so weitermacht, muß sie ihre kleine Wohnung aufgeben. Zu dem ersten Aktenordner kommt immer mehr Schrank hinzu.

Die Wohnung in Aachen wurde ausgebombt. Der Schrank

stürzte in dieser Nacht um, aber verbrannte nicht. Auch wurde er später nicht zu Brennholz zerhackt. Vielleicht war er noch zu kräftig dazu, vielleicht gab es genug Brennholz in den Ruinen von Aachen.

Der Hausmeister richtet sich im Keller mit dem Schrank ein. Jetzt ist der Schrank Küchenschrank und Wäscheschrank und Schuhschrank, auf dem Schrank stehen die Gläser mit Marmelade, die eingemachten Kürbisse, an dem Schrank hängen die Hundeleine, die Schlüssel und die Küchentücher, so ist der Schrank voll beschäftigt, bis der Hausmeister getötet wird durch die Explosion eines Blindgängers, da zieht die Frau zum Sohn und verschenkt den Schrank an den Neffen, der bei der Post ist.

Hier geht es dem Schrank schlecht. Der Schrank weiß nicht mehr, wie er alles schaffen soll, denn dieser Briefträger macht seiner Frau Jahr um Jahr ein Kind. Der Schrank ist jetzt voller Wäsche von der Kleiderstelle der Post. Die Katze wirft Junge in der Wäsche. Jetzt ist der Schrank voller Katzenjungen. Er ist voller kaputter Puppen. Die kleinen Kinder rennen sich die Köpfe an ihm ein, die Größeren spielen mit ihm bald Karussell. Sie drücken ihm Kaugummi in die Wunden. Sie überkleben ihn mit Micky Mäusen. Sie schütten ihn voller Milch. Der Schrank ist ruiniert. Der Schrank ist am Ende. So ein Schrank kann nicht mehr. Da endlich wird er von dem Briefträger eingetauscht auf dem Gebrauchtmarkt für Schränke gegen einen häßlichen, aber geräumigen Kleiderschrank, das also ist jetzt der Schrank noch wert: diesen gebrauchten Kleiderschrank. Jetzt steht er zwischen gebrauchten, ziemlich kaputten Küchenmöbeln, Eßtischen, Schreibtischen, vielen Vitrinen und Stühlen, denen ein Bein oder eine Lehne fehlen, und er ist noch mehr am Ende. Im Winter dringt Schmelzwasser durch die Decke, und er kriegt geschwollene Füße, denn sein Holz quillt auf. Jetzt ist dieser Schrank sterbensmüde.

Erst im Frühjahr entdeckt ihn der Sohn des Gebrauchthändlers unter dem verwahrlosten Gerümpel seines Vaters. Der Vater taugte nichts mehr, sagt der Sohn, der Vater hatte keinen Blick mehr fürs Geschäft, hier mußte neuer Wind rein, sagt der Sohn, und stellt den Schrank auf den Gehsteig in die Sonne. Da wärmt der Schrank sich, die Füße schwellen ab, und für ein Handgeld geht er weg an einen Blumenhändler, der eine kahle Wand in seinem Laden hat.

Der Blumenhändler ist aber kein Blumenhändler, sondern ein aus dem Schuldienst entlassener Lehrer. Er macht mal dies und mal das. Er kauft schlecht ein, er rechnet falsch ab, manchmal beschimpft er seine Kunden. Er klingt, als sei er betrunken, aber er ist ganz nüchtern. Er ist wütend auf alles und jeden, weil er als schwerbelasteter Nazi aus dem Schuldienst entlassen wurde. Als die Kunden wegbleiben, macht er den Laden zu und kauft einen Getränkekiosk. Jetzt ist er ruhiger. Er lauert in der kleinen Luke des Kioskes darauf, daß die Zeiten besser werden. Eines Tages sagt das Schulamt, jetzt sei die Frist angemessen, da wird er wieder in die Schule aufgenommen. Jetzt sind die Zeiten wieder besser für ihn.

Eine Blumenhändlerin pachtet den Laden mit dem Schrank an der Wand. Sie versteht was vom Geschäft. Als erstes dividiert sie die Verkaufsfläche durch Nebenkosten, Umsatz, Gewinn, abgeführte und entzogene Steuern und entscheidet, daß ihr der Schrank zu teuer kommt. Sie gibt zu, daß es ein schöner Schrank ist. Auch die Kunden nennen ihn einen schönen Schrank. Aber mit seiner Stellfläche drückt er auf den Gewinn. Sie verkauft ihn an einen Autohändler, der ihn zwischen die gebrauchten Luxuswagen in seinem Schaufenster haben will. Jetzt ist der Schrank im Preis gestiegen. Allein die Aussicht, zwischen Jaguar und Porsche zu stehen, hat ihn teuer gemacht. Die Blumenhändlerin kriegt einen Anhänger für ihren Volkswagen dafür.

Der Autohändler ist ein tüchtiger Mann. Er bedient die schweren Jungens aus dem Rheinland, die immer bessere Gebrauchte, immer größere und schnellere Wagen wollen. Er handelt jetzt auch mit Teppichen, er legt teure Perser unter die Wagen und den Schrank. Er schickt den Schrank zur Kur, er läßt den Schrank operieren, bald zieht er sich aus dem Geschäft zurück in sein Haus auf Teneriffa. Dort will er in vollen Zügen den Rest seines Lebens genießen, aber er verschluckt sich in der Eile und erstickt an einem Hühnerknochen.

Jetzt hatte sich der Schrank schön hochgearbeitet, aber gleich geht es wieder bergab. Der Schwiegersohn des Autohändlers gerät schwer ins Trudeln. Er wird wegen Steuerhinterziehung angeklagt. Es wird ermittelt gegen ihn, weil er seine schweren Jungens mit Kopien der Autoschlüssel losgeschickt haben soll, um die verkauften Jaguars und Porsches wieder zu stehlen. Bald steht der Schrank auf blankem Beton, und die wenigen Autos um ihn herum sind gepfändet.

Genau das ist die Stunde von Dorotheas Geliebtem. Wo es nach Konkurs riecht im Rheinland, ist er zur Stelle. Mit seinem Lieferwagen fährt er die Zwangsversteigerungen ab, die Pfandleiher, die Zimmerschlachten, den Tod. Er hat eine feine Nase für alles, was im Rheinland fault. So ist er auch auf Dorothea gestoßen. Die Stellen, an denen Dorothea fault, hat er gerochen. Schon frühmorgens studiert er die Kleinanzeigen und wittert die Katastrophen. Und natürlich ist er mit seinem Kleinlaster zur Stelle, als der Betrieb des Autohändlers fällt. Er bekommt den Schrank für ein paar Hunderter, die noch dazu von Dorothea stammen. Jetzt ist der Schrank zwar gerettet, aber wieder einmal ziemlich unten.

Der alte Mann aus New York ruft Gitte nachts an. Er weiß genau, wie spät es in Köln ist, er will sie im Bett stören. Sie hat bei ihm geweint, er hat erzählt, er hat sie angefaßt, jetzt wird sie ihn nicht los. Er ferkelt am Telefon über den Atlantik hinweg, bis sie auflegt.

Der Lehrer mit dem Getränkekiosk ruft Gitte an. Er hat eine Schülerin blutig geschlagen, jetzt soll er kurz vor der Pensionierung noch suspendiert werden. Die Pension ist bedroht. Machen Sie was draus, so helfen Sie mir doch, ruft er ins Telefon. Machen Sie was draus im Fernsehen, zu was zahl' ich denn soviel Gebühren!

Ein Freund des Autohändlers ruft Gitte an. Es ist alles Lüge, was ich eben im Fernsehen gesehen habe, sagt er, der Betrieb hat nie mit schweren Jungens zu tun gehabt, und wenn ich dich treffe, du Judenhure, dann schlag' ich dich wegen dieses Films kaputt!

Mich ruft Dorothea an. Den ganzen Tag nach dem Film habe ich geweint, sagt sie, ich habe Ausschlag vom Weinen, meine Bluse ist ganz naß vom Weinen, mein Rock, gib mir den Schrank wieder, sagt sie, der Schrank war doch das einzige, was mir geblieben ist von ihm, ohne den Schrank halte ich es nicht aus, er ist doch meine Blume, mein alles, sagt sie.

Gitte wird von einem Mann angerufen, der nicht seinen Namen sagen will, aber er will meine Nummer. Er hat eine weiche, brüchige, sehr alte Stimme. Er hat das öfter gemacht in Köln-Nippes, sagt er, bis er auf einem Kinderspielplatz erwischt worden ist. Rechtzeitig, sagt er. Wiederholt hat er ge-

sessen, dann hat er sich behandeln lassen. Das ist der Mann aus der Toreinfahrt in Köln-Nippes, und jetzt rieche ich auch wieder den Rost und die Säure. Aber dieses Mal ist es wie der Duft einer Probe in einer Parfümerie. Meine eigene, ängstliche Kindheit ist jetzt eine Duftprobe. Etwas, das mich von fern erregt, aber nicht mehr beunruhigt. Alles ist nur eine ferne Erinnerung an ein Ereignis, über das ich lächeln kann, weil es so weit weg ist. Eigentlich lächle ich, weil ich spüre, wie ich darüber alt geworden bin. Zum ersten Mal kann ich mein Alter spüren, die einzelnen Jahre, die Bündel von Jahren, die Etappen waren, die Jahresringe, die Jahreszeiten meines doch schon lang gewordenen Lebens, ohne daß mich dabei wieder diese furchtbare Ängstlichkeit des Lebens würgt. Und jetzt kann ich auch hier sitzen und reden und zugleich beobachten, wie ihr staunt, daß ich rede,

sagt Lilofe.

— *Fürwahr, fürwahr,* sagte Ludwig, der Hölzerne, der große Redner, der sich diesen Abend der Wiederannäherung ganz anders vorgestellt hatte. Nicht so philosophisch. So zeitkritisch. Nicht so hintergründig, eigentlich hinterlistig, wenn nicht schon auf subtile Art rachsüchtig, in jedem Fall aber durchtrieben, fraulich vertrackt und männerfeindlich.

— *Moment noch,* sagte Lilofe, *noch bin ich nicht zu Ende. Noch hat der Schrank mindestens eine weitere Geschichte.*

Gitte, die gewohnt ist, allen Sachen auf den Grund zu gehen, und die fleißig ist rund um die Uhr, auch weil sie Angst vor der Muße hat, Angst vor neuen Tabletten, die sie in der Muße schluckt, und die Angst hat, Geld auszugeben, während sie kein neues Geld verdient – Gitte macht nach dem Film über den Schrank eine Radiosendung.

Sie macht sie etwas zu schnell und etwas zu gehetzt. Noch immer fühlt sie sich von dem Schrank gedrängt. Und außerdem von den schon sehr alten Menschen, die mit dem Schrank zu tun hatten und die jeden Tag sterben können.

Ja, auch die Radiosendung hat etwas mit dem Schrank zu tun, wenn auch schon entfernt, sie beginnt schon, sich von dem Schrank zu entfernen, dabei wird sie ruhiger, aber gleich wird sie wieder gehetzt, weil diese sehr alten Menschen jeden Tag sterben können. Oder weil ihr Gedächtnis über Nacht ausgelöscht werden kann. Oder weil die Vergangenheit über sie herfallen kann durch eine Farbe, den bloßen Duft eines bestimmten Gebäcks oder auch durch den Schuß eines Jagdgewehres im Fernsehen, und sie fallen auf der Stelle tot um.

Der Bruder dieses Kaufmannes in New York, der sie zum Schluß angefaßt hat, war Patentanwalt eines Konzerns im Ruhrgebiet. Er hatte sich geweigert, mit seinem Bruder nach New York zu emigrieren. Er fühlte sich geschützt, er war für den Konzern ein wichtiger Mann, er verstand es, Maschinen so zu verändern, daß sie an bestehenden Patenten vorbei entwickelt werden konnten. 1943 aber wurde dieser Bruder mit seiner Familie nach Buchenwald deportiert.

Und schnell, getrieben von der Angst der alten Menschen und ihrer eigenen Angst, macht Gitte eine Radiosendung über das Konzentrationslager Buchenwald, über einen Aufstand, eine Revolte der Häftlinge von Buchenwald, einen langen Bericht über das Lager in der DDR und über das Lager als Denkmal und über das Lager in den Köpfen derer, die es überlebt haben, und die immer noch mit ihm leben, jeden Tag, jede Nacht, bis ans Ende ihres Lebens, das schon morgen sein kann.

Die Redakteurin im Radio ist eine ältere Frau. Sie ist Jüdin. Diese Redakteurin ist über die Sendung entsetzt. Sie sagt Gitte, die keine Jüdin ist, daß sie keine Ahnung vom Lager hat. Daß sie das System des Faschismus nicht verstanden hat. Daß man es bloß mit einem mitfühlenden Herzen nicht verstehen und analysieren kann. Daß man es mit kaltem Herzen und geschultem Kopf analysieren und töten muß. Und sie sagt, daß ihr Gittes Tränen unerträglich sind.

Und ein anderer Journalist sagt Gitte, daß sie nach der Geschichte des Schrankes bloß Geschäfte machen will mit der Geschichte der Juden.

Und eine Journalistin sagt ihr, daß sie bloß dumm sei.

Und ein Mitbewohner des Hauses sagt ihr bei der Abrechnung der Heizkosten, du betrügst wie eine Jüdin.

Und jemand zersticht ihr nachts zwei Reifen an ihrem kleinen Wagen.

Und ein zweiter Sender schickt ihr das Manuskript über Buchenwald kommentarlos zurück.

Und da schluckt Gitte am Abend vier Röhrchen Tabletten. Sie knüpft eine Schlinge in eine Wäscheleine und hängt sich in den Schrank. Der alte Holzhaken des Schrankes hält sie nicht. Der Schrank bleibt stehen, aber der Haken bricht ab. Gitte wird vergiftet auf dem Boden des Schrankes gefunden wie ein Haufen alter Wäsche.

Sie lebt, aber sie wird ein zur Hälfte gelähmtes Gesicht behalten. Noch im Krankenhaus hat sie einen Schlaganfall erlitten.

Als ich sie besuche, kann sie nur mit Mühe die Wörter formen. Sie lallt. Und wird weitermachen. Auch mit der Geschichte des Schrankes, die noch immer nicht zu Ende ist. Seine Geschichte. Ihre Geschichte. Meine Geschichte. Eine Geschichte vom Leben, und auch eine vom Tod. So kommt jetzt nach der fürchterlichen Ängstlichkeit des Lebens, die ich überwunden habe, die Rätselhaftigkeit des Todes auf mich zu, nicht wahr?

Und hier lacht Lilofe. Sie lacht hell und hoch, eines dieser Lachen, die ein aufsteigendes Weinen wegwischen können.

Ludwig mußte zugeben, daß seine Frau sich ein gutes Stück entwickelt hatte; genau dieses Stück, um das sie jetzt von ihm entfernt war. Miguel Alva hatte Recht gehabt: er verstand einfach nichts von Frauen. Auch diese Frau war verloren für ihn.

Es tat etwas weh, aber der Schmerz hielt sich in Grenzen, es war ja kein neuer Schmerz. Außerdem hatte er eine gewisse Befriedigung daran, daß sie ihn bestohlen hatte. Er war so reich, daß er oft bestohlen wurde: viele versuchten seine Denkweisen nachzuahmen. Wer sich so intensiv mit der Geschichte eines Schrankes beschäftigt und über dieser sorgfältigen Beschäftigung nicht bloß die Angst vor dem Leben verliert, sondern auch gleich noch zu Alter und Tod ja sagt, der hatte diesen Schrank wie den Stich einer Mükkenvirusidee durch seinen Körper hindurch, durch sein Leben, durch die Abstürze, Ängste, wirren Hoffnungen der Kindheit und des Alters hindurch verfolgt – und wer dann noch ein gutes Geschäft daraus macht, der hat bei ihm gestohlen.

Miguel Alva dagegen hatte zunächst Schwierigkeiten gehabt, sie überhaupt zu verstehen. Er war es nicht gewohnt, daß die Deutschen so ausführlich über ein Ding redeten, das kein Auto war, und daß dieses Ding während der langen Rede zu leben begann, stöhnte und blutete. Meist hatte er doch bislang die Sprache der Deutschen als eine von Holzfällern empfunden. Allein diese Empfindung verursachte ihm ein schlechtes Gewissen, aber er blieb dabei: für ihn fällten sie die Wörter im Akkord, hart und gewalttätig. Ganz selten nur waren sie zärtlich zu den Wörtern.

Er konnte Lilofe bei ihrer Rede über die Dinge erst folgen, als er den Schrank gegen einen Gegenstand eintauschte, mit dem sie in dieser moskitoverseuchten Siedlung am Rio Paraná täglich umgegangen waren. Wenn Lilofe Schrank sagte, verstand er jetzt Kalebasse, das war die Schale eines Kürbisses. In sie preßten sie unterschiedliche Fruchtsäfte, fingen die Stutenmilch auf, die den Frauen als Fruchtbarkeitstrank galt, suckelten den Mate-Tee, tranken sich ihre vergorenen Maisräusche an, und die Hexe und Heilerin, die schreckliche und weise, die zahnlose Rigoberta versetzte in ihr den Kräutersud mit dem Schlangenöl, damit es dem jungen Mann die Angst vor der klügeren Frau nahm.

Und Geschichten über den Fluß hatten sie in die Haut des Kürbisses geritzt, Geschichten der Fische und der Sterne und der Sonne, die in den Fluß fällt und den Fischlaich wärmt. Und wenn sie aus dem Kürbis tranken, dann erzählte der Kürbis von den Großvätern (den beiden zwei Stunden weiter flußaufwärts und diesem Einzelgänger-Großvater weiter nach Westen in Richtung der großen Pampa), rasselnd und unablässig erzählte er dann bis tief in die Nacht hinein, und bevor sie in ihren vergorenen Rausch sanken, erzählten sie ihm ihrerseits neue Geschichten: die Geschichte von den fremden Leichen etwa, die neuerdings im Fluß treiben, die Geschichten des Quecksilbers und die des Asyls in Blechhütten am Rande der Großen Stadt, zu der sie jetzt doch bald aufbrechen müssen, und so war die Geschichte dieses einen Kürbisses immer wieder ihre Geschichte, er war so schwatzhaft wie ihre Geschichte selbst, und das wenige, was sie lernten, lasen sie von diesem Kürbis ab, diesem einen, einzigen Ding.

Und so verstand er jetzt Lilofe und fühlte sich heimisch in ihrer Rede vom belebten Schrank; ja war zunehmend begeistert, denn erstmals fühlte er sich auch heimisch in dieser deutschen Sprache, die jetzt so viel Ähnlichkeiten mit der warmen, plätschernden, sabbelnden, unablässig und behutsam rasselnden Geschichtensprache des Kürbisses aufwies. Und außerdem setzte sie ihm mit der Geschichte des Schrankes ganz neu die Geschichte der Lilofe zusammen.

Das Leben am Rio Paraná hatte ihm nicht nur die Ohren für die Geräusche des Flusses und die der Nachttiere wachsen lassen, sondern auch den Blick geschärft. Noch immer konnte er Katze sein und Adler. Und während er auf die Kürbissprache lauschte, sah er mit seinen geübten, trinkenden Augen diese vor ihm sitzende Lilofe in verschiedene Versionen ihrer selbst zerfallen.

Miguel Alva hatte sich den Blick auf sie nicht durch ein eigensüchtiges Interesse an ihr verstellt. So konnte er diesen teils durchsichtigen, teils lilafarbenen Flugkörper, der sie durch ihre Lebenszeiten hindurch war, mit bloßer Zärtlichkeit und staunender Verwunderung betrachten anstelle von Eigennutz, wie Ludwig es zu tun pflegte. Er nahm sie auseinander mit seinen Indio-Gnom-Augen, ohne ihr auch nur im geringsten dabei weh zu tun; zerpflückte sie behutsam und sorgfältig darauf achtend, keine Ader, keine der Bestäubungen an den durchsichtigen Flügelspitzen zu beschädigen, und zuerst sah er sie als junge Frau.

Er sah sie in jener Zeit, zu der er selbst noch gar nicht geboren war am moskitoverseuchten und erst später quecksilberverseuchten Fluß, denn er war Jahrgang 1950, und er sah sie 1946 in der zerstörten Stadt Köln. Sie saß auf einem Anhänger und bewachte einen Tausch-Schatz. Ein Frostfiligran von einer jungen Frau sah er, die noch immer ein unbehütetes Kind war, ein Kind, das sich wegen des Übermaßes an notwendiger Trauer in sich selbst eingeschlossen hatte: Trauer über die Mutter, die in den Rhein gestiegen war; Trauer über den Vater, dem sie seitdem nicht mehr traute; Trauer über die Tante, deren hemmungslosen Geiz sie verachtete; Trauer auch über die zerstörten Straßen und Plätze ringsum: eine verbrannte Kindheit in dieser anhaltenden Kindlichkeit, der sie schon gar nicht mehr trauen konnte.

Und dann, noch bevor sie Gelegenheit bekam, ihr Schneckenhaus auch nur versuchsweise zu verlassen, bevor sie mit kleinen, sich nach und nach festigenden Bissen das Übermaß an Trauer aufzehren oder es wenigstens mit ihren Zähnen in Portionen zerlegen konnte – da war schon dieser Kowalski-Mann aufgetaucht mit seinen genau durchdachten Absichten, die er wie ein Schmetterlingsnetz handhabte. Und er hatte sie genommen mit hartem und listigem Griff; aber natürlich auch mit einem verlockenden Griff und mit einem, den er für Liebe hielt.

Und sie, das Kind, hatte sich damals gesagt: Nun gut, so ist sie wohl, die Männerliebe. Und war weiter das Kind geblieben, als das er sie genommen hatte. Die schöne Kindfrau. Ein erwachsenes, voll aufgeblühtes Frauenkind war sie jetzt. Wenn sie in ihrem Zimmer die Beine unverstellt spreizte, duftete das Zimmer nach Pfirsichen. Die fremden Sauerländer, die zu dieser Zeit überhaupt nicht verwöhnt waren durch Erscheinungen aus der Außenwelt, begehrten sie sofort heftig. Sie kam ihnen nicht nur begehrenswert schön vor, sondern durch ihre Kindlichkeit auch unanständig schön, so daß sie alle Rücksicht fahren ließen und ihr grob nachstellten. So mußte sie sich erneut in ihr Schneckenhaus zurückziehen, um nicht diesem neuen Land zum Opfer zu fallen: denn schon wieder war sie ja auf Mann-Menschen gestoßen und auf lesbische Frauen-Männer, die ihr nachstellten und denen sie wiederum nicht trauen konnte.

Selbst ihr Stiefsohn, ein Sohn also, zu dem sie ebenso unbefleckt gekommen war wie jene Maria in dem wunderschönen Märchen für die Gläubigen, soll ihr ja nachgestellt und von ihren nackten Schenkeln geträumt haben, so eine schöne Mädchenfrau war sie eben.

Na, bloß gut, sah Miguel Alva jetzt in dieser Rückschau seiner trinkenden Augen, daß er nicht schon damals hier gelandet war. Damals hätte er sich nicht keusch zurückhalten können, und schnell hätte ihn sein Chef, dieser Ludwig Kowalski, mit einem Pflanzenschutzmittel vergiftet, mit Gärtnerdraht erdrosselt oder mit der Motorfräse gevierteilt.

Mit seinen scharfen, weil uneigennützigen Augen sah Miguel Alva, daß Lilofe in ihrer duftenden Schönheit jetzt nur manchmal noch vor dem Spiegel in ihrem Zimmer den gewaltigen Hochzeitsdiamanten anlegte. Dann ließ sie es ganz. Seine Pracht wäre ihr nur ein Gefängnis mehr gewesen.

Schnell hatte sie der Erfolg ihres Mannes eingemauert. Der Wohlstand. Der nicht mitverdiente, bloß entgegengenommene Reichtum. Und den korsettartigen Konventionen des Sauerlandes konnte sie noch weniger entgehen als die zusammengesetzten Frauen in den Avenidas von Buenos Aires den ebenfalls korsettartigen argentinischen Verkehrszeichen, denn diese Frauen trugen ja noch immer die Länder ihrer Kindheit jenseits des Meeres in sich: Kindheitsländer, aus denen sie Selbstbewußtsein und Stolz sogen.

Und jetzt sah Miguel Alva den nächsten Schattenriß dieser Lilofe – ein wunderschönes Mädchen, das langsam alt wird. Das fiel besonders auf, weil es so ungleichzeitig geschah. Die Kinderaugen blickten jetzt aus Altersrunzeln, der Kindermund war von ersten Falten umgeben. Sie setzte Fett an, wurde mehlig. Die Ahnung schon einer Matrone, ohne daß sie jemals reif geworden wäre: ein altes Mädchen, das nahezu aus Versehen geboren hat; wie ein Wetterumschwung kommt, ein Einbruch des Föhns, schien sie Mutter geworden zu sein. Und auch das war eine Ratlosigkeit und eine Hilflosigkeit mehr, und außerdem noch eine schmerzhafte Erinnerung an diese eigene Mutter, die wortlos in den Rhein gestiegen war und der sie noch immer nachtrauerte, ohne ihre eigene Trauer je erreichen und sie endlich in kleinen, sich nach und nach festigenden Bissen aufzehren zu können.

Plötzlich hatte Miguel Alva vorübergehend eine Sehtrübung. Er sah nicht mehr Lilofe oder einen der Teile, aus denen sie sich während ihres bisherigen Lebens zusammengesetzt hatte, er sah nur noch den Chef, er sah Ludwig Kowalski. Der war hier in der Blockhütte immer stiller geworden. Jetzt sah er Ludwig Kowalski denken. Ludwig saß neben ihm und mahlte mit den Kiefern krachend auf Haselnüssen herum. Miguel Alva sah einen alten Mann hilflos und zunehmend wütender und schneller hin und her denken zwischen Weinerlichkeit und Bedauern und Haß, ja immer wieder schob sich erster Haß zwischen das Bedauern und den Verlust.

— Früher hat sie das nie gesagt. Sie hat noch nicht einmal gewußt, daß man so etwas sagen kann: Wir Frauen liegen ja immer in der Pfütze – nein, sie ist verloren. Wahrscheinlich

verbringt sie den ganzen Tag in ihrem Laden mit anderen verlorenen Frauen. Ein einziger Laden verlorener Frauen, mein Gott, und das habe ich noch finanziert, das war doch noch meine Anschubfinanzierung, hörte ihn Miguel Alva laut-leise und nüsseknackend und mit eingelagertem Haß denken und froh darüber sein, daß er dieses Wort ANSCHUBFINANZIERUNG gefunden hatte. Es lenkte ihn von den glitschigen Frauen auf seine sichere Berufsbahn. Miguel Alva hörte laut-leise, wie es ihn ablenkte, denn natürlich brauchte er damit noch weniger als zuvor daran zu denken, daß er es doch war, der diese Frau und diese ganzen anderen Frauen verloren hatte. Und dann war die Sehstörung zu Ende.

Und jetzt sah er, daß sie dabei war, Teile von sich zu zerstören. Sie schwärzte sie ein. Sie zerbröselten ihr in ihrem Zimmer, in das sie sich mehr und mehr einschloß. Allenfalls für die Kinder öffnete sie, die ratlos an die Tür klopften. Aber sie hatte keine Antwort auf ihre Ratlosigkeit, und so gingen die Kinder bald wieder. Sie übten bereits das Weggehen, denn sie fühlten sich in diesem Haus ohnehin nicht zu Hause. Sie sahen sich ihre Spielsachen von einst schon so an, als hätten sie ihnen nie gehört; als seien es die Spielsachen anderer Kinder, die hier versucht hätten, glücklich zu sein, und auch ihnen wäre das nicht gelungen. Und so gingen sie besser bald, gleich, sofort, wenn ihre Beine stark genug wären, um sie die doch ziemlich weite Strecke bis Köln unten im Rheintal zu tragen.

Und dann ging ihr Stiefsohn tatsächlich als erster weg, das war der mit dem stillen, verstockten Aufruhr in sich. Wortlos ging er weg, wie sich das für verstockte Söhne gehört. Die leibliche Tochter blieb noch eine Weile, aber sie war nur noch in ihrer unbändigen Wut hier. Und auch sie zerstörte Teile in sich: sie zerstörte Zärtlichkeit und Empfindsamkeit. Männeraufessend graste sie die Dorfkneipen, Diskotheken und Tankstellen ab. Sie hielt sich jedem hin, der ihr ein starkes Glied versprach, einen Stoß, kräftig genug, es mit ihrer Wut aufzunehmen und mit ihrem Schrei, diesem Schrei, mit dem sie ihren nicht versteinerten, bloß unfähigen Vater ins Herz treffen wollte. Und ihre Mutter sollte dieser Schrei aus ihrer ängstlichen Erstarrung lösen, ihre Mutter Lilofe, die sich selbst als ein vertrocknetes Kind in sich verbarg. Und auch ihren Stiefbruder sollte dieser Schrei erlösen, damit er nicht versteinere.

Dann sah Miguel Alva mit seinen trinkenden und langsam erst brennenden, müde werdenden Augen an diesem Abend in seiner Blockhütte Lilofes einzigen Aufstand, der mit einem fast tödlichen Niederschlag am Kamin endete. Und doch konnte sie aus diesem Niederschlag einen Sieg machen. Sie lebte nicht nur, sondern sie wurde, um weiter leben zu können, eine andere. In der Klinik hatte sie Zeit genug gefunden, endlich einmal Inventar zu machen. Jetzt sah Miguel Alva, wie sie die wenigen Teile, aus denen ihr bisheriges Leben bestand, prüfend um sich herum versammelte: das vertrocknete Kind; die Erinnerungen an nicht gelebte Trauer; die wenigen, aber vorhandenen und gehüteten Zärtlichkeiten, die sie bislang erfahren hatte und an die sie jeweils zu großartig aufgeblasene Hoffnungen geknüpft hatte wie bunte Kinderluftballons. Und dann die sich lang hinziehenden Jahre, die welk werdenden Jahre in den Konventionen der Mieder und der schiefergrauen Unterhosen des Sauerlandes; die vom Sturz in den Kamin verbrannte Nase, das eine von den Funken angegriffene Auge, die schlaff gewordenen Brüste einer Kindmutter, die nicht gesäugt hatte, der wulstige Bauch einer Frau, die geboren hatte, die Krampfadern in den Beinen einer Frau mit zu engem Becken, die unter Schwierigkeiten entbunden hatte, die Fettröllchen und der noch runde, aber schon traurig absinkende Hamsterhintern einer klein gewachsenen Frau, die sich keine Bewegung verschaffte.

Alles das, sah Miguel Alva, nahm sie jetzt zusammen, ging es der Reihe nach durch und akzeptierte es. Ja, das war sie, Margot Liliane Kowalski, geborene Kelch, genannt Lilofe. Dieser so einfach scheinende Schritt, so einfach wie das Aufräumen einer Kammer oder einer Mundhöhle, der ihr aber bisher nie möglich gewesen war, rettete sie vor der Selbstzerstörung.

Jetzt konnte sie erstmals altern, da sie die körperlichen Spuren des Alterns nicht länger versteckte – die Gallensteine, die schon bald nach dem Niederschlag am Kamin weiß gewordenen Haare, frühe Blutungen von Altersfissuren am After, als sei sie bereits eine Greisin, jetzt, da sie sich erstmals als alternde Frau begriff; das Zahnfleisch, das sich zurückzog; die Gicht, die früh zwei Finger der linken Hand zu krümmen begann – dies, aber daneben auch das:

manchmal traf sie sich jetzt mit ihrer Tochter Sonja. Die hatte inzwischen ihre nymphomanische Wut ausgelebt. Nach dem Wegzug aus dem Sauerland war sie mit der Entfernung von Ludwig abgeebbt und schließlich zu einer fruchtbaren Wut auf die Metallgewerkschaft geworden, für die sie in den Kölner FORD-Werken als Jugendvertreterin arbeitete — *gegen die Männer-Maden im Speck der FORD-Arbeiter,* sagte sie, *gegen die tollpatschigen und dummdreisten und klauenden Großwesire meiner eigenen Gewerkschaft,* sagte sie ein ums andere Mal, wenn ich sie traf und sie wieder von einem Ausschluß aus eben dieser Gewerkschaft bedroht war. Dann zog sie mit ihrem Freund, einem Schreiner, nach Duisburg in die Zechensiedlung Rheinpreußen, in der Abriß oder Privatisierung der Zechenhäuser anstand. Monatelang renovierten sie ihre abgewirtschaftete Haushälfte, gründeten eine Genossenschaft, hungerstreikten, verhandelten mit den Banken, der Stadt Duisburg, lernten von den Bewohnern, lernten für sich, ihr Freund, der Schreiner, entwickelte ein neues, preiswertes Modell für Schornsteinkronen, alle zusammen probten sie ein neu-altes Modell von Gemeinschaft, hier fühlte Sonja sich mit ihrer fruchtbaren Wut aufgehoben, denn das eine griff in das andere.

Vielleicht verstand Lilofe sie nicht sonderlich gut, aber sie war froh über diese veränderte Wut. Wenn sie nach Duisburg kam, lachte sie viel zusammen mit ihr in dem Haus, das eine Baustelle auf Dauer war. Sie lachten über die Zeiten von einst, da sie gemeinsam Kinder gewesen waren. Nur versehentlich war die eine damals die Mutter gewesen und die andere ihr Kind.

Jetzt hatte sie wirklich ein paar brauchbare Teile ihrer Kindheit zusammen. Mit dem Rest der in ihr verbliebenen Kindlichkeit legte sie manchmal einzelne Kindheiten vor sich hin wie Legosteine, schob sie durcheinander und ordnete sie neu. Solche Spiele erleichterten es ihr, sich im jetzigen Leben zurechtzufinden. Sie lachte über unverhofft auftauchende Figuren wie etwa LILOFE UND ELIZABETH ARDEN, LILOFEE UND BILL RAMSEY oder LILOFEE UND

Elvis Presley, aber dann weinte sie auch manchmal schnell.

Sie ließ den Klingelknopf an ihrer Wohnungstür installieren. Sie schraubte selbst ein Namensschild an. Ihre Kleinwüchsigkeit, die kurz geratenen Beine hatten sie bislang zu kleinen, immer sehr schnellen Trippelschritten genötigt, die wie ein Vogel auf Papier klangen – eine flüchtig durch die Gemeinde trippelnde Frau, die jeder Annäherung auswich; Beine, die sogar vor der Berührung mit dem eigenen Körper davonzulaufen schienen.

Jetzt aber machte sie den Führerschein und war viel mit einem kleinen Lancia unterwegs, den sie lila hatte spritzen lassen.

Da schon hatte sie für sich Die Farbe Lila entdeckt, die nach und nach zu einem Markenzeichen ihres wachsenden Antiquitätenhandels und ihrer neu erwachten Geschäftigkeit werden sollte, ihrer kindlichen und ernsthaften Freude am Aufspüren alter Möbelstücke, Vasen, Lampen, Küchengeräte, Tafelgedecke im Sauerland und anderswo.

Das lila Greisenhäuptchen oder einfach Die kleine Lila sagten die Kunden bald, wenn sie zu ihr in den Laden kamen, um mit gekrümmten Zeigefingern gegen das Holz der Vitrinen und Schränkchen zu pochen; schließlich legten sie viel Geld hin, um sich bei ihr ein Stück Vergangenheit zu kaufen, die sie nicht erlebt oder die sie beim Ablauf mißachtet hatten.

Jetzt, nach diesem jahrelangen, frühlingshaft schäumenden Wachstum im ganzen Land fehlte ihnen Vergangenheit. Auf kurzen Stummelbeinen fühlten sie sich durch die Gegenwart gehen. Es war nichts dran an ihren Beinen, sie griffen nicht aus und nicht zurück. So dauerte es nicht lange, bis die ersten schweren Wagen von Zahnärzten, Steuerberatern und leitenden Angestellten aus Köln vorfuhren, weil sich ihre Besitzer in der nackt gebliebenen Gegenwart der einst ausgelöschten Stadt Köln schnell Vergangenheit kaufen wollten. Für Kunden, die besondere Verschwiegenheit vermuten ließen, hatte Lilofe zu Beginn etwas ganz Besonderes aus der heiligen Stadt Köln: das waren jene Beichtstühle, Opferstöcke, Teile eines Altars, Taufbecken, die Alois Kelch aus zerbombten romanischen Kirchen der Stadt geraubt und vorausschauend lange unter seinem Gerümpel versteckt gehalten hatte. Jetzt wurden sie in Villen der guten Stadtteile wie Köln-Marienburg und Köln-Lindenthal versteckt, um dort zu allen möglichen kleinen Perversitäten zu dienen.

Allein damit verdiente Lilofe schon genug, um ihrem Ludwig (der damit noch weniger ihr Ludwig war als je zuvor) seine ANSCHUBFINANZIERUNG wieder auf den Tisch zu legen und ihn mit der Zahlung der banküblichen Zinsen verschmitzt und genußreich zu beleidigen.

Sie wollte ihn auch in ihrem Geschäft nicht haben und doch noch nicht ganz verlieren. Sie wollte ihm nur dann begegnen, wenn ihr gelegentlich danach war, und natürlich war das eine weitere Beleidigung für ihn.

— *Vertrackte Weiberfarbe, das Lila der verlorenen Frauen,* sagte Ludwig jetzt oft, wenn er in einem seiner Blumenkataloge auf die Farbe Lila stieß. Zuerst sagte er es zu Goschinsky, der dann verhalten mit dem Gold in seinem Mund blinkte, später zu Miguel Alva, der bald in seinem Chef den verlorenen Mann sah.

Ludwig haßte diese Farbe. Sie verletzte seine Prüderie auf eine für ihn unentschiedene und daher boshafte Weise. Es war keine wirklich unanständige und daher immer unangepaßte Farbe, es war aber auch keine anständige und daher immer passende. Das war es. Dieses Lila war so auffallend mehrdeutig, daß er es gleichzeitig an verschiedenen und eben auch intimen Körperstellen als Juckreiz empfand. Außerdem mußte er diese Farbe noch zusammendenken mit der neu erwachten Geschäftigkeit seiner Frau, die er wiederum als seine Exfrau denken mußte, und das ergab ein explosives Durcheinander von Reizen.

Für Lilofe dagegen war diese Farbe nicht bloß ein Markenzeichen: Es war zum ersten Mal auch etwas, dem sie vertraute. Diese vieldeutige Farbe, die gleichzeitig Nähe und Distanz signalisieren konnte, Wärme und ein Spiel um Wärme, hielt sie zusammen. Ihre lila Kostüme und Blusen, Tücher, Taschen, diese an ihr haftenden Tupfer und Spritzer unterschiedlichster Tönungen von Lila waren für sie die buntfarbigen Luftballons, die sie während ihrer tatsächlichen (Kriegs-)Kindheit nicht hatte aufblasen, knutschen, knubbeln und zerplatzen lassen können; und die ihr dann, als es sie wieder gab, natürlich verboten waren, denn mit der Hochzeit hatte sie ja eine (Kind-)Frau zu sein. Und gleichzeitig waren diese lilafarbenen Strumpfhosen und Haarspangen, diese lila eingelegten dünnen Armreife, diese lila Streifen und Borten in der Unterwäsche eine trotzige und aufmüpfige Infragestellung dessen, was sie inzwischen war: eine alternde Frau.

Es war auch nicht Kindlichkeit, es waren jetzt ein paar Monate rückerinnerter und bejahter Kindheit, die sie als lila Stoffring in den blauweißen Haaren trug. Und es war die kokette und vorsichtige Lust einer Neunzehnjährigen, die sie den oberen Rand eines schwarz und lila gerandeten Büstenhalters in der Bluse zeigen ließ. Und es waren gleichzeitig ihre trotzig und fordernd gewordenen Lippen, es waren ihre Augen (auch das linke mit den Glimmerspuren vom Kamin), es war ihr schnell trippelnder und neuerdings zwischendurch wippender Gang, der sie inmitten dieses ganzen Lila sagen ließ: ja, das bin ich. Ein Stück Kindheit und ein Stück Alter. Und noch immer nicht besiegt.

— *Diese Farbe Lila,* mit der sie das sagte (durch Dutzende von Kleidungsstücken hindurch, in immer weiteren Zusammenstellungen und Nuancen, die ein Barometer ihres Sieges waren), hielt sie nach außen hin zusammen. Zum ersten Mal fühlte sich Lilofe sicher und echt. Obwohl sie natürlich ganz und gar unecht war: Sie war so unecht wie jedes Kunstwerk. Wie jedes Kunstwerk auch belog und betrog sie. Und wie jedes Kunstwerk, weckte sie uneingestandene Wünsche. Kunden wollten sie anfassen, wenigstens leicht berühren. Manche von ihnen (besonders jene, die sich vom eigenen Alter bedroht fühlten oder die sich gar schon kampflos vor dem Alter auf dem Boden liegen sahen, eine geprellte Flunder) atmeten in ihrer Gegenwart spürbar schneller: selten war es, daß Kunst sie so traf.

Und wenn sie dann eine Antiquität kauften, taten sie es in dem Gefühl, nicht bloß ein Stück Vergangenheit zu erwerben und, indem sie es streichelten, sich einzuverleiben, sondern sich damit auch gleichzeitig noch gegen ihr eigenes Altern zu wappnen, ja, das Alter, es vorwegnehmend, zu überwinden; ja, sie würden dieses jetzt schon überwundene Alter als Sieg genießen wie diese kleine, lilafarbene Frau es so sichtbar genoß.

Und Lilofe schmunzelte dann, kaum hatten sie mit der Antiquität unter dem Arm ihren Laden verlassen, denn natürlich hatte sie eben ein besonders gutes Geschäft gemacht.

Und doch hätte sie in dieser Vergnüglichkeit und neckischen Sicherheit, mit der sie sich in ihrem eigenen Kunstwerk bewegte, manchmal jemanden gebraucht, zu dem sie hätte sagen können: *Komm, halt mich. Komm und halt mich. Gerade hier in der Mitte, an meiner Wespentaille, denn hier breche ich durch* – denn schließlich war sie, wie jedes wahre kleine Kunstwerk, nicht nur sehr empfindlich (Berührung, Luftdruck, Feuchtigkeit, Zuschauerfrequenz, Gewalt), sondern eben auch vorgetäuscht, und das strengte an. Sie war eine Fiktion. Jeden Tag setzte sie sich dazu neu zusammen und überbrückte damit Abgründe und Verdrängungen und alle die Wegstrecken, die ihr gänzlich im Leben gefehlt hatten. Und beim Aufwachen wußte sie nie, wie lange sie das noch schaffte.

Auch das sah Miguel Alva an diesem Abend in seiner Blockhütte, da er Lilofe so gründlich mit den Augen trank, daß er schon bald satt und sehr müde war.

Und er sah den prüden Ludwig danebensitzen, dieses selten lachende Du, seinen Chef, diesen Ludwig in einer ihm zu weit gewordenen Fischgrät-Hose, dieser Eleganz der Verklemmnis, in der er ihn schon zwischen vielen Geschäften hin und her gefahren hatte. Natürlich ist diese Hose auch im Schritt sauber, Ludwig ist ein sauberer Mann, und doch sieht Miguel Alva jetzt letzte Tropfen in ihr, das sind die immer letzten Tropfen der Prüderie und der unterdrückten Wut und des eingebildeten Anstandes und der Verklemmnis. Und er sieht noch einmal, daß es weiß Gott nichts mehr werden kann mit Lilofe und Ludwig. — *Natürlich hätte es mit den beiden nie etwas werden sollen,* sagt er, *aber wie bringe ich das dem Alten bei, ohne daß er mich entläßt?*

Und jetzt, plötzlich, durchfährt ihn ein fürchterlicher Schreck. Ein Gefühl überkommt ihn wie ein Hammerschlag.

Auch zu seiner eigenen Sicherheit soll es hier noch ein letztes Mal gesagt sein: sicher hatte es damals in Buenos Aires diese Ford Falcon ohne Nummernschilder gegeben, die auf die Bürgersteige fuhren. Gewiß waren diese katholischen Verteidiger des Abendlandes auch in sein Montagewerk gekommen, hatten ihn mitgenommen, verhört, geschlagen. Sie hatten gedroht, ihm die Eier mit einer Saftpresse zu quetschen, und mit zwei Zähnen weniger war er schließlich davongekommen, während dreißigtausend Männer und Frauen und Kinder verschwunden blieben.

Aber mit ein weiterer Grund für seine Flucht Hals über Kopf war nicht bloß die hochgewachsene Frau eines Offiziers gewesen, nein, es war damals ein ähnliches Schrecknis gewesen wie jetzt: Er hatte doch schon überlegt, seine Montagearbeit zu kündigen und in einer Wäscherei anzufangen. Er hatte doch schon begonnen, in den Kleiderkörben von Freunden und Bekannten nach der Unterwäsche ihrer Frauen zu suchen und, das war das tiefste Schrecknis gewesen, nach den Büstenhaltern und Hemdchen und Höschen und Strumpfhaltern der minderjährigen Töchter. Deswegen hatte er in einer Wäscherei arbeiten wollen. Und abgehalten hatte ihn davon nur der Gedanke an die ewigen Chemiedämpfe, die Benzinbäder und die vermutlich nur wenigen ergiebigen, jungen, zarten, kleinen, gebrauchten Düfte, die den angelieferten Säcken der Schmutzwäsche entstiegen – und die er wahrscheinlich nur sehr gemindert wahrnehmen könnte zwischen dem sauren Dung vollgekleckerter Altenwäsche, dem Schweiß und der Qual und der ängstlichen Schwitzigkeit und dem Neid und der höhnischen Gewalt familiärer Tageswäsche, dem schneidenden Geruch ranziger Sekrete, der von Mamas und Papas Wäsche ausgeht und von jener der onanierenden höheren Söhne und von dieser anderen der ferkelnden Großväter in einem tropisch heißen Land – ja, auch deswegen war er über den Atlantik geflohen. Noch aus Köln war er getürmt, weil sich auch hier die Frauen immer jünger machten, immer kindlicher, und erst im Sauerland hatte er Ruhe gefunden, in der schweren, regennassen Fremde mit ihren nicht unzugänglichen, aber sehr wuchtigen Frauen, von denen ihm jede einzelne erschienen war wie eine in sich geschlossene, von Pappeln umstandene und nachts bewachte Hofstelle.

Und plötzlich war dieser Drang wieder da. Jetzt war er sattgetrunken von dieser kleinen lila Frau, und zuletzt war es immer in diesem Zustand trunkener Sattheit geschehen. Jetzt würde er gern diesem kleinen, lilafarbenen Kunstwerk Lilofe zwischen die Schenkel greifen.

Behutsam höbe er dieses kleine Kunstwerk aus dem Sessel an, in dem es die ganze Zeit unablässig redete, wie ein mechanisches und zugleich duftendes Kunstwerk aufgezogen plapperte und Nüsse pickte und Schalen fallen ließ und weiterplapperte, unablässig wie ein mechanischer, gut aufgezogener Singvogel, und er zöge dem kleinen Kunstwerk den Slip aus, diese Winzigkeit eines Slips, streifte ihn über die Knie, die Schuhe und senkte es wieder vorsichtig ab in den Sessel, ohne daß es aufgehört hätte zu plappern und Nüsse zu picken und Nußschalen auf den Teppich zu streuen, und er war sich jetzt sicher, daß auch dieser Slip von einem vieldeutigen Lila wäre, und der Steg wäre mit einem ruhigen Dunkelrot abgesetzt, und der Bund wäre durchbrochen und dunkelrot und ruhiglila geschäumt, und eine Ahnung von Feuchtigkeit haftete daran, und er legte sich dieses körperduftgetränkte Kunstwerk im Kunstwerk über die Nase, er lehnte sich zurück und söge den Duft ein, er tränke und äße ihn, machte kleine regelmäßige Pausen dabei, um sich zwischendurch wieder in dem Zimmerduft auszuruhen und abzukühlen, der voll war von ihm selbst, von den ermahnenden Ausdünstungen seines Chefs in der Fischgrät-Hose, vom herben und säuerlichen Duft des Mate-Tees, den er frisch aufgebrüht hatte, von Nüssen, von Graphitöl, heiß gewordenen, winzigen Stahlfedern dieses unablässig plappernden mechanischen Singvogels und von den ersten aus der Küche ziehenden Düften dreier besonderer Kleintiere, die er lebend gekauft, geschlachtet, abgezogen, ausgenommen, gewaschen, gesalbt, gewürzt und leicht paniert hatte und die jetzt bald gar wären, knusprig gebraten, ein Abschiedsessen von Argentinien, vom Rio Paraná, ein Fremdengruß ans Sauerland, eine Geste der Versöhnung zwischen einem unmöglichen Ehepaar in einem unmöglichen Land.

Und dann, nach dieser Ruhepause in den Alltagsdüften, sog er wieder in sehr kleinen Mengen diesen besonderen Duft ein. Er aß jeweils nur ganz wenig davon, leckte nur daran, und erst nach und nach nahm er jeweils eine etwas größere Duftmenge zu sich, aß jetzt Lilofe nach und nach mit ihrem Körperduft auf, mit dieser Ahnung von Feuchtigkeit ihrer Schamlippen, ihres Kitzlers und ihrer Rosette, ihren Schenkeln, ihrer Seife, ihrem Shampoo, ihren milden Desinfektionswassern, ihren Feuchtigkeitsemulsionen, ihren Tampons, ihren Badetüchern und Bürsten und Rollen und Schwämmen und Pflanzenölen und Blüten- und Algenextrakten, die sie dem Badewasser beimengte, damit es ein Meer würde.

Und jetzt drückte er den schaumgesäumten Steg mit seiner Ahnung von Feuchtigkeit dicht an die Nase und trank ihn tief in seine Nasen- und Stirnhöhlen, er trank und aß die Kindheit auf, die sich ihm hier duftend darbot, nahm sich mit diesem Körperduft seine eigene Kindheit zurück, die er in dieser moskitoträchtigen Siedlung am Rio Paraná fast so schnell hatte zurücklassen müssen wie bald darauf sein Mannesleben in Buenos Aires, weil der Fluß plötzlich an einer Quecksilbervergiftung starb, und sie wären alle mit dem Fluß gestorben und hätten genauso auf dem Wasser getrieben wie die neuerdings fremden Leichen und wie die letzten Leguane und die letzten Fische, Bauch oben, und also war er auf den Straßen von Buenos Aires nicht nur einsam und heimatlos umhergelaufen, sondern auch ganz und gar ohne Kindheit, ein nackter Mann, ausgesetzt nicht bloß dem Moloch der Stadt, sondern auch sich selbst und dem Wolf in sich.

Jetzt sog er mit dem Duft der Frau den Geruch ihrer Kindheit mit ein, und es gelang ihm nur, da auch dies eine beschädigte Kindheit war, eine Kindheit, in der diese jetzt Frau vergewaltigt worden war nicht durch Männer, sondern durch die beschädigte Zeit, eine runde und pralle Kindheit hätte er gar nicht ertragen, sie wäre unangreifbar gewesen, aber diese Kindheit hier strömte durch die Beschädigung in ihn ein, zusammen mit den Bildern, die er von ihr gesehen hatte: ein Foto der Uferzunge vor Köln-Zündorf hatte er gesehen, von der aus die Mutter dieser Kindheit in den Rhein gestiegen war, ein Foto von Lilofe hatte er gesehen, wie sie auf dem Hänger des Alois Kelch einen Tauschwert bewacht, und damit holte er einen Teil der Zeit nach, die er nicht hier gelebt hatte in diesem ihm noch immer fremden Gastland, das brachte ihm auch das Land näher durch die Vergangenheit des Landes, er kannte ja bisher nur das Ende jener rasenden Entwicklung, die dieser auch in Argentinien berühmt gewordene Jahrhundertwind aus Westsüdwest noch beschleunigt hatte und die schließlich geendet war in einem Spätsommer im Ausbilden einer prallen, runden Stachelfrucht: Abweisend war die Frucht. Feindlich war die Frucht. Ausgestattet war sie mit Angstdrüsen nach innen und Drüsen für Fremdenhaß und Gewalt nach außen. Und bedroht war sie nicht nur durch Quecksilber wie seine alte Siedlung am Rio Paraná, in der er schon seine Kindheit verloren hatte, bedroht war sie durch die gesamte Küche der neuzeitlichen Chemie, so daß er immer mehr auch Deutsche sagen hörte, bald schon würde ihr Land untergehen, und also mußte er sich sehr beeilen sie zu lieben, diese Stachelfrucht, bevor sie verfaulend sich zersetzte und er wieder allein war mit seinem dann verlorenen Mannesalter, allein und nackt vor dem Tod, ein Greis, der erst in einem Land die Kindheit verloren hatte und in einem anderen Land dann das Mannesalter.

Und so nahm er jetzt noch einen tiefen Schluck von dem Kinder- und Frauenduft, von dem Schaum mit der Ahnung von Feuchtigkeit, er sog ihn noch einmal tief in sich ein mitsamt diesem letzten Kindfrauen-Foto von Lilofe, das ihm sein Chef, das Fischgrät-Du, gezeigt hatte: hier steht dieses kleine Kunstwerk, die zu dieser Zeit noch ganz und gar kindliche, jungverheiratete Lilofe vor einem Opel Kapitän aus der Vorkriegsproduktion, wie er damals auch nach Argentinien exportiert worden war und bevorzugt gefahren wurde von den deutschstämmigen Viehzüchtern auf dem Land, den hanseatischen Seehändlern im alten Hafen von Buenos Aires und dann auch von den geflüchteten Nazis, die mit sechs kleinen U-Booten und einem Goldschatz bei Tandil gelandet waren, jetzt steht dieser über den Krieg gerettete Opel Kapitän auf der einstigen Hofstelle des Großvaters Kelch, am Steuer ein hiergebliebener Nazi, ein Nazi, der zu klein gewesen war für eines der sechs U-Boote, am Steuer blinkt Goschinsky aus dem Mund, und davor steht Ludwig in einem heute viel zu weit erscheinenden Anzug mit einem jetzt viel zu breitkrempigen Hut, die Hand auf das Wagendach gelegt, ein Sieger unter den Besiegten, ein Mann, der weiß, wie es weitergeht, und wie versehentlich oder nachträglich erst hinzugefügt, ein Stück entfernt Lilofe, nicht verloren, aber in sicherem Abstand von den beiden Männern, als könne sie tatsächlich noch entscheiden, welche weiteren Nötigungen sie in Zukunft erleiden wolle und welche nicht, obwohl doch schon die Hinfälligkeit sichtbar ist in ihrem hellen Glokkenkleid, die Ohnmacht auch, aber auch natürlich die Begeisterungsfähigkeit und die leichte Verderbnis schneller Genüsse, die zusammen mit den Nötigungen jetzt mehr und mehr kommen, als dieser Opel Kapitän durch den beginnenden Aufbau des Landes zu kreuzen beginnt und ein immer dichter werdendes Netz aus Geschäftigkeit und Erfolgen webt in diesen Jahren des Aufbaus, den sie, die Kindfrau Lilofe, fürchtet und zögerlich genießt, so daß in dieser Zeit tatsächlich jene leichte Verderbnis des Genusses, der nicht verdienten, bloß hingenommenen Lust die einzige Spur des Alterns in ihrem Gesicht ist, und genau hier dringt er jetzt ein, der große Trinker von Kinder- und Frauenduft, dieser kleinwüchsige Miguel Alva, er trinkt sich mit dem wundersamen Duft die Zeit des Aufbaues in den Leib und in die Sinne, er trinkt den Tropenwind aus Westsüdwest, er trinkt das Land, und er trinkt die fortdauernde Kindlichkeit dieser Frau, ihre Enttäuschung bald und ihr beginnendes Verwelken mit dem Herzen eines Kindes, er trinkt sie und nichts anderes, und mit ihr trinkt er das Land, selbst das regenschwere, nasse, fichtenbewachsene, schiefergedeckte, verschlossene, karge, katholische, ja rabenschwarze Sauerland, das kaum jemanden zuläßt und das ihn wahrscheinlich längst getötet hätte als Eindringling, wäre er nicht der Knecht seines begüterten Herrn.

Noch einmal trinkt er sich voll damit, aber dann ist der Duft erschöpft. Er tröpfelt nur noch. Er zerbröselt und zerfällt. Und schon schnüffelt der Trinker am nachlassenden Leim, gierig und verdurstend hängt er am Kleber, am Batteriewasser, um seine Schnüffelsucht ein letztes Mal zu stillen, ja, er ist ein der Sucht Verfallener, immer wieder ist es ihm passiert, daß er die mit seiner Kindheit verlorene Welt des Flusses, des Urwaldes, der Brüllaffen und Leguane und Schmetterlinge, die ihm seine weißen Feinde in Buenos Aires als die Steinzeit des eigenen Landes vorhielten, mit dem Duft einer Frau zurückholen wollte.

Er war ein verlorenes Kind, ein steckengebliebener Mann. Wenn er morgen aufwachte, wäre er schon ein schmutziger Greis. Seine Träume bestanden einzig aus Penetrieren, Austrinken von Düften, Aufessen von Körpergerüchen. Einzig das Ficken war sein Verstand. Er war genug geflohen. Er konnte nicht schon wieder fliehen in eine andere Welt, die auch bloß eine andere Möse wäre. Lieber nähme er sein Rasiermesser und hieb sich den verdammten Schlauch ab, in dem sein bißchen Verstand zu stecken schien und der die ganze Zeit über schon halb geschwollen gewesen war, so daß er ihn mit den Händen hatte abdecken müssen wie eine ewige Sünde.

Auch fürchtete er jetzt, Lilofe habe ihn entdeckt. Sie mußte längst Bescheid wissen über seine Trinklust mit dieser unfasslichen Sensibilität von Frauen. Sie witterten den Bock, natürlich, aber noch viel eher spürten sie die zarte und gleichzeitig ununterdrückbare Dringlichkeit, die ihn beherrschte. Wenn sie plauderte, würde er entlassen. Die Arbeitserlaubnis, das Asyl gingen flöten. Schon sah er sich in Buenos Aires ankommen und sagen: Gut, Jungs, hier bin ich wieder. Nun foltert mich mal schön. Dieses Mal hat mich eine sehr kleine Frau verraten.

Und er hatte Recht mit Lilofe. Aber sie plauderte nicht, sie genoß es still, so heftig bis hin zu den Düften und einzelnen Feuchtigkeiten begehrt zu werden. Immer hatte sie darunter gelitten, daß es unanständig sei, so heftig begehrt zu werden. Jetzt freute sie sich darüber. Sie war erwachsen, sie war fast eine alte Frau, er hatte die Kindfrau in ihr begehrt, und jetzt war das in Ordnung. Es war schön für sie, und schnell plapperte sie weiter, Belangloses, irgend etwas, das sie nicht ablenkte von der Lust, die sie empfand.

Lilofe stand in Flammen, und Miguel Alva rettete sich mit seinem Ständer in die Küche. Er hantierte mit Tellern und Tiegeln, Gewürzen, Saucen, dünstete Zwiebeln, hackte Knoblauch, war froh über jeden klappernden Teller und die Tropfen zischenden Fettes im Backofen, die ihn von dem Gedanken ablenkten, er sei geliefert.

Er briet Conejo de la India: drei Meerschweinchen, die er in einer Zoohandlung in Gummersbach mitsamt Käfig gekauft hatte. So fiel nicht auf, daß er, der Fremde, der Asylant, diese Tierchen morden und aufessen wollte. In seiner Siedlung am Rio Paraná waren sie an den Feuerstellen der Hütten gewachsen.

Bei trockener Wärme und genügend Futter kletterten die Jungen schon nach drei Wochen auf den Weibchen herum. Sie rammelten unablässig und warfen, und während die mittlere Generation noch warf, kam die ältere Generation schon an den Spieß. Die Meerschweinchen waren eine Speisekammer im Dauerlauf, und außerdem schmeckten sie viel saftiger als die zwar auch gut rammelnden, aber elend trockenen Kaninchen, die einst von den Spaniern auf ihren Schiffen mitgebracht worden waren.

Nebenan war Schweigen. Wann immer er in der Küche nicht klapperte, hörte er: das Schweigen am Ende einer Ehe, die zu lange gedauert hat. Das Schweigen hämmerte ihm auf die Ohren, als ob sie schrien. Die beiden hatten schon so viele verletzende Sätze ausprobiert, jetzt konnten sie sich nur noch mit diesem Schweigen verletzen.

Das Klopfen in seinem Glied ließ in der Küche nicht nach. Es verstärkte sich noch, weil er jetzt eine andere Variante seiner Penetriersucht erlitt.

Es war der alte, gefährliche Wahn, der ihn jetzt überkam: Jetzt wollte er diese Lücke penetrieren, die sich zwischen den beiden in seinem Wohnraum sitzenden, aufgebrauchten Eheleuten aufgetan hatte. Er wollte die Spalte penetrieren, die zwischen dem gepanzerten Schweigen des einen und dem der anderen noch bestand. Er wollte sie beide, als gepanzerte Einheit, in diesem einzig noch verbliebenen, weichen Spalt ficken, in den er eindringen konnte, und so wollte er den Spalt schließen. Er wollte die letzte, noch vorhandene Hoffnung ficken. Er wollte sie schreien und ausbrechen hören aus ihrer erstarrten Würde und aus dem Käfig von Beleidigungen, die sie sich gegenseitig zugefügt hatten, und zum Vorschein käme dann wieder (wenngleich alt und beschädigt, schlaff und matt geworden, fast glanzlos) die ursprüngliche Großartigkeit, mit der sie sich erstmals begegnet waren: Ludwig, ein noch junger Mann, der hoffnungsvoll in eine neue Zeit nach Westen aufgebrochen ist, und Lilofe, die als Neunzehnjährige aussieht wie ELIZABETH ARDEN auf ihrem schönsten Foto.

Ähnlich hatte er kurz nach seiner Ankunft in einer Kleinstadt des Nordens im Heimatmuseum ein friesisches Herrscherpaar penetriert. Er erinnerte sich nicht mehr an den Namen dieser Stadt. Das Meer, das er hatte sehen wollen, war jedenfalls nicht weit. Es hatte viele merkwürdig geduckte Backsteinhäuser gegeben und ein argentinisches Steakhaus, das seltsamerweise von einer Familie Behrends geführt wurde. Das Heimatmuseum war im Schloß untergebracht, und schon das hatte ihn erregt.

Dieses Schloß war gedrungen und aufgeplustert wie eine kleine Frau mit sieben Röcken. Die Räume im ersten Stock waren durchflutet von einer Fuge von Bach. Überall gab es diese unterschiedlich leise Fuge von Bach. Immer schon hatte er bezweifelt, daß dieser Bach wirklich ein Europäer war. Vielleicht war er ein früher indianischer Seefahrer, der sich später bloß als Europäer verkleidet hatte, um der Verfolgung zu entgehen, denn diese zerklüfteten und sich einander überbrückenden, vielschichtigen Fugen waren Gebirge der Musik, es waren die Täler und Hänge, die Blätter des Eukalyptus und das um jede Wegbiegung herum andere Licht der Anden, seiner Anden. Und dort hatten sie gesessen: dieses, jetzt erinnerte er sich, friesische Herrscherpaar vom Stamm der Onnos.

Die beiden saßen auf einem gemeinsamen Thron, als sei dieser Thron ihr eheliches Sitzbett. Über den Daumen gepeilt nahm der Hintern des Herrschers etwa siebzig Prozent der Fläche ein, jener der Herrscherin dreißig. Natürlich waren sie reich bekleidet und bestickt, natürlich waren sie mit edlem Gestein oder dessen später angefertigten Nachahmungen geschmückt, wahrscheinlich waren sie einst mit dem Pelzwerk seltener kleiner Tiere behangen, das aber längst andere kleine Nager gefressen hatten. Sie waren aus Holz gefertigt, und sie waren so kleinwüchsig wie damals die Menschen in dieser Gegend gewesen sein sollten. Ja wirklich, sie waren in etwa von seinem Wuchs.

Und ähnlich wie Lilofe und Ludwig hier in seinem Wohnraum, waren sie auf ihrem Sitzbett in ihrer Würde erstarrt; in ihrer Gewohnheit auch, in einem Museum zu sitzen; in ihrem Haß aufeinander natürlich und in ihrer gegenseitigen Verachtung. Und doch schienen sie sich zu belauern, warteten auf einen Ausfall wie auf eine letzte Hoffnung.

Das Holz, aus dem sie geschnitzt waren, erschien ihm

bloß als ein äußeres Zeichen ihrer erstarrten Würde. Umspült von dieser leise jubelnden Fuge aus den Anden des Indios Johann Sebastian Bach hatte er sich vorgestellt, die beiden gemeinsam zu penetrieren, mit einem kurzen, heftigen Stoß gerade dort in sie einzudringen, wo sie noch diesen letzten Ausfall erwarteten. In diesem Augenblick hatte er das für eine ganz natürliche Regung gehalten, ja das Herrscherpaar schien das als einen Akt ehrerbietiger Entsprechung zu erwarten und ihn sogar dazu zu ermuntern, und ihm schien es so natürlich wie dem Regen zu entsprechen durch einen Tanz, einen entblößten Körper, den geöffneten Mund, wenn er nach wochenlanger, trockener Hitze endlich fällt.

Und die beiden Friesenherrscher hatten sich geöffnet. Diese beiden in ihrer Würde und ihrem Haß aufeinander verholzten Figuren hatten ihn zu sich aufgenommen. Jetzt würden sie zu dritt sehen, was daraus zu machen wäre. Vielleicht könnte er hier endlich seinen Koffer auspacken, seine schon lang andauernde Flucht beenden und mit der Landschaft, in der ihr Sitzbett stand, nach und nach verschmelzen, in sie wegschmelzen.

Am nächsten Tag aber waren sie wieder in ihren musealen, wurmstichigen Gewohnheiten erstarrt und blickten abweisend geradeaus. Eine Wiederholung seines Erlebnisses war nicht möglich gewesen, er hätte es von früheren Versuchen wissen müssen: Wieder stand er vor den beiden in ihrem Haß und in ihrer ehelichen Würde verholzten Figuren, versuchte in sie einzudringen und damit den schwelenden Rest ihrer Liebe zueinander anzufachen, aber es geschah nichts. Wieder einmal hatte er vergessen, daß er doch jeweils schon bei dem ersten Erlebnis alle Liebeskraft aufbrauchte, und daß sie jetzt erloschen war. Heute waren diese Figuren bloß totes, wurmstichiges, bemaltes, lächerlich mit billigem Stoff und falschen Klunkern behangenes Holz.

In der Stadt war ihm daraufhin an diesem Tag als besonders erschreckend aufgefallen, wie wenig sich die heutigen Friesen an die Kleinwüchsigkeit ihrer früheren Herrscher hielten. Es waren ausgesprochene Baukräne von Männern. Und sehr oft tonnenförmige Frauen, deren liebliche Milchgesichter nur Tarnung zu sein schienen. Und sie hatten übergewichtige Kinder. Auch waren an diesem Tage alle zusammen, also Männer, Frauen und Kinder, genauso abweisend wie die Sauerländer. Übrigens hatten sie auch vergleichbar runde, ganz und gar rote Freilandköpfe. Aber vielleicht litten in diesem Land überhaupt alle unter ihren Blutfetten?

Und es gab sehr viele Uniformierte hier oben. Erwarteten sie den Feind aus dem Norden? Scheinbar planlos, aber emsig befuhren sie die Straßen mit Autos in nassem Tarngrün. Das erinnerte ihn sehr an diese FORD FALCON ohne Nummernschilder, die in seiner Heimatstadt, dieser heimischen Huren- und Tango- und Verzweiflungsstadt, diesem Buenos Aires seiner unendlichen Lieben auf die Gehsteige gefahren waren und sofort getötet hatten.

Am Nachmittag sah er im Umland viele Rinder. Das wäre natürlich ein Grund gewesen, sich hier baldige Heimat vorzustellen: eine Landschaft mit Rinderzucht. Aber bald schon sah er: diese Rinder hatten alle numerierte Ohren. Schon seit Ketten von Generationen waren sie zur Weidehaltung verdammt, und schließlich waren es gar keine Rinder mehr, es waren eher Tiere, die um ihr eigenes, riesiges Euter herumstanden und hilflos auf die Melkmaschine warteten.

Am Nachmittag wurde er von einer Gruppe Jugendlicher vom Gehsteig gedrängt. Einer schwang einen Basketballschläger gegen ihn — *hau ab, du braune Mißgeburt von einem Hühnerficker,* riefen sie. Er war getorkelt und nur mit Mühe einem Lastwagen ausgewichen.

Bei der Rückfahrt ins Sauerland hatte er im Zug geweint. Aus Angst vor diesem Land. Und natürlich auch aus Angst vor seinem Wahn.

Kindskopf, verdammter, vertrieben vom Rio Paraná durch das quecksilberverseuchte Wasser. Wo endet deine Flucht? Zwischen welchen Schenkeln einer Kindfrau, und in welchem deutschen Knast?

Darüber schrumpfte jetzt schnell sein Glied und fiel naß in die Unterhose. Auch mußte er sich jetzt ganz auf die Meerschweinchen konzentrieren. Er schnitt sie der Länge nach auf und legte je eine Rücken- und eine Bauchhälfte auf die Teller, an der noch die Pfoten mitsamt der kleinen Meerschweinchenkrallen waren, wie es am Rio Paraná üblich gewesen war. Er fügte gebackenen Reis und Mais hinzu, in Streifen geschnittene Paprika, eine gedünstete Tomate, eine große Zwiebel und Knoblauchbrot, stellte alles auf ein Tablett, legte neben Lilofes Teller eine Orchidee von der Farbe reifer Auberginen, hob sich das Tablett auf die linke Hand wie der Kellner eines besseren Restaurants in seinem geliebten Buenos Aires, und versäumte am Tisch nicht, den rechten Arm angewinkelt in den Rücken zu legen: Aus der eingefallenen Mangelbrust vom Rio Paraná wurde die von Stolz und Trotz und Widerstand gegen die täglichen Schmähungen und den stündlichen Tod geschwollene Brust eines Argentiniers der Hauptstadt, der mit diesem festlichen Essen zwei ausländischen Gästen sein Heimatland und sein Herz darbietet.

Als Lilofe die Orchidee sah, lächelte sie. Aber sofort darauf erlosch das Lächeln wie ausgeschossen. Schweiß trat ihr auf die Oberlippe, die Unterlippe zitterte.

— *Ludwig,* sagte sie dann sehr beherrscht. *Du bist genau das Schwein geblieben, das du immer warst. Ich hätte damit rechnen müssen. Während meiner Kindheit waren Meerschweinchen der Ersatz für vieles, das ich nicht hatte. Das hast du gewußt. Sie hatten Vor- und Nachnamen. Abends habe ich ihnen erzählt, wer mir tagsüber weh getan hatte. Sie hatten Liebesgeschichten, die ich ihnen erfand. Die Geschichten der Wörter im Wald. Wenn sie unglücklich schienen, habe ich ihnen Glück erfunden. Das hast du alles gewußt. Deswegen hast du sie jetzt von deinem Knecht braten lassen. Ich hasse dich, und das tut gut. Das tut sehr gut.*

Sprach's, stand auf und machte die Tür der Blockhütte sorgfältig hinter sich zu.

— *Schwarzer Freitag, ganz schwarzer Freitag,* sagte Ludwig nur und verschwand in sein Treibhaus. Er hatte es eilig. Er nahm sich nicht einmal die Zeit, dem glücklosen Koch mit einer weiteren Entlassung zu drohen. Aber Miguel Alva hätte ihn auch kaum gehört. Er stand am Herd und dachte daran, seinen Koffer zu packen. Wie sollte er je ankommen in einem Land, in dem selbst seine Küche ein tiefgreifendes Mißverständnis war?

Er sah sich schon mit seinem Koffer in die City-Bahn Gummersbach–Köln steigen, dort in einen Intercity nach Amsterdam, da auf einen Frachter nach Buenos Aires. Und hier, im alten Hafen, liegt er jetzt schon am Ende des heißen Sommers in der fensterlosen und verwanzten Absteige. Auf dem schmalen Metallbett mit den fleckigen Laken verfolgt er die Wanderungen der Kakerlaken auf seinem Körper. Sie fressen seinen Schweiß.

Geschäfte X: In Lebensläufen sich verirren

In diesen Tagen hielt sich Ludwig, der nicht bloß verlassene, sondern obendrein auch noch verratene Ehemann, viel im Treibhaus auf.

Jedes Mal mußte er Wolfgang Amadeus aus der Hängematte scheuchen. Der hatte sich angewöhnt, darin ein echter, selbstgenügsamer Künstler, sich selbst einen Rausch zu erschaukeln.

Manchmal trat Miguel Alva an die beschlagenen Scheiben, wischte sich mit dem Ärmel ein Sichtloch, um auf seinen Chef wie auf einen Embryo zu sehen, von Fruchtwasser umhüllt, von Lianen wie von Nährschläuchen, milchig, unbestimmt, aber starrsinnig mit dem Wachsen beschäftigt.

— *Kann ich dir helfen, Chef, fehlt etwas?*

— *Nein, ich verirre mich bloß,* kam es unwillig zurück wie von jemandem, der bei einer anstrengenden, sehr intimen Tätigkeit gestört wird.

— *Bist du im Schnee? Oder treibst du auf dem Meer?*

— *Mit Henry Ford dem Ersten bin ich in der Wüste Nevada steckengeblieben. Seine Fords taugen nicht viel: immer öfter Getriebeschaden. Jetzt bin ich mit Herrn Alfred Nobel auf der Elchjagd in Schweden,* brüllte Ludwig zurück.

In jeder öffentlichen Bibliothek hätte er sich verirrt und sie bald Türen schlagend verlassen als einen weiteren Ort der Beleidigungen. So hatte er sich von einem Buchhändler einen Karton voller Autobiographien und Biographien zusammenpacken lassen, in denen er an diesen Abenden mit dem Daumen las.

Es waren alles Lebensläufe von Erfindern, Unternehmer-Erfindern, Ideenträgern, Dieben und Hehlern von Ideen: Fabrikanten (Brausewürfel, Alufolie, Kartoffelchips), Konzerngründern (Waschmittel, Babynahrung), großen Pianisten, Schachweltmeistern, Tänzern, Kirchenmusikern, einem Clown, dem Erfinder des Fahrstuhls, dem Schneider der ersten Nietenhose, einem aus Süddeutschland in die USA ausgewanderten Herrn Levi – Geschichten von Landnahmen waren es, Vertreibungen und krachenden Pleiten, Märchen auch, Lügen zu Hauf, Schrott von Träumen, die helle Bahn eines Kometen hier und da in einem Verkehrschaos der ausgebrüteten, der unternommenen und der bloß gesponnenen, bald pfeifend abgestürzten Ideen – eine Blitzreise unternahm Ludwig in seinem Bücherkarton, der einst Staubsaugerbeutel enthalten hatte für die Modelle Miele S 217–S 226. Sein Daumen blätterte ihn durch viele bloß schadhaft geträumte Ideen, deren Träumer elendiglich in ihren Träumen versunken waren. Einige wenige Ideen waren zu ewiger Kunst geworden und längst bedroht von dieser Ewigkeit selbst, die sie verhornt und unzugänglich gemacht hatte, so daß gar nicht mehr auszumachen war, ob sie die Gegenwart noch liebten oder schon seit längerem verhöhnten. Andere Ideen waren große Gebäude geworden, Seuchen und Wunder, Geiseln und mißverstandene Retter – gemeinsam aber war allen der Traum eines einzelnen, der Traum immer eines Kindes – und daraus schöpfte Ludwig, das überalterte Kind, neue Kraft. Grimmig war er entschlossen, noch einmal zu wachsen.

Beleidigt fiel er wieder in seine beleidigte Kindheit und Jugend zurück. Sie war eingeengt gewesen, jetzt wollte er Platz.

Er wollte jetzt seine Enthaltsamkeit loswerden; auch das, dachte er, brächte ihn den Menschen näher. So erwarb er ein Apartment in einem Kölner Hochhaus, das bewohnt war von begüterten Schwulen, lustigen Witwen und betuchten Herren, die nur zum Schuhewechseln kamen und um mit den Freundinnen ihrer Frauen zu schlafen.

Er tat das auch in seinem kindlich gewordenen, beleidigten Trotz, um Lilofe durch jeweils längere Abwesenheit zu strafen. Sie freilich war froh, ihm nicht jeden Tag zu begegnen. Außerdem benutzte er dieses Apartment nur widerwillig, denn eigentlich brauchte er die Gewißheit ihrer Nähe und die Abende des Traumes und des Schwitzens im Treibhaus mit dem Geschnatter von Wolfgang Amadeus und Johann Sebastian, während Miguel Alva ihm tropische Lügen vom Rio Paraná und Schauergeschichten aus den Tangoschuppen von Buenos Aires erzählte.

Er fühlte sich im Aufbruch – ein grimmig zur Rache entschlossenes Kind mit den Leberflecken, dem eingefallenen Brustkorb und dem nicht mehr wegzuhungernden Hängebauch des Alters.

Er wollte jetzt seine Sparsamkeit loswerden – ein hohes Maß an sorgloser Verschwendung und Überschuldung gar registrierte er überall, und folglich hielt er auch das für eine Annäherung an die Menschen.

Er würde jetzt seinen Reichtum teilen – mit sich selbst: Die eine beträchtliche Hälfte sollte die gewohnte Sicherheit bleiben und nach wie vor für den alten Ludwig Kowalski einstehen; die andere Hälfte sollte künftig frei und risikoreich vagabundieren.

Er ließ sich maniküren und pediküren, und der eine besondere Nagel mit dem rätselhaften Skarabäus fiel. Ludwig wollte glatt sein, ohne Ecken. Er wollte rund und schnell sein, nach vorne gehen, schneller sein als die letzte Beleidigung gewesen war, die ihn eingeholt hatte.

Er wollte jetzt den Geruch von Sauerländer Erde, von Pflanzenschutzmitteln, Wühlmausködern, Xyladecor und Vogeldung loswerden. Das Land hatte sich längst verstädtert. Auch die neuen Landwirte in den Städten, die Wiederverwerter und Körneresser, die sich gegenseitig per Fahrrad hoffnungsfroh grüne Botschaften auf Graupapier schickten, auch sie bekämen ihn nicht. Ludwig als Grüner Papst hatte ausgedient. Wenn überhaupt, dann wollte er seine eigene Hoffnung sein.

Nicht länger auch sollten ihn städtisch gewandte Gesprächspartner in seinem C&A-Brenningmeyer-Anzug nach Fichtennadeln absuchen und nach Sitkaläusen im Schritt. Erstmals im Leben fuhr er zu einem Maßschneider. Der skizzierte ihm einen neuen Lebensentwurf. In Anbetracht der unterschiedlichen Stadt- und Land-Landschaften, in denen dieser Kunde sich bewegte, angesichts der unterschiedlichen Jahreszeiten und unter Berücksichtigung der längst nicht mehr berechenbaren Wetterumschwünge, der mitmenschlichen Ausfälle und der vielen Vulkanausbrüche – neuerdings kam dieser Schneider auf dreizehn verschiedene Anzüge, fünfundzwanzig Hemden, fünfzehn Paar Schuhe und fellgefütterte Stiefelchen – nur auf neue Unterwäsche ließ Ludwig sich nicht ein. Er blieb bei den Dreierpacks von Unterhemden und -hosen und den Fünferpacks billiger Socken, die er kartonweise bei C&A Brenningmeyer kaufen ließ.

Er bestellte einen Masseur ins Haus, der ihn walkte und ihm giftgrüne Gesichtsmasken verpaßte; in seinen Hautfalten vermutete er noch Blütenstaub und Ackerkrume.

In Bonn mietete er zweimal wöchentlich einen Meister der Rhetorik. Lange schon litt er darunter, daß seine Rede so klumpig war. Schnell wurde ihm der Mund trocken, die Zunge klapperte gegen den verdorrten Gaumen, der Folgesatz fiel dann seinem Vorgänger in den Rücken, anstatt frei und überzeugend auszuholen und die Zuhörer mit einem Schwinger zu vernichten. Es war ein geduldiger Lehrer. Die Forschheit seiner Jugend war längst zermürbt durch viele aussichtslose Fälle von Parlamentariern, und Ludwig machte schnell Fortschritte. Dann aber brach er plötzlich ab:

erschrocken hatte er festgestellt, daß die Häufigkeit und Intensität der Virusstiche in seinen Kopf nachließ. Er vermutete, ja er war gewiß, daß dies mit seiner glatter gewordenen öffentlichen Rede zusammenhing. Gleisnerisch und lügenhaft umgab sie ihn inzwischen, und offensichtlich hielt sie viele der Stiche ab, die für ihn die Wahrheit waren. Vielleicht konnten diese Stiche nur dort in ihn eindringen, wo die öffentliche Sprache versagte und ihm am Gaumen festklebte; vielleicht waren nur das die Augenblicke, in denen er wahrhaftig war und nicht bewaffnet mit glatt geäußerten Lügen?

Maßgeschneidert eingekleidet, frisch manikürt und pedikürt, frühmorgens erst gewalkt, gewässert und eingeduftet, besuchte dieser neue alte Ludwig Kowalski in Köln den Multimillionär und Großkaufmann Niklas E., der ähnlich wie er selbst gelegentlich unter Virusstichen litt.

Allerdings empfing er keine Ideenstiche: Das Gift wanderte nicht frisch durch seinen Körper. Er war darauf angewiesen, vorgefundene Ideen abzuwandeln und anzupassen an sich selbst. So war er ein Ideen-Importeur vordringlich aus den USA geworden. Sein Geschick dabei war, eine dort bereits entzifferte und aufgezeichnete Idee zu lesen und dann schneller mit ihr nach Europa zurückzufliegen als ein anderer, der sie ebenfalls gelesen hatte.

So hatte Niklas E. die Supermärkte mit Stapelware in Köln eingeführt. Den ersten Markt eröffnete er in der einstigen Sporthalle am Militärring zu jener Zeit, da gerade dieser später in den Schulbüchern und allgemeinen Nachschlagewerken verzeichnete Wind aus Westsüdwest einsetzte. Die Kunden damals waren noch an schmächtige Regale voller Grieß, Zucker, Pferdegraupen und bröckelnder Kernseife gewöhnt. Sie kauften ihre Rationen kleiner Allesfresser tütenweise für den Tag. Niklas E. ließ zur Eröffnung Elefanten durch die Gänge traben, und Ludwig hatte damals eine seiner kleineren Baumschulen vollständig geräumt, um Baumoasen, Birkenwälder und Strächerinseln in dieser neuen Landschaft der Ware zu schaffen. So hatten sie sich kennengelernt. Bald bewunderte unausgesprochen einer den anderen: Niklas E. schätzte Ludwig wegen seiner auf Grund eines originären Stiches zuckenden Fußzehen, und Ludwig schätzte Niklas E. wegen der Entschiedenheit, mit der er Ideen stahl und abwandelte, ohne sie je wirklich für seine eigenen zu halten.

Der eine war ein begabter Stotterer, der andere ein aufrichtiger Dieb.

Inzwischen aber war Niklas E. die bunten Türme seiner Stapelware leid geworden. Ein Warenturm schien ihm mit dem anderen so austauschbar, alle zusammen hielten sie derart sein Leben besetzt, daß ihm auch bald dieses Leben selbst völlig austauschbar erschien. Schon verwechselte er sich gelegentlich mit einem seiner Geschäftsführer, andere Geschäftsführer sah er plötzlich doppelt als Eigentümer aus seinem eigenen Büro kommen.

Er haßte den Geruch der Berge von Waschpulver, aus denen immer eine Sabotage rieselte. Die Ostereierfarben der Reinigungsmittel, die sich wiederum kaum unterschieden von denen des Autozubehörs, die er bald verwechselte mit denen des Käses, der Wurst und der Fischkonserven, verursachten ihm Übelkeit. Und wenn er bei einem seiner nächtlichen Kontrollgänge im Licht des Handscheinwerfers die unvermeidliche Maus entdeckte, dann ekelte er sich vor sich selbst, weil er mehr und mehr davon überzeugt war, als seine eigene Maus in seinem eigenen Labyrinth herumzuhuschen und noch dazu vor sich selbst als Nachtwächter Angst haben zu müssen.

Sein Arzt riet ihm dringend, sich eine andere Idee zu suchen.

Eines Nachts strich er konsequent alle Filialen aus seinem Kopf. Er verkaufte sie und stürzte sich auf Süßes. Ebenso über Nacht erwarb er eine Kette kleiner, aber sehr feiner Läden für Pralinen und Schokoladen, Marzipan, Teegebäck.

Immer schon war er marzipansüchtig gewesen. Das Marzipan hatte ihm längst die Zähne ruiniert, aber oft die Seele geglättet. Wenn er den Duft von Marzipan in die Nase sog, zitterten die Härchen. Dann zog er sich die Lackschuhe aus, öffnete Sockenhalter und Kragen, lockerte den Hosenbund und ließ sich in einen Sessel fallen. So kostete er den Marzipanduft, den er Glück nannte. Nie war er so glücklich, wie wenn er allein mit einer geöffneten, aber ungekosteten Schachtel Marzipan war, die in seinem Schoß lag und deren Duft, kleine Wolken von Reizstoffen, zu ihm aufstieg wie der Duft einer jungen Frau.

Ähnlich wie Ludwig war Niklas E. jetzt also dabei, seine Geschäfte und sein Leben insgesamt zu verfeinern, und so hätten die beiden durchaus zusammengepaßt.

Ludwig aber hatte eine unüberwindbare Abneigung gegen Marzipan. Ihm wurde allein von der Vorstellung schlecht, er müsse eines dieser rosafarbenen Schweinchen essen oder gar einen Maikäfer aus dieser brüchigen, trokkenen, inwendigen, grießigen Masse, nach der Niklas E. süchtig war. Auch weigerte er sich, einen der kleinen, aber feinen Läden ein weiteres Mal zu betreten. Er fühlte sich von dem Geruch belästigt, den Niklas E. Duft nannte; ein bitterer, ungelüfteter, hockender Geruch war es für ihn, fast wie der in einer Kölner Klappe. Auch störten ihn die zumeist älteren Verkäuferinnen, die Schwestern von ihm hätten sein können. Sie trugen lachsfarbene Kittel und erschienen ihm als eine gerade jetzt unerträgliche Mahnung, anständig und mit gewisser Würde durchs Leben zu gehen.

Das Problem mit Geruch und Duft erledigte sich bald von selbst: Niklas E. stürzte mit seiner Cessna über dem

Bayerischen Wald ab. Neben Herzversagen war dies eine sehr häufige und geachtete Todesart in seiner Berufssparte; zumeist war der Tod freilich durch fliegerisches Unvermögen und Leichtsinn bedingt, in einzelnen Fällen wohl auch durch verärgerte Fluglotsen, die gern diese Maschinen in Nebelbänke lockten, um dort mit ihnen zu spielen, bis die Tanks leer waren.

Als Haupterben hinterließ Niklas E. einen unehelichen, mit einer jüdischen Schauspielerin in Tel Aviv gezeugten Sohn, der Daniel Rothermans hieß – ein junger, wendiger, intelligenter, schwarzgelockter, fast schöner Mann, der sich außer für andere Männer für Parfüms interessierte, ja nahezu alles darüber wußte, denn er hatte eine harte Lehre durchlaufen in Düsseldorf, Paris, New York bei ELIZABETH ARDEN – PARFUMS LAGERFELD.

Auch Daniel Rothermans mit seiner weltläufigen Nase des Parfumeurs lehnte die Beschäftigung mit Marzipan ab; das sei eine Geruchsverirrung der Biederkeit, wenn nicht gar eine Duftferkelei der Verklemmnis.

Dieser junge Daniel hatte Ludwig einiges zu sagen, und er mochte es, zu älteren Männern aufzuschauen. So kamen die beiden sich näher.

Bald saßen sie eine ganze Nacht zusammen und wälzten das Kölner Telefonbuch. Daniel Rothermans wollte eine bundesweite Kette exklusiver Parfümerien aufbauen, die nach und nach selbst in die Oberzentren, die Kreis- und sogar Kleinstädte hineinreichte, und sie suchten einen Namen, der Reiz, Traum und Entschlossenheit zugleich war. Jetzt, da längst die großen Nachkriegsbauten der ersten Warenpaläste abgerissen, durch gläsernes, zeitlos Marmoriertes gar ersetzt würden, jetzt, da unermeßlicher Reichtum in dem Land sei, jetzt sei es Zeit für eine Verfeinerung der Sinne auch der Deutschen, sagte er; von der Brandrodung sind die Deutschen zur Heckenschere gekommen, sagte er; dann zum Rasenmäher, zur groben Lust des Automobils. Zeit sei es längst, sagte er, den Sieg über die einstige Niederlage nicht bloß mit der Gewalt der Motoren zu feiern, sondern auch durch prickelnde Entsagung, Zurückhaltung, unmerklich züngelnde Reize, die verplombten Fläschchen entströmten, zierlichen Karaffen, verwegenen Phantasie- und Lustobjekten: die Geige des

Triebkünstlers Paganini etwa, auf das Format eines sehr kleinen Fingers verkleinert, stelle er sich als Spender vor für einen keineswegs betörenden Duft (denn die Betörung, nicht wahr, sei ja nur eine verklemmte Form der gewaltsamen Inbesitznahme, der Vergewaltigung), sondern bloß für eine nicht auslotbare Form der Anregung und Erregung: ein gar nicht beschreibbarer Hauch eines Duftes, mehr nicht, eben PAGANINI.

Gegen Morgen endlich fanden sie den Namen des jüdischen Tuchhändlers Igor D…, ein Name, in dem Tiffany mitschwang und die Fifth Avenue, die heitere Melancholie eines Stadtneurotikers mit großem, beschnittenem Glied wie Woody Allen, aber auch die unerschöpfliche Weizenweite des amerikanischen Mittelwestens, aber auch jüdische List und israelische Hartnäckigkeit, und ein Name überdies, der sich mühelos deutsch aussprechen ließ, unerläßlich für die faule deutsche Zunge. Als am Morgen der Tuchhändler bereit war, seinen Namen gegen zehntausend Deutsche Mark zu verkaufen, gingen sie zum Handelsgericht und ließen ihn eintragen.

Die Kette exquisiter Parfümerien begann mit zwei Filialen im Kernbereich des Kölner Einkaufs, durch den nicht nur das gesamte Umland strömt, sondern in guten Zeiten auch Unmengen von Belgiern, Niederländern und Franzosen, die dann ihre heimischen Gemeinden unbewacht zurücklassen.

Ludwig, der doch seiner antrainierten Einsamkeit entgehen wollte, ein alter Mann in einem letzten Aufbruch, kaufte zwei nebeneinander liegende Läden im Kölner Eigelstein-Viertel – eines der buntesten Viertel der Stadt, an dessen Rand sein Sohn lebt und sich wärmt an den hier noch immer kriegsverbrannten, noch immer notdürftig abgedeckten Gebäuden und Hinterhöfen, die von Türken, Italienern, Spaniern, Portugiesen, Arabern auch bewohnt werden, von Arbeitern und Arbeitslosen, Rentnern und Witwen, und später am Nachmittag erwachen die Huren und Hehler und Loddel, die Stricher, die Diebe, die Fixer auch, die dann vorsichtig ihr erstes Joghurt essen, eine Nymphomanin geht auf Trebe, eine ungebundene Lesbe, eine hungrige Ehefrau, die Kneipen füllen sich mit den Trinkern, auf zehn Trinker kommen drei Säufer, jeden

Monat stirbt ein Säufer, ein Trinker rückt nach und wird zum Säufer.

— *Ein Schlesier und Sauerländer. Ein vereinsamter Millionär. Ein grimmiger Mann. Einer mit dreizehn Maßanzügen und fünfzehn Paar Schuhen und gefütterten Stiefelchen. Mit einem teuren Wagen und einem Knecht. Mit einer abtrünnigen Frau. Und erst jetzt geht ihm auf, daß er sie selbst verraten hat. Mann, Chef, so ein alter Knacker ist hier verlorener als ein Indio im Sauerland. Der Indio vergißt nie, daß er in der Fremde ist. Seit fünfhundert Jahren vergißt er das keinen Tag. Nur du glaubst, du seist hier in deinem eigenen Land. Aber es ist doch die Nachtseite deines Landes.*

— *Es ist Menschlichkeit,* sagte Ludwig, der Konvertit.

— *Es ist bloß dein kaputtes Schattenland. Voller Ruinen und Stricher und Huren. Es ist das Viertel der Ratten, Chef. Es ist noch lange nicht einer dieser Bereiche meiner Stadt, in die nachts kein Taxi mehr fährt. Nein. Aber im Sommer riecht es schon danach.*

— *Ja, ich weiß. Und Lilofe kommt dir gerade entgegen.*

— *Nein, falsch. Viel zu gefährlich für die kleine Frau. Das war immer im Zentrum.*

— *Klar. Und Hitler kam gerade aus dem Kino.*

— *Ja. Mit seinem Schäferhund. Da kam er aus einem unserer vielen Kinos.*

— *Und Mussolini hinterdrein?*

— *Nein. Schon wieder falsch. Mussolini ging zwei Meter vorneweg. Mussolini ging ja immer vorneweg*

— *Aber Perón ging hinterher?*

— *Auch falsch. Perón blieb natürlich im Kino. Schließlich war er der Platzanweiser … und wollte außerdem noch mit Stalin sprechen.*

In einer der schweißgetränkten Nächte in der Hängematte – während ihn Einsamkeit drückte und die Bitternis, bald spurlos ausgelöscht zu sein und er in den Lebensläufen anderer Einsamer blätterte, die auch ausnahmslos falsch gelebt hatten – da hatte er mit dem Gedanken gespielt, Stadt und Land, die Wüste der Steine und den Urwald der Pflanzen miteinander zu versöhnen.

Eine flüchtige Handlung wäre es, ein nichtiger Versuch,

eine winzige Fußnote in der Geschichte der Steine – und doch wären es für ihn die Kathedrale, die er nicht gebaut und der Ludwig-Kowalski-Gedenkpark, den ihm keine korrupte Stadtverwaltung einrichtete.

Es sollte organisch und allein daher schnell vergänglich sein aus Protest gegen die vermeintliche Ewigkeit der Steine. Es sollten der Duft des Parfüms eines Daniel Rothermans sein und die gurrenden Nachtrufe der Orchideen eines Ludwig Kowalski – es sollte eine Lockung in der Stadt der Steine sein, ein Gerücht, und es sollte eine käufliche Hoffnung sein, eben ein Geschäft.

Dazu brauchte er ein weiches, bereits zur Fäulnis neigendes Stadtviertel mit seinen Nestern von Ratten und Mäusen, den Eierablagen der Schaben und den Würfen verwilderter Katzen. Er brauchte eben dieses Eigelstein-Viertel der Ausgebrannten und still Mitleidenden, der Diebe und Huren, der Empfänger von Sozialhilfe und Rentner, der Studenten auch, die auf ihre Sozialwaben scharf waren, der Türken auch, die hier ghettoisiert waren und die mindestens so hartschädelig mit den Italienern und Spaniern und Portugiesen kämpften wie die hartschädeligen Deutschen mit ihnen selbst, und die gerne in der dritten Generation die noch besseren, nämlich die Deutschen mit den noch härteren Schädeln würden, denn dann erst wären sie wirklich hier angekommen.

Versöhnung mit einem Duft hieß für die beiden zusammengelegten Läden in dieser Weichfrucht von Viertel: hier bot er die Düfte von Lagerfeld, Guerlain, Ricci, Dior, Boucheron undsoweiter an und einen Schritt weiter ausgefallene exotische Pflanzen und vor allem Orchideen großer Seltenheit und Pracht. Blütengesichter waren es, die nicht einmal nachts schrien, die immer nur leise gurrend lockten.

Er organisierte einen eigenen Versanddienst dieser selten stillen und nachhaltigen Exemplare mit Linienmaschinen der VARIG aus Brasilien und der KLM aus Guatemala und brachte allein damit die anderen Kölner Händler in Nöte und gegen sich auf, denn bald drängten sich zwei Klassen schwerer Wagen im Eigelstein: die BENTLEYS und MERCEDES und BMW aus den Villenvierteln (die Fahrer in ihren anthrazitmatten Uniformen hielten ihren jeweils getrennt einkaufenden Damen und Herren den Schlag auf und warteten vor Daniel Rothermans und Ludwig Kowalskis Dufthöhle und Orchideen-Nachtparadies auf die kleinen, teuren Päckchen und die Rispen der Orchideen, die bloß gurrten, nie aber billig schrien) – und es fuhren vor in hochgebockten ROAD MOVIE WAGONS von CHEVROLET, in Porsches und ebenfalls Bentleys Kernbeißer-Hans und Jürgen die Elster, Bangkok-Joe und Strohmann-Rolf und Beulen-Dieter, die großen Zuhälter Kölns.

Es kamen die Zahnärzte natürlich und die Fachärzte, die Versicherer von Sach und Leben, die Steuerberater und Notare, die leitenden Angestellten des Fahrzeug- und Maschinenbaues, der Schiffsmotoren und Traktoren und der Chemie. Aus der Messe kamen sie, der Stadtverwaltung und den Rundfunkanstalten, und bald ging nachts die erste Scheibe zu Bruch, denn einer der am Eigelstein selbst beheimateten Kleinstloddel (die noch mit Gebrauchtwagen zweiter Wahl Streife fuhren und mit Mountainbikes) hatte die neue Beweglichkeit seines Viertels gründlich mißverstanden. So kam es zu einem begrenzten Krieg zwischen Loddeln, der aber fair mit nur drei Verletzten auf den Rheinwiesen ausgetragen wurde.

Um diese beiden Läden kümmerte Ludwig sich mehr als um seine sonstigen Geschäfte. Er wurde dabei lockerer. Er lachte jetzt manchmal. Er lernte den Umgang mit einer Reihe von unanständigen Wörtern, die er gelegentlich benutzte wie eine Fliege, ein Halstuch.

Bald hatten die zeitweiligen Witwen in den Villenvierteln der Stadt und in den waldigen Schlafgemeinden des Bergischen Landes ein neues Rätsel, das sie beschäftigte. Zunächst verrätselten sie es weiter; vorsichtig fütterten sie es fett.

Sie waren so geschult in den schwierigen Genüssen der Untätigkeit und der verdeckten Verzweiflung, daß sie es noch eine Weile hinhalten wollten, bevor sie sich im Wettkampf daran machten, es aufzulösen und damit zu zerstören: das Rätsel eines jungen, schwulen Parfumeurs, der ein Millionenerbe war, und das Rätsel eines alten, sich aber attraktiv gestaltenden Mannes, der, so hieß es, mit organischen Ideen andere Millionen gemacht hatte, die sich längst untereinander vermehrten wie Flöhe.

Schnell diktierten daraufhin die Präsidenten der großen Karnevalsgesellschaften eine Notiz für die nächste Session.

Die Händler von Luxusautomobilen, Orientteppichen, die Kunsthändler und Häusermakler merkten auf, die Betreiber von Schönheitskliniken und natürlich auch die Notare und die Steuerberater.

Erzbischof Kardinal Höffner, dessen Vikariat an das Viertel grenzte, ließ sich bald von dieser merkwürdigen Ehe der Düfte und der fleischigen Lippen der Orchideen berichten.

Er hielt es zunächst für eine weitere Sumpfblüte auf diesem immer schwankenden Boden des unermeßlichen Reichtums, der im Land war, der Berge von Müll, geplatzten Fässern und Sinterwasser, das den Glauben unterspülte. Dann aber nahm er plötzlich den Beitrag eines Fernsehmagazins ernst, der nur ein leicht verrutschter Witz war. Er hatte die beiden Läden am Eigelstein als eine Hochzeit zwischen den konzentrierten Dufträuschen des Parfüms und den fleischigen Schamlippen der Orchideen dargestellt und am Ende von einer Kreuzung aus Sumpf und Blüte schwadroniert, ja von einer organischen Verwachsung von Schichten und Klassen. Da intervenierte der Kardinal in diese neue Form von Klassenkampf und Klassenschmelze auf dem Bildschirm. Der Intendant des Westdeutschen Rundfunks äußerte Bedauern, der zuständige Programmgruppen-Leiter entschuldigte sich mündlich und schriftlich, der Rundfunkrat rügte, der Redakteur wurde abgemahnt, die Autoren erhielten Beschäftigungsverbot, DER SPIEGEL glossierte ätzend an einem Montagmorgen den Verlauf einer Woche im Kölner Funkhaus, und die beiden Läden am Eigelstein erzielten höhere Umsätze als zuvor, ja boomten regelrecht, so daß Ludwig einen Wärter vor die Tür stellen mußte zwecks Regelung des Verkehrs.

Ludwig lachte jetzt nicht nur öfter, er holte auch nach, was früher seine Keuschheit und sein ewiger Zeitmangel verhindert hatten; seine Kopfschmerzen auch, seine dann bald zuckende Zehe, aber tatsächlich ebenso eine althergebrachte Vorstellung von Treue: er nahm sich gelegentlich eine Frau.

Miguel Alva führte sie ihm zu aus einem der Villenviertel

und aus dem bewaldeten Bergischen Land, Kundinnen, die einen kopfgestressten Millionär mit unanständigen Wörtern enträtseln wollten. Gelegentlich kostete er bei der Rückfahrt, was sein Chef von der Speise noch übriggelassen hatte, mit den ihm eigenen, kleinen und immer zarten Bissen.

Das meiste sogar ließ sein Chef übrig von der Speise. Und schließlich verriet Ludwig ihm auch, daß es eigentlich ein gespieltes Leben war, das er mit diesen meist kleinen, duftenden Frauen und Mädchen führte, ein Gaunerstück eher, und daß es nicht bloß an seinen Altersbeschwerden lag, an seinen versagenden Nieren, dem hohen Zuckerspiegel, wenn er so selten noch eine Erektion hatte – ja, sie gelang ihm eigentlich nur dann, wenn er sich diese Frauen und Mädchen als einen Scherenschnitt, ein Frostfiligran vorstellen und in das antiquierte Jahr neunzehnhundertsechsundvierzig zurückversetzen konnte, in schneidende Kälte und in den Geruch ungewaschener, armer Leiber. Kaum aber war er dann hinreichend erregt, hatte er die jetzige Lilofe vor Augen, die sich verpuppt hatte und gealtert war, die zu plappern und schneidend zu argumentieren gelernt hatte, und es war wieder aus mit ihm. Sein Glied wurde ohnmächtig und sank hilflos in sich zusammen.

Dagegen wußte auch Miguel Alva kein Mittel. Er verstand seinen Chef zu gut.

Wenigstens war er jetzt geselliger geworden, und manchmal gelang es Miguel Alva, ihn im Treibhaus aufzumuntern. Hier schaukelten sie beide in einer Hängematte und schmiedeten Reisepläne für den Tag, an dem die argentinischen Militärs endlich das Land so ausgeraubt hätten, daß es ihnen aus den Händen fiele wie eine leergegessene Frucht.

Mit einem Hausboot wollten sie dann die mäandernden Flüsse befahren, nach seltenen Pflanzen suchen, fischen und nachts an den Ufern kleine Frauen lieben. Und in den süchtigen Straßen von Buenos Aires nähme Miguel Alva ihn an die Hand, so wäre auch er selbst geschützt vor diesen vielen in den Fugen offenen, weil nur locker zusammengesetzten Frauen, und sie gingen in einen der zahlreichen Tangoschuppen. Jeder von ihnen legte hier bald seinen Schmerz offen vor sich auf den Tisch.

Sie weinten ein bißchen mit dem Bandoneon, betrachteten ihren Schmerz wie ein Häuflein, sortierten ihn neu und verstauten ihn schließlich wieder in einzelnen Kammern ihrer Herzen.

Jetzt war Ludwig immerhin ein Mann, der jungenhaft träumen konnte. Der harte, einsame Ehrgeiz war verflogen. Er konnte es genießen, als verrätselter Sünder eines der Stadtgespräche von Köln zu sein. Dann bildete er sich ein, doch einen ganz passablen Liebhaber abzugeben. Schließlich wußte er jetzt endlich, wie unterschiedlich und wie gleich die Frauen sind, die ganz jungen und die älteren, wie unterschiedlich ihre Körper sind, die engen und die großräumigen, die trockenen und jene, die duften oder gar herrisch riechen wie Wildorangen – und etwas mehr wußte er jetzt auch von ihren Herzen, ja glaubte manchmal sogar, sie murmeln zu hören.

Ich selbst hatte mich damals aus dem Viertel vorübergehend verabschiedet. Auch für Vater und Sohn erwies sich das als günstig. STAATSSCHUTZ wurde zu dieser Zeit mit Druckbuchstaben geschrieben. Ich hatte mir ein paar Schwierigkeiten eingehandelt durch Kontakte zu jenen, die schon für morgen einen entscheidenden Umbruch voraussahen, wurde abgehört, auf den Straßen überwacht, verhört – Schwierigkeiten minderer Art, aber genug, um mich zu verbiegen, hatte daraufhin Freundschaften gekündigt, Wohnung und Konto aufgelöst und mich nach Lima/Peru in ein Schließfach verzogen. Dort erreichten mich Postkarten von Ludwig mit dem neuen, duftenden Firmenaufdruck, die ich nicht verstand und nicht beantwortete.

So konnte ich mir die Freundschaft zu den Wörtern bewahren, mit denen ich ihm jetzt nachstelle. In Köln hätte ich ihn damals als Eindringling bekämpft, als Scharlatan, der mit seinem überteuerten Nichts schnell zerstäubender Düfte einen unlauteren Sozialpakt preist – die jetzt wuselnden, ihm nachstellenden Wörter wären damals verklumpt. Die Wörter hätten bald Fäuste gebildet: ein Kind, und ein anderes Kind, und beide hätten sich bekämpft – das wären damals die Kowalskis vom Eigelstein gewesen.

Trotz seines veränderten Lebens hoffte Ludwig noch immer auf Lilofe. Aber natürlich erreichten die Stadtgespräche schnell das Land, das doch längst stadthörig war.

Nach einigen Tagen der Abwesenheit fand Ludwig auf seinem Schreibtisch den Hochzeitsdiamanten, der sonst an seiner goldenen Kette in Lilofes Wandtresor hing. Er gleißte auf dem Schreibtisch und erzählte ihm das Ende seines jahrzehntelangen Verrates. Lilofe war ausgezogen. Ohne Ankündigung und natürlich ohne Gruß.

Miguel Alva fürchtete jetzt ein langes Toben, das in eine selbstzerstörerische Verzweiflung überginge. Immer fürchtete er dabei auch um sein Brot und sein Bett. Seitdem er den quecksilberverseuchten Fluß verlassen hatte, war ihm schließlich nichts mehr von Dauer begegnet. Aber dieser Mann von einem Chef war nicht zu fassen: er lächelte. Er saß vor dem gewaltigen Diamanten, hörte der langen Geschichte seines eigenen Verrates zu, die ihm dieser Stein erzählte, und lächelte.

— *Es ist gut so, es hat sein gemußt,* sagte er. Jetzt, da er ein wenig mehr von den Frauen verstand, wußte er zum ersten Mal seit dem antiquierten Jahr neunzehnhundertsechsundvierzig, daß er diese Frau geliebt hatte, einzig und allein diese Frau. Und diese neue Frau, die sie jetzt war, diese für ihn nicht mehr erreichbare Frau, würde diese Liebe nicht mehr zerstören können. Es war jetzt eine Liebe für ihn ganz allein.

Bald darauf bekam Daniel Rothermans nach einem weiteren Artikel des Spiegels kalte Füße. Er hatte inzwischen Filialen in anderen Großstädten gegründet und begann, sich die Mittelstädte zu erschließen. Er war von feinsinniger Zielgerichtetheit, und dabei störte ihn, daß Ludwig zum Gespräch geworden war. Manchem Träumer galt seine ganz neue Warenkombination der Lüsternheit in diesem weichen, fauligen Viertel des Eigelstein tatsächlich als bewußte Sozialutopie; andere stellten ihn als besonders freigiebigen Gastgeber junger, mittelloser Frauen dar; wieder andere sagten ihm unglaubliche Sexualpraktiken nach, von denen Ludwig selbst freilich nie etwas gehört hatte.

Jedenfalls schloß Daniel Rothermans messerscharf, daß in den Mittel- und gar Kleinstädten nicht sein durfte, was hier in der fauligen Frucht des Eigelstein, mitten in der rheinischen Schmuddeligkeit und Hurerei sein konnte, und er hub zu einer vorbereiteten Rede an, die er in seiner Penthouse-Wohnung auf Tonband geübt hatte:

Ludwig, vorneweg: Wir müssen uns trennen.

Meine Parfümerien sollen Opernhäuser en miniature sein, lichte Kunsthöhlen des flüchtigen Duftes, der fast ein Nichts ist und schnell verklingt wie Musik.

Dabei gibt es eine unsichtbare Linie hin zur Deutlichkeit, die zu überschreiten für jede Parfümerie wie für jede Kunst tödlich ist.

Eine Parfümerie, und mehr noch eine bundesweite Kette von Parfümerien, ist für Deutlichkeiten so anfällig wie ein großer Violinist für Gicht und Schuppenflechte. Eine Parfümerie ist wie Paganini. Die Krankheiten für eine Parfümerie sind die Gerüchte.

Wir leben von der bloßen Andeutung. Der Illusion. Dem Schein und Reiz. Wir verkaufen Verführung auf Distanz. Zwischen dem Flakon und dem Bett ist eine Aura, eine Begehrlichkeit, die nicht gestillt werden darf, sonst verlieren wir die Kundin. Wir leben also von dem Betrug, der einvernehmlich zwischen uns und der Kundin stattfindet.

Wir verkaufen Anregung, aber keine Erregung. Wir handeln mit kleindosiertem Schauer und mit Wohlgefühl, aber nicht mit dem Orgasmus. Wir regen die Kundin an, aber, grob vereinfacht, wir vögeln sie nicht.

Gewiß, auch mancher Sonderling kommt zu uns. Einer will den reinen Duft der Verzweiflung. Ein anderer gequälten Schweiß. Wieder andere wollen den Duft von Kinderfleisch und Badeschwämmen. Und sie bekommen ihn bei einem guten Parfumeur. Andere wollen vergewaltigen und töten, und wir betrügen sie einvernehmlich mit einer sehr teuren Essenz aus der Mabini Street von Manila. Wir retten sie vor dem Mord – mit einem Lächeln, nie mit einem Lachen.

Ein Vorhang ist auf den Gesichtern meiner Verkäuferinnen. Ich bevorzuge die etwas dummen. Wären sie raffiniert, schöpfte der Kunde Verdacht. Auf den Gesichtern der etwas dümmlichen haftet später die Arroganz wie ein Lack.

Auf diese Arroganz lege ich großen Wert. Sie ist ein wichtiger Teil des Betruges. Der Kunde sieht, daß auch diese Verkäuferinnen betrogen werden. Um ihre Natürlichkeit. Und von mir natürlich, der aber nie zu sehen ist. Das gibt ihm Vertrauen in den Akt des Betruges, der gleich ansteht mit ihm selbst.

Ein guter Parfumeur ist nie zu sehen. Wir sind keine Händ-

ler. Wir sind reine Betrüger. Wir sind so rein, daß wir nie zu sehen sind. Deswegen verabschiede ich mich jetzt auch von dir. Leb wohl, mein gewesener Freund.

Geschäfte XI: Die doppelseitig geschlossene Gesellschaft

— Und was machen wir jetzt, Chef?

— Jetzt verkaufen wir die faule Frucht in Köln. Wir suchen einen dick am Beutel, arm im Kopf und gehen dann ein bißchen auf Reisen. Vielleicht gibt es irgendwo noch etwas zu tun für einen alten Mann und seinen Freund.

Tatsächlich fand sich bald ein Iraner, der die strittig gewordenen Läden am Eigelstein teuer kaufte. Auch wenn Ludwig also Ideenverbot hatte in diesem Viertel, verdiente er allein an dieser einen Idee ein kleines Vermögen; ganz abgesehen davon, daß er das Lachen gelernt hatte, ein wenig mehr von den Frauen wußte, den engen und auch den großräumigen, und völlig abgesehen davon, daß er die zweite und letzte Liebe seines Lebens wenigstens in dem Augenblick erkannte, da er sie endgültig verlor.

Wenn er jedoch gehofft hatte, der Iraner würde jetzt an seiner Stelle zu einem schlüpfrigen Stadtgespräch, ja säße dem kühl auf Erfolg segelnden Daniel Rothermans wie ein orientalisches Furunkel im Nacken, hartnäckig und nicht wegzubrennen, wurde er enttäuscht. Dieser Mann hatte sein Geld mit Baumaschinen für sein Land und mit Teppichen für Köln gemacht. Er hatte den Körper eines alt gewordenen Ringers, den Kopf eines Findlings, das beschädigte Herz eines Vaters von dreiundzwanzig Kindern mit fünf Frauen, den schnellsten Geld zählenden Daumen, der Ludwig je aufgefallen war – aber dieser Mann paßte in kein Kölner Stadtgespräch. Dieser Mann war ein Märchen ganz für sich, umfangreich, voller Nebengelasse und Brunnenschächte und einzelner Palmen in der Wüste, ein wahrscheinlich wunderschönes Märchen, aber so prall und so orientalisch fern, daß es keiner in Köln je verstände. Und außerdem suchte dieser Mann das Verständnis gar nicht, denn er ruhte ganz in seinem eigenen, umfangreichen Märchen.

Ludwig war also freier denn je. Er war auch frei, gar nichts mehr zu tun – allenfalls auf seine manchmal nur zögerlich tropfenden Nieren zu lauschen, den Zuckerspiegel mit Insulinzufuhr zu regulieren –, sich nach und nach auf den Tod vorzubereiten, der ihn nicht im Schlaf überraschen sollte: der Tod sollte seine letzte Idee sein, das hatte er schon lange vor und daher eine gesteigerte Angst vor Autounfällen und losen Dachpfannen im Sturm verspürt.

Das Meer wollte er sehen am Ende seines Lebens. Nie hatte er das Meer gesehen. Immer hatte er sich in Ackerkrumen verbissen. Jetzt stellte er sich den Tod am Meer vor: den zwangsweise kläglichen Tod gegen die Großartigkeit des Meeres. Mit einem Meer im Rücken wäre auch sein kläglicher Tod etwas größer, und vielleicht fiele ihm noch die eine oder andere Zutat ein.

Dieser Gedanke beschäftigte ihn immer öfter: ein gestalteter Tod, im Rücken das Meer.

Auf den verschiedenen Fahrten, die sie jetzt unternahmen, verriet er Miguel Alva nichts davon, daß er in Wirklichkeit die Zutaten dafür suchte. Schließlich hatte er immer alleine gearbeitet. Eine andere, ganz reizvolle Möglichkeit wäre es noch, sich denkend aufzulösen, also analog einem dieser jetzt viel gefürchteten Computerviren (der Verrat des X.) einem Todesvirus in seinem Kopf nachzugehen, es großzuzüchten und dann durch seinen Körper hindurch zu verfolgen bis hin zu jener Zehe, die dann ein allerletztes Mal zuckte – natürlich könnte er sich so als abnehmendes Leben denken, wie der Mond weniger wird, die Sanduhr verrinnt: die Wunden des Ehrgeizes weit hinter sich lassen; die Bitternis der Verhärtung; den Hunger auf Leben und die Angst vor dem Tod; den Schund der Städte um sich herum; die Schmach des verstädterten Landes und der sterbenden Wälder; und schließlich könnte er fallen in seinem eigenen Treibhaus wie ein alter Baum im Sumpf. Aber auf diese Art gäbe es keine Zeugen für seinen Tod. Es wäre also gar kein richtiger Tod, er wäre bloß immer weniger geworden und schließlich doch einfach und dämlich verstorben.

— *Fahr zu. Ich sag dir, gib Gas und fahr drauf zu.*

— *Chef, wir sind nicht in einem dieser amerikanischen Filme. Ich fahre den Wagen am Tor kaputt.*

— *Siehst du, ich habe dir gesagt: hier ist kein Reinkommen. Hier ist alles geschlossen.*

— *Ich könnte den Pförtner fragen.*

— *Der sitzt hinter Panzerglas. Außerdem ist er taub. Der hört uns schon seit Jahren nicht mehr.*

— *Dahinten raucht es.*

— *Kein Lebenszeichen. Sie lassen Giftgas ab. Sonntags lassen sie immer Giftgas ab.*

Sie hatten den halben Vormittag gebraucht, um die Stadt der BAYER AG in der Stadt Leverkusen zweimal zu umrunden auf der Suche nach einer Zufahrt. Dann aber waren sie nicht mehr sicher, was sie umrundet hatten: die Stadt der BAYER AG in der Stadt Leverkusen, oder BAYER und Leverkusen, oder BAYER-Leverkusen. Am Sonntagmorgen fanden sie niemanden, der ihnen einen Rat hätte geben können. Alle Werkstore waren geschlossen. Die Straßen verwaist. Die Jalousien vor den Kneipen heruntergelassen. Die Kirchen verriegelt. Die gewaltigen Parkplätze vor den Werkstoren, asphaltierte Weizenfelder, waren leergefegt. Hier entdeckten sie den Maulwurf. Er lief im Kreis, jeweils einen halben Meter, und versuchte dann, in den Asphalt einzudringen. Er war stark und verrückt und versuchte es immer wieder. Wenn er stark genug bliebe, hätte er dafür bis Montag früh Zeit. Dann kämen pünktlich die Tausende von Kompaktwagen mit je einem unausgeschlafenen Insassen, und einer von ihnen würde ihn beim Einparken zerquetschen.

— *Es ist vorbei,* sagte Ludwig, *es ist schon lange vorbei. Kurz nach dem Krieg, als alles abgebrannt war, da hätten sie uns gern reingelassen. Wir hätten mit aufräumen können. Dann wären wir jetzt drin. Aber jetzt ist es zu spät. Jetzt ist für uns alles geschlossen.*

— *Es würde gar keinen Unterschied machen,* sagte Miguel Alva nachdenklich.

— *Du hast recht,* sagte Ludwig, *dann wären wir eingeschlossen. So sind wir bloß ausgeschlossen. Es würde wirklich keinen Unterschied machen. Wo kommt das her? Manchmal bist du wirklich ein kluger Kerl. Der Unterschied ist bloß, daß wir eingeschlossen wären.*

An anderen Tagen fuhren sie kreuz und quer durch das Ruhrgebiet. Vom Hubschrauber aus verfolgt, hätten diese

Fahrten planlos erscheinen können, entlang der Rheinschiene bis Duisburg, längs der Nabelschnüre und Zwölffingerdärme und Dickdärme und Blinddärme und Zysten und Brüche und Verwachsungen nach Osten bis Dortmund, und über Wuppertal wieder zurück nach Süden, um vorbei am Lebenskreuz der BAYER AG, das in der Abenddämmerung aufzuleuchten begann, wieder im Sauerland zu landen und sich hier beim Aussteigen die Lungen freizuhusten in der gewohnten nassen, erdigen Luft.

Immer hatte sich Ludwig für dieses verfilzte und fehlerhafte Zusammenspiel von Kanälen, Gruften und Schächten interessiert, von Bauernhöfen und Stahlschmelzen, aufgelassenen Produktionsanlagen und kleinen Museen eines untergegangenen Erfinderwahns, den Resten von Dörfern unter Autobahnkreuzen und den Resten von Städten, die in Schachtanlagen abgesunken waren, denn er wußte ja: überall hier sind Kowalskis.

Er war hier gewesen, vor jetzt langer Zeit. Damals war er durch die Straßen des Reviers gegangen wie durch eine Spiegelgalerie, und überall war er, schrecklich verzerrt, auf sich selbst gestoßen. In diesem Gewirr verendeter Städte, geplatzter Röhren voller Dampf und Kot, in diesen Häusern gestrandeter Existenzen anderer Kowalskis hatte er sich selbst nicht ausgehalten und war geflohen.

Aufgemerkt hatte er erst wieder, als die Zechen teuer starben und mit langgezogenen Fanfarenstössen beigesetzt wurden. Wenn er in den Abendnachrichten wieder einen Förderturm fallen sah, hörte er nachts noch die Eisenträger in die mulchige, von Holzbalken und Öl und fetter Kohle durchzogene Erde schlagen, und später in der Nacht, wenn die aufgegebenen Schächte bereits voller Wasser liefen, hörte er die Schreie darin Ertrinkender. Und noch etwas später hatte er nachts im Sauerland auch den Tod der Zechen gerochen: Der Nachtwind brachte ihm den Verwesungsgeruch faulenden Holzes und sich zersetzenden Hausrates, in ihren Käfigen verhungerter Kleintiere und abgesoffener Schweine und Kühe, die das Wasser gelassen in die Tiefe gezogen hatte.

Und dem Tod der Kohlegruben war der Tod der Zechensiedlungen gefolgt. Oder sie wurden so teuer saniert, daß ihre jahrzehntelangen Bewohner, die Bergmannswitwen und die Berginvaliden in das Elend eines Hochhauses gepreßt wurden, wo sie bald von den kleinen, gern abbröckelnden Balkonen in den Tod sprangen.

Und noch immer lebten überall diese Kowalskis hier. Und in Duisburg, in der Rheinpreußen-Siedlung, lebte eine Sonja Kowalski, eine geläuterte Nymphomanin, wie er gehört hatte, und werkelte, monogam geworden, mit ihrem Freund in den Resten einer Siedlung, die sie sich gegen die Stadt und gegen die Banken und gegen den Kleinmut der Bewohner selbst ertrotzt hatten.

Seine Tochter, die bislang nur wütend niedergerissen hatte, baute also etwas auf

— *Diesen ganzen Kowalskis ist eben nicht zu trauen,* hatte er daraufhin stolz gesagt, *jeden einzelnen von ihnen muß man bis auf die Nieren prüfen.*

Und dem Tod der Zechen und der Agonie der Zechensiedlungen war das Sterben der Hochöfen und der Walzstraßen gefolgt, denn seit langem schon war viel zu viel planloser Stahl im Land.

Immer öfter hatte da Ludwig die Köpfe der Oberbürgermeister in den Abendnachrichten gesehen, und immer röter waren die Köpfe gewesen, denn natürlich fürchteten sie, in ihren Rathäusern bald gesteinigt zu werden. Und immer hilfloser redeten sie von neuer Blutzufuhr für die Region, ja phantasierten bald schon von der Welt größtem Altenheim: ein Seniorenpark von Münster in Westfalen bis knapp vor das rheinische Düsseldorf mit Feuermeldern, Bonbonautomaten und winzigen Teichen, auf denen die von Alzheimer geplagten Patienten aus dem ganzen, von der Arbeit zerschundenen Land ihre Schiffchen aus Papier fahren lassen könnten.

Nein, sie hatten wirklich eine ebenfalls zerschundene Phantasie, diese Oberbürgermeister, stellte Ludwig immer wieder nach den Abendnachrichten fest, und hatte sich mehrmals das Ruhrgebiet vorgemerkt als ein Gebiet des Weichen und Durchlässigen, des ohnehin kilometerlang Unterhöhlten, Gefluteten, der drohenden Verwüstung und der wahrscheinlich preiswert zu wendenden Verzweiflung seiner Bewohner, die sich darin verbissen hatten wie Hunde.

Die Hartnäckigkeit, mit der die Bewohner zu den sich

mehrenden Ruinen Heimat sagten, regte ihn an. Nur die Erinnerung an seinen ersten glücklosen Besuch schreckte ihn ab, da ihm die Menschen zerstört erschienen waren. Aber schließlich war er damals auch noch ein reiner Landbewohner gewesen – er war die geraden Reihen seiner Pflanzlöcher gewohnt, in denen nur selten ein Rosenstock Wildwuchs trieb.

Inzwischen war er doch ein erfahrener Städter, der lange auch mit den Nachtseiten Kölns Umgang gehabt hatte. Überdies wurden oft Teile der Stadt vom Rheinwasser geflutet und die niedrigen Viertel der Stadt ganzjährig von den Ratten und den verstoßenen Haustieren. Wenn sich das Hochwasser endlich zurückzog, hinterließ es auch hier, genau wie im sterbenden Ruhrgebiet, mit der großen, gelassenen Geste sinkenden Wassers zerquetschte Haushaltsgegenstände, kopflose Puppen, angeleinte Hunde und den einen und anderen nirgendwo Vermißten, der ertrunken war.

— *Komm, wir brechen auf; wahrscheinlich fällt uns noch etwas ein,* sagte Ludwig bald und schickte Miguel Alva los, zwei Cordanzüge, vier Paar Nietenhosen, mehrere Holzfällerhemden und sechs Paar derbe Schuhe zu kaufen von der Art, mit der sich durch städtische Brachflächen und verrottendes Stadtgerümpel eines alten, neu zu erschließenden Landstriches gehen läßt, denn übermorgen schon würden sie aufbrechen, das Ruhrgebiet zu besetzen.

Und er fand Hoffnung in manchen Teilen des Reviers; auch wenn einige Gemeinden aussahen wie mit Bewohnern getarnte Deponien für Sondermüll. Es war halt der Abbruch und Abraum, der Beginn von etwas Neuem, so wollte er es sehen. Dabei ließ er sich auch von Miguel Alva nicht irritieren, der neuerdings hinter ihm herlief, als zöge er ein Bein nach, schleppend und unwillig, und bald käme die Invalidenrente, und er wäre sie los, die Verantwortung für seinen Chef und dessen Hoffnungen eines alten Träumers.

Sie besuchten die Rathäuser, Katasterämter, Grünflächenämter, Liegenschaftsämter, Sozialstationen und Planungsstäbe, die Pumpwerke für Brauch- und Frischwasser, die Kloaken. Sie seilten sich unter Tage ab.

Im Hubschrauber zeigte ihnen einer der rotköpfigen

Oberbürgermeister sein erkranktes Fürstentum: die Hautflechten, der Gasbrand, der Krebs, ein Wundpflaster hier und da: Mikrochips, Autozubehör, Verpackung, Vogelfutter.

Sie besuchten die Arbeitsämter: Auch zwischen dem Gerümpel der hoffnungslosen Angestellten und zwischen den hoffnungslosen Antragstellern wollte Ludwig noch Hoffnung entdecken. Nie hatte er so viele junge Menschen mit sorgfältig abgeschlossener Ausbildung auf einem Haufen gesehen.

— *Alles, was wir bisher gelebt haben, ist ein Witz. Jedes Wort bedeutet inzwischen etwas anderes. Alles ist hin: Das Land. Der Code. Die Gefühle. Das ganze Leben.*

Es war nur ein einziger, der ihn so verzweifelt auszubremsen suchte. Schnell entschied Ludwig: das müsse eine verspätete Ausgabe seines jetzt seit Jahren in einem Schließfach in Lima verschollenen Sohnes sein, der habe ähnlich geredet, und auch damals schon maßlos überzogen. Es waren diese Hoffnungslosen, die überall zu spät kamen. Und schnell wandte er sich wieder den anderen zu, der großen Mehrheit der anderen, den Jetzigen, den Jungen und Vollakademischen, deren gewaltiger Vorteil doch eben dies war: daß sie keine Arbeit hatten. Sie waren frei, mit ihm zu träumen. Und der Gartengestalter und Landschaftsarchitekt Ludwig begann auf der Fahrt zwischen Duisburg und Essen auf der Bundesstraße 1 ihnen den Beginn eines Traumes vorzuträumen, und er nannte diesen Beginn

Ein Ruhrgebiet des Traumes

Und dieser Traum sollte beginnen so, träumte er sich manchmal laut, und meistens leise, neben Miguel Alva in einem dieser neuen Holzfällerhemden sitzend, im Wagen vor:

ein Haus müßte zunächst her. Das Haus ist alt, aber nicht baufällig. Übersichtlich klein, aber mit genügend Zimmern und engen, fast voreinander sich versteckenden Mansarden, in denen still, über längere Zeit, unentdeckt gewissermaßen, Sonderträume wachsen können, Abartiges durchaus, Nischen also, in denen der Müll von Träumen sich sammelt.

Und für ein Butterbrot oder zwei holt er sie hier zusammen, diese jungen und willigen, diese vollakademischen, noch gar nicht arbeitsverwöhnten und schon Arbeitslosen, diese Unschuldigen des Traumes, diese Lämmer der Phantasie, diese Landschaftsgestalter mit der besseren Ausbildung, als er selbst sie je von seinem geizigen Vater erhalten hat, diese Städteplaner und Soziologen und Psychologen und was diese Betonburgen an Hochschulen noch mehr und bislang nutzlos ausgebildet haben an Brüdern und Schwestern im Traum: Ein ganzes Dutzend von ihnen setzt er in dieses Haus, das er jetzt in Essen stehen sieht – ein Haus des täglichen Traumes. Jeder Arbeitsplatz ein Platz einzig zum Träumen.

Ein Haus voller Systematiker und einiger Systemzerstörer ist es, denn gerade am Anfang soll jeder oft genug den Traum des anderen, gerade geträumt, gleich wieder zerstören, damit die nachwachsenden Träume nicht kleinwüchsig bleiben, sondern kräftig wuchern, nicht bloß stattliche, sondern auch ganz und gar unsinnig große Gewächse werden, Traumgespinste schon, Ovarien von Träumen, Mutterkuchen für immer weitere Träume, so daß ein Traum bereits in sich den nächstgrößeren Traum träumt – bis er, Ludwig, dann eines Tages sagt: Jetzt ist es geschafft. Jetzt haben wir aus der Industriebrache Ruhrgebiet erträumt – DAS RUHRGEBIET DES TRAUMES – eine dem organischen Leben, der Lust und Entsagung, Erfüllung und Verzicht, eine der Geburt und dem Tode nachempfundene Landschaft zwischen Duisburg und Dortmund mit Bauwerken der Lust und der Nachsorge, des Spaßes und der Betreuung, der Betätigung und erneut des Traumes, und in seiner Mitte steht natürlich das Wasser, die mäandernde Flut, der Reichtum der Tropen, die Gelassenheit eines Stromes, wie er geht und wiederkehrt in anderer Form, ein mäandernder Strom mit Nebenarmen natürlich auch, mit den gewohnten Forellenbächen des schlesischen Riesengebirges sogar, mit Inseln der Ruhe selbstverständlich, mit Kinderhorten auch und auch mit langsam schwimmenden Inseln wie auf dem Rio Paraná für die gebrechlichen undsoweiter undsofort träumte Ludwig meistens leise, aber zuweilen auch laut an diesem Tag in seinem Holzfällerhemd auf der Bundesstraße 1 in Fahrtrichtung Essen.

Und als sie dort ankamen, war er erschöpft. Die Muskeln taten ihm weh, denn es war ein gewaltiger Traum gewesen. Auch war sein Zuckerspiegel wieder gestiegen. Er schwankte beim Aussteigen und merkte, daß er sich mit dem Träumen beeilen mußte.

Der Berufsträumer Ludwig goß als genauer Rechner, der er gleichzeitig war, seinem neuen Traum ein Fundament: das war Heribert K. Floch, der eine Finanzierungs- und Projektgesellschaft betrieb.

— *Dieser Floch ist ein Frettchen,* sagte Ludwig. *Achtung vor Floch. Dieser Floch beißt sich überall durch. Frettchen lassen nicht locker, sie töten mit einem Biß. Floch tötet eines Tages alle seine Anleger mit einem Biß.*

Heribert K. Floch schwäbelte mit der weithin bekannten Gemütlichkeit der Schwaben. Damit hätte er eine Andacht im Fernsehen halten, ebensogut aber Kleinstgärtner in Berlin zur Schweinemast in großem Stil überreden können. Meistens freilich ging es bei seiner Rede um bares Geld. Dann war sein Schwäbeln nur die Phase, in der seine Redemaschine warmlief; das Vorspiel zu einem sexuellen Redeakt, an dessen Ende ein willfähriges, nacktes Opfer dalag und geplündert worden war.

Bei Stuttgart war er mit der väterlichen Holzhandlung pleite gegangen. Er haßte Holz, weil der Geruch des Holzes der Geruch seines Vaters war. Er spekulierte mit Bauholz und verlor und beschuldigte die Banken, seinen Untergang im Holz geplant zu haben. Von da an wollte er eine eigene Bank.

Eine Zeitlang stellte er Automaten auf, fütterte sie, kassierte. Es waren ausschließlich Präservativ-Automaten, was er später aus seiner Biographie strich. Ein Gummi-Automat zeugte den nächsten, bald konnte er sich Automaten-Großaufsteller nennen. Sein Geschäft waren nicht die Städte – die Kunden hier waren flüchtig, die Wirte betrogen gern, die Besitzer von Diskotheken hatten eine sehr harte Hand, die Drogerien, die Apotheken nahmen ihm die Männer weg –, sein Geschäft war das sprachlose, aber bedürftige Land.

Hier entdeckte Heribert K. Floch eine wesentliche Eigenschaft seiner Begabung: Er fuhr in eine Kleinstadt, und er sah den Menschen auf der Straße, vor den Kneipen, dem einen Kino, dem einzigen Café, er sah diesem einen Mann mit Hund und diesem anderen mit dem Enkelkind im gelben Anorak an, was ihm fehlte. Er erkannte auf einen Blick die Not. Er konnte das nicht genau erklären, er wußte es von jetzt ab: er sah sofort ihre Lust, und er sah, wie die Lust mit der Not kämpfte. Die Not deckelte die sprachlose Lust, und die gedeckelte Lust erzeugte weitere sprachlos bleibende Not, und ... sehr schnell verliefen die Gespräche mit den Besitzern der Aufstellflächen. Heribert K. Floch wurde zum größten Automatenaufsteller im süddeutschen Raum. Bald kaufte er zwei Betriebe auf – im einen montierte er die Automaten, im anderen stellte er die Ware her.

Er spekulierte wieder und gewann dieses Mal mit Warenterminen ein Vermögen.

Jetzt suchte er sich Anleger – vermögende Rentner, pensionierte Mittelständler, ältere Leute meist, deren Kinder versorgt und deren Häuser inzwischen frei von Hypotheken waren. Jetzt, am Ende ihres Lebens, das so ganz ohne Risiken verlaufen war, wollten sie doch noch einmal den kleinen Kick eines Rausches erfahren. Und er selbst geriet schon in einen Vorrausch, wenn er mit ihnen redete und redend ihre Lust ertastete, das war es ja, was ihn bei diesem Geschäft so fesselte: er liebkoste ihre Lust, weckte sie weiter, bis sie heimlich brüllten, das war es doch, was ihm in solchen Augenblicken ermöglichte, einer Postbeamtin vom Paketdienst eine unbewohnte Insel der Bahamas zu verkaufen.

Im Rhein-Main-Dreieck hatte er bereits ein Freizeitzentrum gebaut, ein riesiges Bad der Phantasie auch, wie Ludwig es gefiel. Der Bankenaufsicht lag endlich der Antrag für seine eigene PRIVATBANK H.K. FLOCH vor (ein Name, den er längst französisch modulierte), und von dem kranken, von Industriebrachen zersetzten Ruhrgebiet wollte er jetzt Zusagen, Hilfen, Grundstücke, Baukräne und Beton, Arbeitskräfte und weitere Darlehensgeber, und das Land steckte voll von allem.

Und Ludwig umkreiste ihn. Halb wie ein Staatsanwalt, und halb wie ein Süchtiger.

Ihre kleine Baufirma war stark überschuldet. Gestern war ihnen der einzige Lastwagen mitten in Duisburg liegengeblieben. Sie gehörten nicht zu denen, die gnadenlos auf Schulden pfiffen, aber sie waren auch nicht bereit, sich ständig angstvoll unter dem Schatten des Konkursrichters zu ducken.

Sie waren jetzt so lange schon mit dem Erhalt der Zechensiedlung beschäftigt, die über Nacht hatte abgerissen werden sollen, daß Ängste dieser Art nicht mehr so schwer wogen. Sie hatten hungergestreikt vor der Bank in Frankfurt und vor dem Rathaus in Duisburg. Sie hatten gelernt zu verhandeln, sich zu äußern, taktisch zurückzunehmen, sich zu schonen, wieder in die vollen zu gehen und sich aufzublasen wie ein einziger, sehr wichtiger Mann.

Nachts hatten sie abrißgefährdete Häuser besetzt, andere instandgesetzt.

In den ersten Wochen hatten sie viel auf den Versammlungen geschrien. Oft fehlten einfache Wörter. Dann schlug jemand zu. Er schlug in die Lücke, die ein fehlendes Wort gelassen hatte.

Für manche war es in diesen Wochen darum gegangen, wo sie nachts den müden Hintern hinlegen konnten. Es war auch um eine Vergewaltigung gegangen, um Diebstähle, Sauforgien und um einen Fall von massivem Verrat an allen. Aber dann waren sie doch eine recht brauchbare Gemeinschaft geworden, sagte meine Stiefschwester Sonja Kowalski jetzt, und sie und ihr Freund waren Teil davon.

Der telefonische Warndienst meldete jeden schweren Wagen, der in die Siedlung einfuhr. Gewitzt durch erste Arbeiterunruhen, hatten die Zechenherren die Siedlungen später so gebaut, daß sie von einem Punkt aus zu übersehen, notfalls zu beschießen und zu befrieden waren. Das kam jetzt den Bewohnern selbst zugute, die immer noch wachsam waren.

Sonja hatte wieder einmal mit einem von den Herren der Frankfurter Bank gerechnet, die gelegentlich ihr verlorenes Guthaben befuhren. Die Siedlung gehörte zur Konkursmasse des Baulöwen Kun, dem die Bank kurz vor seinem Sturz den Quadratmeter schwindelerregend beliehen hatte. Mit ihrem Vater hatte sie nicht gerechnet. Seit Jahren hatte sie kaum Kontakt mit ihm gehabt.

Die Zeit ihrer großen, hilflosen Wut im Sauerland war vorbei, aber noch hatte sie nicht durch ihn daran erinnert werden wollen. Der Besuch jetzt war eine Probe für beide.

Sie führte ihn und Miguel Alva durch die Hälfte eines doppelten Zechenhauses. Sie eckten in den vier kleinen Zimmern an, störten die drei Katzen, reckten sich in das nachträglich eingebaute Bad, das früher eine frostige Außenstelle im Garten gewesen war, umgingen vorsichtig die Gemüsebeete, die alten Obstbäume mit einem Klettergerüst dazwischen, in dem zwei Mädchen spielten. Hier sagte ihm Sonja, daß sie inzwischen mit ihrem Freund so ruhig geworden sei, daß sie sich eigene Kinder wünsche. Am liebsten zwei. In diesem Augenblick hatten beide die Probe bestanden, der ungelenke Vater und die entfernte, einst nymphomanische Tochter. Und meine Stiefschwester natürlich auch.

In der Nachbarhälfte waren das Büro der Baufirma und der Versammlungsraum für das untergebracht, was sie eine Gemeinschaft nannten. Hier sah Ludwig eine Reihe sauber gefüllter Aktenordner, die sie ihre Geschichte und die der Zeche nannten, eine Geschichte, die voll war von Kowalskis, einst mit einem Handgeld im Osten angeworben und mit ihrem Hunger und mit ihren unklaren Hoffnungen Schreibunkundiger nach Westen gewandert: zerlumpte und meist willfährige Vorläufer seines eigenen Aufbruches nach Westen Jahrzehnte später.

Das rührte ihn. So weit hatte er nie zurückgesehen. Und so zurückblickend hatte er sich das Leben seiner Tochter nicht vorgestellt.

Hier lagerten noch Filmrollen eines geschwätzigen Dokumentarfilmers, der sie an seine Partei hatte verraten wollen. Es stapelten sich noch Flugblätter, die sie nicht mehr verteilten: Sie schienen es geschafft zu haben – eine gerettete Zechensiedlung aus über einem Dutzend, die zugunsten von Hochhaussilos, Büroflächen und Eigenheimen mit altem Baumbestand abgerissen worden waren. Die neuen Fallstricke mußten sie erst noch erkunden, in jedem Fall waren sie feinerer Art: Die Schulden. Die Ermüdung. Die Frage: Was ist das, eine Genossenschaft. Da sie Türken, Spanier, Italiener mit aufgenommen hatten, mußten sie viele Wörter übersetzen. Wo früher einfache Wörter gefehlt hatten, mußten sie das jetzt mit einfachen, aber genauen Wörtern erklären, und jedes dieser Wörter mußte greifen wie ein Werkzeug.

Mit ihrer Zähigkeit hatten sie Eigentum geschaffen. Jetzt begann der Streit um Eigentum. Manche veränderten sich dabei über Nacht: als Mitbewohner legten sie sich hin, als Eigentümer wachten sie auf. Abends kamen sie gereizt von der Arbeit, fanden ein vergessenes Dreirad auf der Rasenfläche ihres Hauses. Die Rasenfläche war jetzt ihr Vorgarten, auch der Vorgarten war Eigentum, und sie begannen zu toben über das fremde Dreirad auf ihrem Eigentum.

Sonja und ihr Freund waren geachtet für ihren Einsatz, für ihre Art, mit der sie sich sachverständig gemacht hatten mit vielen Gesetzen, Lücken, Auslegungen. Sie kannten den vorenthaltenen Lohn, die verlorene Arbeit, die leere Küche mit der davongelaufenen Frau, die Küche mit der krebskranken Frau. Manchmal gab es jetzt einen, der sich schlau gemacht hatte und versuchte, ihnen ein Bein zu stellen. Dann waren sie gefürchtet für die Ruhe, um die sie sich nicht bringen ließen. Diese Ruhe war noch die einzige Form von milder Arroganz, die sie von den anderen unterschied.

Gerade durch diese Ruhe, mit der jetzt beide mit ihm umgingen, fand Ludwig Zugang zu ihnen. Sie sagten etwas, und er nahm es an, weil es ruhig und einfach war. Was sie sagten, erschien ihm greifbar; Fotografien in einem Familienalbum, in dem er schon lange hatte blättern wollen. Kunstlose Aufnahmen von Teilen einer Familie. Aufnahmen, die stimmten.

Die von Sonjas Freund entwickelten Schornsteinkronen sparten bei der Instandsetzung der Häuser viel Geld: sie wurden auf der Straße gemauert und auf das Dach gehievt. Das Problem der kleinen Firma war nicht die Auftragslage, das Problem waren die säumigen Zahler. Die Firma war Teil der Genossenschaft, die sich daher selbst hätte verklagen müssen, um an ihr Geld zu kommen.

— *Es fehlt nur ein bißchen an den Flocken,* sagte Ludwig auf der Rückfahrt, *aber innen scheint es zu stimmen. Ich hätte doch nie gedacht, daß bei meiner Tochter mal das Innenleben stimmt.*

— *Du hast mir nie gesagt, daß sie eine schöne Frau ist.*

— Ich habe es doch nicht einmal gewußt. Und jetzt ist sie noch dazu eine, bei der es innen stimmt.

— Und du kannst nichts dafür.

— Nein. Sie ist die einzige Kowalski, bei der es innen stimmt, und ich kann nichts dafür. Und es ist nicht mal so klein, was sie da zum Stimmen gekriegt hat.

Sie hatten Mühe, die Straße der Kowalskis von einst zu finden, aus der er damals, bei seinem ersten Besuch im Ruhrgebiet, schnell wieder geflüchtet war.

Eine Gasexplosion hatte das Haus am Eingang der Straße weggerissen. An Stelle des Wohnhauses war aus Fertigteilen ein Getränkeabholmarkt gebaut worden. Das Haus daneben stand leer. Bergschaden. Die Fassaden mochten noch um eine Spur schwärzer geworden sein, Ludwig erinnerte sich nicht mehr genau. Oder es lag nur an dieser einen Fassade in Unterhosenrosa, die neu gestrichen war und wie eine Schweinebacke aus der Front der anderen Häuser herausragte. Ein Stück weiter runter war die Straße für den Durchgangsverkehr gesperrt. Die Hand der Stadtverwaltung hatte eine verkehrsberuhigte Zone geschaffen, drei oder vier, vielleicht sogar fünf kleine Platanen in einer spartanischen Reihe in den Teer gebohrt und offensichtlich nie gewässert: zwei der Platanen, das sah er mit einem Blick, waren schon kurz nach der Pflanzung verdorrt, bei der dritten, die noch schwach lebte, tippte er auf Wurzelverbiß. Ratten. Wühlmäuse. Die Fahrzeuge der Straßenreinigung und der Müllabfuhr schienen die eingeschränkte Durchfahrt persönlich zu nehmen: überall lag Müll herum. Überquellende Tonnen, blaue Plastiksäcke, die ein Hund nach und nach auseinanderzerrte. Ludwig fühlte sich wieder ein Stück weniger, denn natürlich hatte er insgeheim gehofft, auch diese Kowalskis hier wären in der Zwischenzeit ein Stück vorangekommen.

Die Straße schien vor einiger Zeit aufgegeben worden zu sein – wie Teile eines Friedhofes aufgegeben werden, eine Küstenstraße mit zu engen Kurven, ein Hafenbecken voller Sand und Schlick.

Ein Grillimbiß Gyros-Pita, ein Laden mit Billiguhren, einer mit gebrauchter Elektronik, eine türkische Bäckerei mit Stehcafé, eine schmale Metzgerei, Lamm und Innereien, ein Klingelschild, das aussah wie das Klingelschild von damals, aber nicht ein einziger Kowalski stand mehr auf dem Schild, ein kahles Café voller Karten spielender Männer, ein sehr kleines Reisebüro, ein schmaler Laden mit einem einzigen Personalcomputer im Schaufenster, eine Eckkneipe. Hier fragte er nach den Kowalskis von einst. Er beschrieb die alte Frau von damals mit dem Hund und der Katze, ihre wasserstoffblonde Tochter auf der anderen Straßenseite in einem Laden voller Schweinkram. Da klingelte es bei dem Wirt.

Die Geschichten der Menschen in dieser Straße steckten ineinander; mit einer anzufangen bedeutete für den Wirt, die Krankenblätter mehrerer anderer hervorzukramen, unsortiert, zufällig, zwischendurch Bier zapfend, mit nasser Hand die Zigarette löschend, Ludwig abschätzend, was ihm wohl eine Geschichte am Stück, eine ganze Geschichte also, wert wäre.

Der Anfang einer Geschichte war, wie so oft, ein Knall. Mit dem war der Mann des wasserstoffblonden Kindes mit seinem Getränkelaster in die Litfaßsäule am Anfang der Straße gefahren. Damit war er seine Arbeit und den Führerschein los. Dann holten sie den ganzen Schweinkram und die Ladeneinrichtung ab, denn die beiden hatten weder die Kreditraten noch die Miete bezahlt, und verkauft hatten sie schließlich auch nichts. Die Mutter der blonden Kindmutter hatte eines Tages tot in ihrer Wohnung gelegen. Der Hund hörte nicht mehr zu bellen auf, die Katze hatte die Vorhänge und die Bettlaken zerrissen, eine Ratte hatte die Wade angenagt, so war die Mutter gefunden worden. Jetzt hatte die blonde Kindmutter mit ihrem Kind wenigstens wieder eine Wohnung, wo sie schon keinen Mann mehr hatte: Der war ohne Führerschein mit einem aufgebrochenen Auto erwischt worden und saß in der Justizvollzugsanstalt Werl. In das Ladenlokal war ein Türke gezogen mit gebrauchten Lederjacken, Kofferradios, Küchenmessern, Armreifen, Halsbändern, einer schwangeren Frau, zwei Kleinkindern und einer frühreifen Tochter, die er abends in die Küche einschloß.

— *Wir sind aufgegeben hier, sehen Sie das nicht?* sagte der Wirt. *Wir kriegen keine neue Telefonzelle mehr. Die alte ist dreimal abgebrannt. Wir kriegen keine Papierkörbe mehr.*

Die sind zigmal abgebrannt. Der Laden des Türken ist ausgebrannt. Wenn es bei mir brennt, frage ich mich, ob die Feuerwehr überhaupt noch kommt oder ob ich mit dem Zapfhahn löschen muß.

— Ob sie jetzt wohl zu Hause ist?

— Wer?

— Die Blonde. Deren Mann sitzt.

— Marlenchen. Die ist längst rothaarig. Doch, jetzt wird sie zu Hause sein. Um diese Zeit hat sie Schicht.

— Schicht?

— Sie ist fix mit der Hand. Mit zwanzig Mark sind Sie dabei. Für dreißig mit dem Mund.

Bei trockenem Wetter saß sie jeden Nachmittag auf der einzigen Bank, die das Grünflächenamt neben eine weitere verkümmerte Platane ans Ende der Straße gestellt hatte.

In einer Plastiktüte brachte sie Brot und Speck und eine Thermoskanne Kaffee mit. Wenn sie Hunger hatte, schnitt sie einen Würfel aus dem Brot wie früher auf dem Feld. In der offenen Hand säbelte sie einen Streifen Speck ab, spießte beides mit dem Messer auf und schob es sich vorsichtig in den Mund, dahin, wo noch Zähne waren. Sie kaute lange, bevor sie die Reste mit einem Becher Kaffee herunterspülte. Sie legte die Plastiktüte so neben sich, daß sie Teil ihres gewaltigen Umfanges war. So konnten die Hunde nicht an die Tüte, und sie füllte die Bank aus. Sie wollte die Bank ganz für sich allein.

Sie bewegte sich auf der Bank nicht, sie saß reglos da, wie sie erstmals in einem Kino gesessen hätte: Ein Kopftuch. Ein fleckiger, hellblauer Pullover, zu jugendlich und zu eng, herausgezogen aus einer Kirchenspende, während andere neben ihr schneller, gieriger und passender für sich gezogen hatten. Die gewaltigen, müden Brüste ruhten beim Sitzen auf den Oberschenkeln, aber es war nicht mehr zu unterscheiden, wo die Brüste aufhörten oder früher aufgehört hatten, wo die Schenkel begannen, der Bauch ansetzte, die Hüften einst gewesen waren und den Hintern begrenzt hatten, der sich zwischen die Latten der Bank senkte. Unterhalb dieses fleckigen, hellblauen Pullovers – ein Stück vom Meer, ein Streifen Sommerküste – war nur ein grober, mächtig ausladender Rock zu sehen, der unter sich andere, weniger grobe Röcke vermuten ließ, ein mehrlagiges Filtersystem der körpereigenen Ausdünstungen und der Abluftwärme von der Straße, der Körperwärme bis spät in den Herbst hinein und der Straßenkälte bis Oktober, denn bis dahin saß sie auf dieser Bank, bewegungslos, allein, die kurzen Beine hörten in Schnürschuhen über dem Boden auf, kurz und puppenhaft, hier saß sie und sah in die Straße wie auf ihre erste Kinoleinwand.

Ludwig war sicher, daß auch sie ihn beobachtete, aber ihrem Gesicht war nichts anzumerken. Das Gesicht war klein und fleischig. Es war nicht mürrisch und nicht verschlossen, nicht vom Alter zerstört, aber auch nicht geglättet von wieder kindlichem Schwachsinn. Es war ruhig und ausgelastet. Ein Gesicht, das ein schon langes Leben hinter sich hatte mit, wahrscheinlich, einer Reihe von Fluchten zwischen Dörfern und Städten, mit Kriegen, mit Todesfällen dicht neben sich und weiter weg, mit mehreren Geburten gewiß, mit einem Nichts an Hoffnung, mit keinem Aufbau mehr, aber auch nicht mit Hoffnungslosigkeit, sondern mit einem Morgen, der wieder ein Stück Brot brächte, einen Riegel Speck, ein dann sauber gewischtes Taschenmesser mit verblichenem Holzgriff und eine Kanne dünnen Kaffees – ein Gesicht mit Augen, die bis zuletzt keine Brille benötigten, denn auch fast erblindet, würde ihnen reichen, was sie noch sahen: einen Schatten, einen Lichteinfall, das Brot, den Speck, den Malzkaffee mit der Wurzel der Zichorie aufgekocht, wie sie ihn im Riesengebirge getrunken hatten aus roten, emaillierten Henkeltöpfchen, LUDWIG auf einem und LUCIE auf dem der Mutter, das sie vor knapp vierzig Jahren mit zu der unsinnigen Sammlung ihrer letzten Habe gepackt und unterwegs verloren hatte – ein Gesicht mit einem grauen Oberlippenbart wie von sauer gewordener Milch und einer breiten, flachen Nasenwurzel, mit noch vollen, keineswegs schlaffen oder gar zahnlos eingefallenen Lippen, die früher leidenschaftlich im Heu geküßt und kurz darauf hart die Kühe im Dorf zusammengebrüllt hatten.

Jetzt nickte sie ihm zu. Er hatte sie durch nichts dazu ermuntert. Er hatte sie nicht stören wollen bei dem, was sie dachte, sofern ihre Gedanken überhaupt gerade ein Ziel hatten und sie nicht bloß angefüllt waren mit einer fernen

Erinnerung, einem Geruch nach Stall oder nach Neuschnee im Gebirge, ein Geruch, mit dem sie manchmal diesen weniger entfernten Geruch verdrängte, den des alten, untätig und ranzig gewordenen Körpers unter ihren sieben Röcken, und den des Bohnerwachses in großen Eimern und der wäßrigen Graupensuppe in einem großen Kessel und der Desinfektionsmittel eines letzten Aufnahmelagers für Spätaussiedler aus einem Land, das noch immer die Nachgeburten eines immer wieder letzten Krieges in sich trug und daran, mitten im Frieden, zu sterben drohte.

— *Guten Tag, feiner Herr. Olga Wysocki mein Name. Jetzt angekommen zu Sohn um zu sterben. Aus Kudowa Sdroj. Riesengebirge. Volksrepublik Polen,* und wieder sah sie ihn nicht, blickte auf die Straße wie auf eine erste Kinoleinwand, die Lebenslandschaft eines Gesichtes, das am Ende dieses Lebens angekommen war, und morgen käme der Tod, der sie unschuldig machte von allem.

Da wünschte auch Ludwig sich den Tod. Die Zeit ohne Ehrgeiz. Ohne Fluch und ohne Schuld.

— *Halt da vorn,* sagte Ludwig, *hol mir einen Mars-Riegel an der Tankstelle.*

— *Dein Zucker,* sagte Miguel Alva.

— *Scheißzucker,* sagte Ludwig, *ich war bei Floch.*

— *Der Schwindel-Floch.*

— *Der geniale Verkäufer von Ideen. Dieses Mal saß bei ihm ein Mann. Erst hat der gebrüllt, dann hat er geweint. Floch war das gar nicht unangenehm. Er wußte, er würde diesen Mann schaffen. Ein Fruchtimporteur aus Hagen. Bananen. Papaya. Zitrus. Hat eine Rinderfarm in Paraguay. Ein Bergwerk in Kanada. Und eine Einlage von einer Million bei Floch, auf die der keine Zinsen zahlt. Der Mann war kurz vor dem Schlaganfall. Er hat sich die Manschette zerrupft. Er hat geweint. Aber als ich ging, hat er für weitere dreihunderttausend gezeichnet. Floch hat so lange an ihm herumgeknetet, bis der Mann weich war. Und er wollte, daß ich das sehe. Der Mann war weich wie ein Ei. Floch ist eben Verkäufer.*

— *Wie lange noch?*

— *Es ist der alte Wahn. Er will endlich seine eigene Bank. Irgendein Bankangestellter muß ihn als Jüngling tödlich be-*

leidigt haben. Wenn er die Bank hat, bricht seine Idee zusammen. Diese Idee hält keine Bank aus. Floch kommt in den Knast, die Anleger brüllen und weinen und gucken dann ganz still in die Röhre, denn sie haben natürlich Angst vor dem großen Gelächter.

— Was machen wir jetzt?

— Besser, wir hauen ab. Es ist kein Reinkommen für uns, nirgendwo. Die alten Sachen sind geschlossen. Überall Geschlossene Gesellschaft. Und vieles von dem Neuen ist Schwindel. Pleiten überall, Trümmer. Müll. Auf dem Müll schon wieder Müll. Und Ratten wie Floch. Ich habe nie so viele Ratten gesehen wie hier. Nein, wir hauen ab.

— Das mit dem Abhauen hat nur einen Haken, sagte Miguel, *ich will nämlich hierbleiben.*

— Du willst mich verraten? Sieh an. Nach so langer Zeit.

— Die alten Autos in der Siedlung haben mir's angetan. Die Türken, die Spanier, die Deutschen liegen auf den Straßen drunter. Sie versuchen, die alten Mühlen zu reparieren und schaffen es nicht. Zum ersten Mal sehe ich in deinem Land etwas, das nicht klappt. Das gibt mir Vertrauen. Sie machen Murks und holen sich nur blutige Finger im Getriebe. Ich könnte ihnen helfen. Das wäre mein Traum: mit einer kleinen Werkstatt hier zu leben. Ich könnte richtig arbeiten und wäre nicht bloß ein Knecht mit Führerschein.

— Gut, sagte Ludwig. *Ich helfe dir mit einer kleinen Werkstatt. Aber am Rand der Siedlung. Mittendrin geht mir gegen den Strich. Und noch etwas: Ich habe dich auch verraten. Schon vor einiger Zeit.*

— Du mich? Nach so langer Zeit?

— Ich will ans Meer, nach Friesland. Da will ich sterben. Mit dem Rücken zum Meer. Ich habe schon eine Baumschule gekauft, ein Treibhaus, eine Hängematte, ein bißchen Land drumherum, damit das Meer und die Friesen mit mir nicht machen können, was sie wollen. Ich will nicht so nackt sein, wenn ich da ankomme, bloß um zu sterben.

— Das ist auch ein schöner Traum, sagte Miguel, *eigentlich schade, daß ich nicht mit dabei sein kann. Aber ich will noch ein bißchen leben.*

— Ausgezeichnet, sagte Ludwig, *dann sind wir ja quitt. Jeder hat seinen Verrat. Du verrätst mich ans Leben, und ich verrate dich an meinen Tod.*

Geschäfte XII: Mit dem Rücken zum Meer

Auch die beiden Papageien Wolfgang Amadeus und Johann Sebastian hatte er in dieses neue, letzte Treibhaus nach Moorwarfen-Siebetshaus am Rande der friesischen Gemeinde Jever übergeführt. Da sie mit der Zähigkeit ihrer Art noch gut weitere vierzig Jahre leben könnten, hatte er mit einem kleinen Passus in seinem Testament für sie gesorgt, ein Traum von Tropen im herben Land der Friesen. Sie sollten ein doppelköpfiges Märchen für sich sein und gleichzeitig zwei Märchenerzähler. Schnatternd und süchtig sich streitend wie Künstler sollten sie weiter erzählen von ihm.

Jetzt hatte er wirklich das Meer im Rücken – ahnbar war es wenigstens, noch sichere zehn Kilometer weg, aber Minuten bloß für den Vogelflug, und Sekunden nur für den Sturm.

Manchmal hörte er den Sturm an der Küste losrasen, ein startendes, voll beladenes Verkehrsflugzeug, und nach wenigen Atemzügen schon schlug es in sein beginnendes Zuckerkoma ein. Das Glas klirrte, und die Papageien entleerten aufgeregt ihre Kloaken.

Die Geschäfte hatte er im Sauerland gelassen. Gelegentlich telefonierte er mit Sonja und mit Miguel Alva, dessen Werkstatt noch die Baufirma stützte; aber am Monatsende hingen doch beide Kleinstfirmen am Tropf eines Schecks, der aus Friesland kam.

Hier war er angesehen als ein vermögender Grundbesitzer. Rings um die Gemeinde war Neuland, das die Urgroßväter dem Meer abgewonnen, das sie mit geraden Ulmenalleen entlang den Flugrouten der Vögel erschlossen und mit Schweinen und Kühen reich gemacht hatten. Inzwischen starben viele der Ulmen, weil das Grundwasser durch die Petrochemie sank, die auf einer Landzunge an der Küste angesiedelt worden war. Auch wurden große

Backsteingehöfte der Großväter aufgegeben und zerfielen, denn es war zuviel Milch im Land.

Birken wuchsen durch die Ställe, Dohlen nisteten in ihnen und flogen von hier aus ihre Raubzüge in die Stadt oder an die See. Ein paar Stadtflüchtige kamen, auch aus dem Ruhrgebiet; Jugendliche, die ungestört einen Sommer lang Musik machten in den einstigen Ställen. Dann zogen sie wieder weg von dem stillen Land, und die Landjugendlichen blickten ihnen voller Verlangen hinterher. Aber nach wie vor hatten jene das Sagen, die Land besaßen, denn es gab keinen anderen Reichtum als dieses einst gewonnene Land.

Ludwig machte nichts mehr mit diesem Land. Es arbeitete nicht mehr für ihn, er besaß es bloß. Dabei fühlte er sich so frei, daß auch sein Zuckerspiegel vorübergehend wieder sank und die Nieren weniger Aussetzer hatten. Schlecht gelaunt, während eines tagelangen Sturmes anfällig für Haß und Verachtung, noch einmal rückfällig geworden und wieder gequält von seinem alten, ängstlichen Ehrgeiz, hätte er die kleine Gemeinde ohne weiteres erpressen, ja fast erdrosseln können. Jetzt genoß er es, diese Möglichkeit zu haben und nicht zu nutzen. Er genoß es, ganz freiwillig gut zu sein.

Er war ruhig, er war einsam, und auch das genoß er. Manchmal fühlte er sich in dieser einsamen Ruhe so glücklich wie nie zuvor in seinem Leben – auch wenn dieses Glück dicht bei den Tränen angesiedelt war, weil sein Tod bevor stand. Oft, in der Hängematte liegend, schickte er einen einzigen Gedanken wie einen Pfadfinder durch sein Gedächtnis. Dieser junge Gedanke verlief sich bald auf einem der vielen, sich oft verzweigenden Pfade, verfing sich im Gestrüpp, drohte gar abzustürzen im Gebirge, begegnete finsteren Gestalten undsoweiter, erschlaffte bald und kam gar nicht mehr an sein Ziel, und Ludwig war immer wieder erstaunt darüber, wie reichhaltig doch sein Leben gewesen war. Und gleichzeitig war er traurig darüber, daß nichts bliebe; denn er hatte nicht den Urknall erforscht, keine Brücke zwischen zwei Kontinenten gebaut, auch keine Symphonie komponiert, er hatte bloß gepflanzt und Ideenviren verfolgt und das eine und andere Geschäft gemacht. Besonders im Frühjahr, das er hier oben erlebte, bedauerte er seine Endlichkeit. Wenn die Natur sich ungerufen regte, hatte er sich manchmal eins gefühlt mit ihr und unbesiegbar, ohne Ende. Da kam ihm noch eine letzte Idee.

— *Eben ein schrulliger Reicher,* sagten die meisten in der Gemeinde, die landlos waren. Sie mußten ihn nicht fürchten, und sie hatten nichts von ihm zu erhoffen.

— *Das ist ein unwürdiger Reicher. Er macht nichts aus seinem Land, er verzehrt es bloß,* sagten ein paar weniger Reiche, die aber doch umfangreiche Ländereien von ihren Großvätern und Vätern ererbt hatten.

— *Das ist ein Schwuler, eine Tunte,* sagten einige Scharfsichtige. Das waren jene, die schon länger nachzählten, wie oft dieser Egbert Poggenpohl zu ihm in die Baumschule fuhr. Und diesen alten Poggenpohl beobachteten sie ohnehin ganz genau. Sie wußten, daß er seit Jahren schon in der Garage seines kleinen Backsteinhauses seinem alten VOLKSWAGEN-Cabriolet liebevoll wie einer Stute immer wieder die schwarzen und fein elfenbeinfarbig abgesetzten Lackflächen polierte, aber kaum noch damit fuhr. Und sie wußten, daß er damit allein in den letzten Wochen dreiundzwanzigmal in den Sandweg der Baumschule eingebogen war, schnittig wie ein Jüngling.

Und wer, um Gottes Willen, ist jetzt noch dieser Egbert Poggenpohl, den sie im Auge halten wie der Habicht das Huhn?

Egbert Poggenpohl, einst Postbeamter, war jetzt Frühinvalide. Dreißig Jahre lang hatte er an Schalter Nr. 1 des einzigen Postamtes der Gemeinde alles über die Gemeinde erfahren und, wie sie fürchteten, in seinem sündigen Herzen gespeichert.

Er kannte die Rechtsstreite, die Verleumdungen, Verfehlungen und die zwei Verbrechen, die sich in diesen dreißig Jahren ereignet hatten. Er war über die Rentenbescheide, die geplatzten Wechsel und die fristlosen Kündigungen informiert. Auch verfaßte er selbst, gegen kleine Gebühren, Briefe für die Schreibfaulen und die Schreibunkundigen und kannte somit ihre Geheimnisse von dumpfer, nicht selten ehebrecherischer Zielstrebigkeit.

Die Bewohner hatten erfahren, wie er mit seinen empfindlichen Fingerkuppen geschlossene Briefe las, ohne sie zu erbrechen, und wie er deren Inhalt noch nach Monaten auswendig hersagen konnte. Und mit seinen ungewöhnlich muschelförmigen Ohren lauschte er dem Telegraphen übers Meer bis weit hinaus auf die einzelnen, der Küste vorgelagerten ostfriesischen Inseln, auf denen überall Verwandte von ihnen lebten, und gelegentlich mußten sie mit ihnen doch auch Mehrdeutiges tauschen. So hatten sie dreißig Jahre lang Angst gehabt vor diesem Mann, denn er wußte unendlich viel.

Schließlich aber entdeckten sie erste kleine Symptome von Hautkrebs an seiner linken Hand. Damit erreichten sie, daß die Bundespost ihn invalidisierte.

Das traf diesen Mann zunächst stärker als der Hautkrebs selbst, hatte er doch dreißig Jahre lang mit diesem großen Wissen gelebt, das er täglich noch hatte mehren können. Das einzige Gedächtnis der Gemeinde war er gewesen und gleichzeitig ihr begabtester Träumer. Und jetzt, von einem Tag zum anderen, war das Ende gekommen für ihn.

Dann aber, zu aller Erstaunen, fing er sich trotzig wieder. Jetzt lief er in Jever herum mit lindgrünen und himbeerfarbenen Rollkragenpullovern, einer englischen Schirmmütze keck auf dem Kopf, einem Ring am Ohrläppchen und erzählte der Gemeinde Geschichten über Geschichten aus dem Leben der Gemeinde. Und erzählte von sich selbst: das waren mit den ersten unlösbar verwobene Geschichten eines kinderlos Verheirateten, jetzt leicht krebskranken Frauenmannes, der sein VOLKSWAGEN-Cabriolet liebte wie eine Stute, weil er mit ihm so oft Ausflüge unternommen hatte in die Männerliebe mitten hinein in die Lüneburger Heide, ins Teufelsmoor oder in das Dickicht von großen, sündhaften Städten wie Hamburg oder Bremen.

Als sie ihn so reden hörten, hatten sie ihn noch einmal gestraft: schnell hatten sie den Hautkrebs umbenannt in Aids.

Jetzt, da sie von der Ahnung einer weitreichenden Verschwörung geplagt waren, einigten sie sich auf Kundschafter in mühsam ausgehandelter Stärke. Nacheinander schickten sie einen rechtsradikalen Klempnermeister zu dem Anwesen dieses Neubürgers Kowalski, einen freidemokratischen Lehrer, dann zwei christlichsoziale Selbständige, zuletzt drei sozialdemokratische Angestellte der Verwaltung.

Ludwig hatte sich nicht grundsätzlich verändert; noch immer rechnete er gewählte Politiker, Vertreter von Verbänden, Mitglieder von Vereinen und selbst Piloten von Linienmaschinen zur Kaste derer, die jede Idee von ursprünglicher Großartigkeit verraten haben. Aber doch hatte er jetzt hier, das Meer im Rücken, etwas von jener herben Freundlichkeit angenommen, die sich schon zwischen den Urgroßvätern des Neulandes herausgebildet hatte: eine Freundlichkeit zwischen gleichgestellten Pionieren, eine Gelassenheit des Stolzes. Es wurde Tee gereicht, und zum Tee die übliche Sahne, aber viel näher kamen die Besucher diesem Neubürger nicht.

— *Er ist nicht schwul. Er ist nicht einmal ein Jude,* versicherten sie bei der Rückkehr, *er ist noch immer ein knallharter Mann.* Er könne sie allesamt mit seinem Besitz erdrosseln, wenn er wolle, habe er ihnen gesagt, aber zur Zeit wolle er nicht.

Von da ab ließen sie ihn in Ruhe und warteten auf seinen Tod.

Geschäfte XIII: Das Geschäft mit dem letzten Tag

— Ich warte immer noch auf meinen Sohn.

— Wir haben ihm den Flug gebucht. Wahrscheinlich ist er unterwegs.

— «Wahrscheinlich» nützt mir nichts beim Sterben. Jetzt hat er sechs Jahre lang gebockt in diesem Peru da unten. Länger habe ich auch nie gebockt. Ich will mich mit ihm versöhnen. Aber ich bin ja bloß ein Krämer für ihn.

— Vielleicht ist er längst unterwegs. Es ist eben eine lange Strecke, von ganz da unten, aus so einem Land.

— Kann ich nicht erwarten, daß er wenigstens zum Sterben pünktlich ist? Er kommt immer zu spät. Schon als Kind war das so. Zu seiner eigenen Geburt kam er ganze drei Wochen zu spät.

— *Wer gibt?* sagte Egbert Poggenpohl.

— *Du gibst.*

— *Die letzte Partie?*

— *Die endgültig letzte Partie,* sagte Ludwig. Sie pokerten beide im Unterhemd. Das Treibhaus war auch hier auf die durchschnittliche Temperatur des Amazonasbeckens von Manaos aufgeheizt. So vertrugen die Papageien es am besten, so hatte Ludwig es sein Leben lang gemocht. Wenn einer von ihnen eine Karte ablegte, hinterließ er einen nassen Streifen auf dem Kartentisch. Poggenpohl nahm nur mit der rechten Hand auf, die Linke steckte in einem Handschuh. Noch hielt der Hautkrebs sich in Grenzen, aber langsam schritt er voran.

— *Wie lange erzählst du der Gemeinde jetzt schon diese Geschichten?*

— *Ich hatte schon mal eine frühe Phase,* sagte Poggenpohl. Wenn er von sich sprach, zierte er sich gern, veilchenhaft, duftend. *Wegen meiner Plattfüße hatte mich die Wehrmacht in eine Propagandaeinheit gesteckt, und da habe ich mein Talent entdeckt. Ich habe dem Feind Geschichten erzählt. Und ich habe Briefe geschrieben von der Front. Liebesbriefe für andere. Aber auch Briefe für solche, die gar nicht mehr lebten. Ich war schon ein richtig Frühvollendeter, eigentlich ein junger Dichter. Aber dann, plötzlich, hörte der Krieg auf.*

— *Du hättest doch den Frieden gehabt.*

— *Ja sicher, aber da habe ich geheiratet. Meine Ehe war eine Katastrophe. Das war nämlich eine Geschichte für sich. Und da hatte ich keinen Mut mehr. Ich war gehemmt. Total blockiert war ich durch meine Frau. Denn ich wollte ihr Mann sein. Und das frißt dich auf.*

— *Da muß man durch,* sagte Ludwig.

— *Und ich hatte den Schalter Nr. 1 – dreißig Jahre, vier Monate und neunzehn Arbeitstage lang hatte ich den wichtigsten Schalter des einzigen Postamtes hier. Erst die letzten sieben Monate und neun Tage kam dieser Paketschalter dazu, aber den habe ich nie ernst genommen. So ein Schalter ist wie der Nabel der Welt. Oder ihr Ende. Das schwarze Loch. Füllt dich aus. Fordert dir das letzte ab. Macht dich fertig.*

— *Und dann haben sie dich rausgesetzt.*

— *Und dann stand ich plötzlich auf dem Marktplatz. Nackt. An diesem Morgen meiner Entlassung war ich völlig nackt. Ich hatte nichts mehr. Und da auf dem Markt habe ich zum ersten Mal gesehen: unsere Bewohner schauen aufeinander wie auf Steine. Das hatte ich dreißig Jahre, vier Monate und neunzehn Tage lang völlig übersehen. Jetzt aber sah ich: alle schauen aufeinander wie auf Steine. Ja, und am nächsten Tag war ich frei. Da habe ich angefangen, die ganzen Geschichten aus diesen dreißig Jahren zu erzählen, ob die Leute wollten oder nicht. Du glaubst gar nicht, wie voll ich von diesen Geschichten bin.*

— *Gut,* sagte Ludwig, *dann laß uns jetzt noch einmal über dieses letzte Geschäft reden. Du erzählst meine Geschichte von meiner Ankunft in Köln bis zu meinem Ende hier. Wenn du alles ganz genau erzählst, dann machst du mich unschuldig. Denn am Ende will ich ganz und gar unschuldig sein, verstanden?*

— *Ich erzähle deine Geschichte ganz genau. Vom Anfang bis zum Ende.*

— *Gut,* sagte Ludwig, *dann fang schon mal probeweise an. Damit ich sehe, wie das mit der Unschuld wird.*

— *Der Anfang ist natürlich immer das Schwierigste,* sagte Poggenpohl.

— *Natürlich,* sagte Ludwig, *aber nur zu.*

— *Also, da müßtest du schon noch was drauflegen,* sagte Poggenpohl, *denn du bist ja einer, der sich erst ganz zum Schluß unter die Menschen begeben hat. Und eigentlich scheiße ich auf deine Unschuld. Außerdem bist du erst dran. Stirb jetzt erst einmal. Dann kommt der Anfang schon ganz von allein.*